匀速奔跑在读写的丛林间

——中学语文自育式读写教学策略研究

张五芳 ◎ 著

东北师范大学出版社

长 春

图书在版编目（CIP）数据

匀速奔跑在读写的丛林间：中学语文自育式读写教学策略研究 / 张五芳著. — 长春：东北师范大学出版社，2020.12

ISBN 978-7-5681-7335-3

Ⅰ.①匀… Ⅱ.①张… Ⅲ.①中学语文课—教学研究 Ⅳ.①G633.302

中国版本图书馆CIP数据核字（2020）第259732号

□责任编辑：王立娜　　　　　□封面设计：言之凿
□责任校对：刘彦妮　张小娅　□责任印制：许　冰

东北师范大学出版社出版发行

长春净月经济开发区金宝街 118 号（邮政编码：130117）

电话：0431-84568115

网址：http://www.nenup.com

北京言之凿文化发展有限公司设计部制版

北京政采印刷服务有限公司印装

北京市中关村科技园区通州园金桥科技产业基地环科中路 17 号（邮编：101102）

2022年6月第1版　　2022年6月第1次印刷

幅面尺寸：170mm×240mm　印张：16.25　字数：265千

定价：45.00元

自育，现代思维的一种行走方式

当音乐人、电影人、广告人、文化人等新名词不断冲击人们的视线时，教师作为"教育人"，学生作为"读书人"，其基本特质与人格塑造就成为当前教育的重中之重。不管是"教育人"，还是"读书人"，其人格塑造最重要的一条就是阅读。阅读，是为了更好地发现自己，形成独立人格。

2007年，我提出"自育式课外阅读"教育理念，2009年出版研究专著《阅读树：中学语文自育式课外阅读策略研究》，详细阐述了自育式课外阅读策略的研究与运用，该研究成果已获江苏省首届基础教育教学成果一等奖，并被多家媒体报道。

2011年，我提出了"立体式阅读"项目教学概念，以此形成一至九年级学生点线阅读、平面阅读、立体阅读的生态阅读网，专著《"立体阅读"项目的教学实践与价值追求》被《江苏教育》（小学教学版）2013年10期刊用，在省内外引发诸多积极反响。

2012年，我提出"自育式学习"方略研究，课题"中学语文自育式学习方略的研究与运用"通过江苏省"十二五"规划课题立项。《上海教育科研》刊用了我的专题《自育式学习方略在名著阅读中的运用》。

2014年，由我领导组建了常州市"立体阅读"课程基地，课程计划及实施方案有序推进。2015年，"立体阅读"课程基地升格为江苏省中小学课程基地，我们以此为契机，搭建了适切的物态环境，优化了图书空间，美化了阅读氛围，让师生时时刻刻、真真切切浸染在自育式的阅读、习作气息中，真实饱满，浪漫温实。

至此，"自育式学习"成为我的重要教学主张。"自育式学习"强调学生在语文学习中的主动性、积极性，强调让学习成为一种自动化的心理调整过程，让学生在征服语文知识的过程中获得自我教育的能力。

当前，自育正成为我校师生的一种行走方式——一种现代思维的行走方式，这使得他们在教育及学习的道路上越来越得心应手。

一、自育式阅读，是为了发现内在的自己

2008—2010年，我们先以七至九年级的学生为参试对象，开始"中学语文自育式课外阅读策略的研究"（此为常州市重点课题）。这是为了达成把学生培养成一个情趣高雅、人格完善的人的目标，借助于课外阅读策略与方法的指导，对学生的海量阅读、自我监控、自我反思、自我调整等一系列自我教育的过程与方法展开的研究。课题研究期间，我们研发了课外阅读的五大策略。

（一）动机激发策略

阅读动机可分为两类：内在动机与外在动机。实验证明，外部的回报不仅会抑制内在的动机，还会使学习的质量降低，所以，我们把研究重点放在内在动机的激发上：

（1）把激发与维持阅读动机看成智力开发乃至整个教育的手段与目的；

（2）鼓励学生为"学习目的"而阅读，培养学生的自主动机；

（3）为学生提供体验阅读成功的机会。

从本质上说，阅读动机就是追求成功的内在动力。因此，教师应针对学生个体的差异，使每个学生均能获得阅读成功的体验，以使学生在努力之后获得心理上的满足，从而肯定自己的价值。因而，针对不同班级、年级，同一班级、不同学生，我们都有不同层次、不同书目的推荐与导读，以期唤醒学生不同的阅读需求。

（二）时间管理策略

如果我们把阅读时间分为名义时间（老师规定用时）与专注时间（实际用时）两类，那么阅读成效就是学生专注时间与名义时间的比例函数：

$$阅读成效 = f\left(\frac{专注时间}{名义时间}\right)$$

其中，名义时间是规定读完一段文字的所用时间，专注时间则是学生专注于指定阅读活动的时间，当学生认识了这两者与阅读成效之间的关系，就会学

着延长专注时间，这样，阅读才会真正有成效。

如何使学生在有限的时间内阅读更多的文章，这涉及时间管理的问题，教师应教学生：

（1）坚守时间意识，科学规划时间；

（2）坚守效益观念，迅速展开行动；

（3）提高阅读专注率，提升阅读质量。

学生在具体阅读活动中，不断以监控时间的方式来监控自己的阅读行为，才能真正提高阅读的专注率及成功率。

（三）理解监控策略

理解是阅读的中心内容，因此，对于阅读过程中的理解程度进行监控策略的研究，就成为课外阅读指导的一项核心工作。针对此，我又细化成以下四个策略，并详细提出了相应方法。

1. 目标监控策略

给自己两个月的时间，以每天15分钟、每分钟读500字的速度，争取读四五本名人传记；选择一系列传记（如科学家传记、文学家传记）进行阅读；制订阅读计划，自拟阅读目标，每隔3天对照阅读目标，检视自己的阅读行为与目标是否相符、专注时间是多少。

2. 概括监控策略

每天在阅读结束后给自己3—5分钟时间，对当天所读的名人传记进行故事梗概的介绍，可用笔记录，也可向家长、同伴或老师复述故事概要，或者概括某段文字的主题思想、人物个性，以此来监控自己的阅读质量。

3. 自我调整策略

在整个阅读过程中，每天给自己几分钟时间，检查当天的"口袋"里收获了什么，并将当天的阅读方法、策略、目标与之前的相比较，看是否一致。如果方法错误，目标不当，则及时调整，采取补救措施，如回读前文，进行时间监控、笔记监控等，以使课外阅读有效进行。

4. 归因监控策略

在读了四五本同类（如科学类）名人传记后，自觉总结科学家成长规律，归纳名人传记的一般写法，感受科学家精神带给我们的启迪与鼓舞（自我监控、自我教育、自我调整）等。

（四）实践操作策略

在整个理论研究与课外阅读指导中，我们形成了一整套实践操作策略。

1. 时间操作

如前文"时间管理策略"所述，我们要求每位学生每天利用15分钟的闲暇时段进行课外阅读。从打开读本的第一页始，就在其右上角（或左上角）标注阅读开始的时间，如"2019年6月28日10：30"，15分钟结束后，在当天阅读内容的结尾处标注阅读的终了时间，如"2019年6月28日10：45"。

本操作过程看似简单，但真正要做起来，需要有耐心及坚持的意识。当学生真正养成标注阅读时间长度的好习惯后，他（她）的阅读成功感也会渐渐生成，因为时间标注证明了他（她）阅读的时间长度与阅读收获，使隐性的阅读过程外显化。这样，学生的阅读意识也慢慢得到了强化。

2. 批注操作

当然，仅用眼睛扫视读本内容并不能保证阅读的质量，要使读本中的精华内化为内心的知识，学生还需要借助批注。真正的会阅读者就如驾车的好手，应该手、眼、脑、心齐用，四位一体，但又不乱了方寸。我们要求学生在阅读时做批注，一方面能让学生不分神，另一方面可以帮助学生将无形的思考化为有形的（文字的）思考。长期做批注，不但能养成良好的读书习惯，还能在积累语词、锤炼语感的过程中，提升思想，这也是一个学生从不会阅读变得善于阅读的必要方法。

3. 朗读操作

苏霍姆林斯基说过，应培养孩子在一至九年级朗读的习惯，如果孩子在9年内的朗读时长能累计达600个小时，则语感养成也。辅助课外阅读的一个最好方法就是朗读。在实践操作中，我们每月安排一次名著片段朗读，由学生自选语段，动情诵读文本，让学生用心触摸语言，使学生的整个身心都沉浸在佳段所营造的氛围中。或颦或笑，或舞或蹈，学生在激情朗读中，体验文中人物的经历，领略文中风景的优美，感悟文中思想的深邃！

（五）多元评价策略

1. 教育性评价：课外阅读评价策略的第一个维度

评价的主要标准：内容标准、理解力标准、表现标准（提供真实性任务、提供持续性反馈）。

在学生进行课外阅读的过程中，我们通过时间的规定、读物的限制、理解力的考查及真实性任务与持续性反馈的提供，让学生逐步学会自我评价、自我调整甚至自我教育，最终达到期望中的图景。

2. 有效性评价：课外阅读评价策略的第二个维度

边阅读边评价，是我们实施课外阅读策略教学的根本宗旨。我们始终坚信：学生只要会评价，也便会阅读；教师只要肯动脑筋，给学生提供真实性的阅读任务与活动，阅读评价便有效，阅读也会给每一位读者带来丰厚的价值。

经过3年的研究实践，我们发现学生的语感得到了升华，自我教育能力明显提高，多数学生学会了对自己的认知及阅读心理做对照和调整，对学习也开始产生新的兴趣。

然而，在课外阅读策略教学实践中，我们也遇到了诸多难题。如，一些教师没有真正内化有关策略思想，在对学生讲解时只讲皮毛，学生不能理解其中的深意，阅读指导性得不到有效发挥；一些学生缺乏阅读经验，不能正确认知自身，以致我们的策略教学"教而不明其法，学而不得其道"。另外，对小学1—6年级的学生而言，用自育式的策略来培养其阅读兴趣与情趣，操作起来还存在相当大的难度。

二、立体式阅读，是为了发现远方的自己

在上述课题研究的基础上，我们试图把研究成果辐射到1—6年级。2011年，我们从时代呼唤、学生需求、阅读功能等多个角度，对1—9年级的学生做全面的调查研究，产生了做阅读项目的想法。

项目教学法萌芽于欧洲的劳动教育思想，雏形是18世纪欧洲的工读教育和19世纪美国的合作教育，经过发展，到20世纪中后期逐渐趋于完善，并成为一种重要的理论思潮。20世纪90年代以来，世界各国的课程改革都把学习方式的转变视为重要内容，欧美诸国纷纷倡导"主题探究"与"设计学习"活动，日本在新课程体系中专设"综合学习时间"。

我国当前课程改革强调学习方式的转变，设置研究性学习，改变学生单一、被动地接受知识灌输的学习方式，构建开放的学习环节，为学生提供获取知识的多种渠道以及将所学知识加以综合应用的机会。

2003年7月，德国职教所制定以行动为导向的项目教学法，把整个学习过程

分解为一个个具体的工程或事件，设计出一个个项目教学方案，按行动规律设计教学思路，不仅传授给学生理论知识和操作技能，更重要的是，还培养他们的职业能力等。

因而，在项目教学中，学习成为一个人人参与的创造实践活动，注重的不是最终的结果，而是完成项目的过程。

基于上述思考，我们认为，自育式阅读作为1—9年级学生的必修课程，以及作为其心智成长的一条通道，完全可以单列出来，作为一个项目来开发、建设、发展。"立体阅读"项目由此应运而生。

"立体阅读"是指不同年级的学生在多维空间和不同时段内，选择品类读物，借用多种手段，交织进行点线阅读、平面阅读、立体阅读的一种生态阅读状态。

"立体阅读"的基本思想是为提高师生的文学素养而阅读，为提升师生的学习能力而阅读，为改善师生的人格气韵而阅读，为修炼师生的自我教育能力而阅读。

"立体阅读"是信息与网络时代的产物，它综合了纸质阅读与网络阅读、无声阅读与有声阅读、有字阅读与无字阅读的优势。通过"立体阅读"项目，我们期待在学校这个独特的环境中构建一个有机阅读的生态网。

（一）建立"立体阅读"网状系统

阅读对象：全体语文教师及1—9年级的学生。

阅读需要：基本生存、文学修养、心性锤炼、人际交往、自我实现的需要。

阅读时段：晨间诵读（早读时间）、课堂阅读（按课表）、课外阅读（固定时长）。

阅读空间：教室、图书馆、阅览室、家里。

阅读方法：外显阅读、自育阅读、内隐阅读。

读物标准：文学作品、人物传记、科普作品、报纸杂志（成长系列、励志系列、生活系列等）。

阅读层次：点线阅读、平面阅读、立体阅读。

操作系统：阅读方法操作系统、阅读方法教学系统、阅读成果评价系统（量、质、成果）。

以上各层面的关系，应当以操作系统为基座，如下图所示：

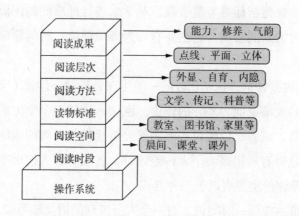

因而，"立体阅读"既是阶梯式的、系统化的阅读，也是多维度的、网络状的阅读，它使不同学段的学生根据不同的阅读需要，对相应的文本从点线的懂、平面的懂到立体的懂，最终真正学会阅读，学会学习，从而切实提高文学素养，完善独立人格，成为求真、向善、至美的人。

（二）精选"立体阅读"研究内容

（1）梯级读物的推荐与导读（按年级分设每学期或每学年读书方案）；

（2）阅读板块与时段的合理分配：晨间诵读（早读时间）、课堂阅读（按课表）、课外阅读（按学段以固定的时间保证阅读）；

（3）阅读兴趣的激发与动机的保持；

（4）阅读数量的监控与质量的评估；

（5）阅读成果的收集整理、外显展示；

（6）"玉裁文学社"的组建、《玉裁文学》的编辑与运用。

（三）形成研究策略与基本成果

1. 研究策略：共同推荐策略、相互批注策略、自我评价策略

限于篇幅，本书主要以"自我评价"中的"评价促进"为突破口，以"共同标准评价"和"个人内差评价"为抓手来介绍。开展"自我评价"是为了促进学生展开多元的评价，提升他们的学习能力、学习动力、学习创造力，进而提升他们的文学素养，夯实他们的精神底蕴。

从本质上说，评价就是学习。"自我评价"的根本目的就是激发学生的学习情趣，充实学生的学习历程，改进学生的学习方法。

（1）共同标准评价，是指在同一班级、年级或学习团队中，借助实验观察、自然观察、量化指标等考量手段，对学生进行标准性的评价，以促进团体的语文学习能力的共同发展。它主要有行为摘录评价、时间管理评价、理解调控评价三种方式。

（2）个人内差评价，这是比较同一学生在处理同一读物（文体）或不同读物（文体）时的成绩或能力差异的评价。例如，比较一个学生的不同作文以了解其优势和弱势，或者，以他过去的阅读分析成绩与后来的成绩相比较，以了解其阅读能力是否有所提高。个人内差评价，各人有各人的标准，没有统一的标准。个人内差评价主要有以下三种方式：

①横向评价：在同一时间内，对一个人所展现的语文学习能力进行比较。

②纵向评价：对同一学生在两个或多个时段内阅读与写作能力的测量与比较。

③立体评价：选用多个维度，从多个层面对学生的语文学习能力展开立体式的评价。

2. 基本成果：玉裁文学社、《玉裁文学》、学力发展

在"立体阅读"项目中，我们用一个社团、一本杂志来承载我们的阅读成果。由不同年级的学生共同组建的玉裁文学社（以金坛籍国学大师、文字训诂学家段玉裁的名字命名）为大家开辟了发表阅读心得、交流阅读资源的阵地。多家杂志报道了我们的社团，数百名学生发表数百篇优秀作文于各类期刊，玉裁文学社也于2013年1月被常州市教育局授予"首届优秀文学社团"称号。

玉裁文学社编辑了12本《玉裁文学》，全方位地展示了教师的阅读经验、学生的阅读方法，呈现了多组优秀作文，《初中生世界》《少年文艺》等杂志多角度报道了我们的刊物成果。

在"立体阅读"课中，学生的五种能力得到了充分发展。"五力"之中，眼力是基础，脑力是关键，笔力是辅助，心力是根本，学力是终极。五者之间，不是完全的并列关系或纯粹的递进关系，而是互相交织、螺旋上升的关系。不同年龄、不同班级的学生，根据自己的阅读需求及能力基础，在"五力"方面呈现出立体的、网状的、生态的发展趋势。

"立体阅读"的逻辑起点是培养学生对文化的尊严感与敬畏感，丰富性、差异性、多元化、选择性成为"立体阅读"的必然追求。"立体阅读"的逻辑终点为怡养语用个性、陶冶和顺人格、提升文本理解的能力。事实上，经过近三年的研究与建设，"立体阅读"项目切实地培养了师生读书的兴趣与情趣，拓宽了师生的知识面，积淀了文学修养，提升了读解与写作能力；塑造了师生的宁静品质，丰富了他们的内心世界，使师生形成了正确的人生观、价值观。"立体阅读"项目引导全体师生学会了用书中的故事、精神或思想来激励自我、调整自我，进而学会了真正的自我教育、自觉提升，它使师生在阅读中不断发现一个远方的、全新的自己。自育，渐渐成为师生的一种主要"行走"方式。

三、自育式学习，是为了发现全面的自己

2015年5月上旬，一则喜讯从江苏省教育厅传来，我领衔主持的"立体阅读"项目被批准为常州市课程基地。这又给了我们更大的信心，也给了我极大的动力。

2015—2020年的这几年，我们以"立体阅读"课程基地建设为核心工作，以"自育式学习方略"的研发为抓手，形成"阅读绿野场"，凝成"立体式阅读"课程，慢慢引导学生以"自育式学习"作为自己的思维方式，促进学生思维的发展。

1. 阅读树之根：绿野场的建设，培养兴趣

课程基地被分为三个层级：开端——一、二、七年级；发展——三、四、八年级；高潮——五、六、九年级。

根据心理学家埃里克森的人格理论，我们针对各个层级的学生开列了不同的系列读物，三个套系合而为一，我们称之为"阅读绿野场"。

"阅读绿野场"的建设，为阅读树根系的生长提供了沃土，为学生的心灵世界和审美活动敞开了大门，让他们走进无比丰富的语词世界和充满动感与灵感的天地，使他们自由的天性和诗意的想象在自然与社会的美景中，像一棵小树一样安恬、舒展、茂盛地生长。阅读的兴趣一旦被撩拨，学生就会慢慢喜爱语言文字，想象力也随着绿野场的铺开而渐渐丰富。

2. 阅读树之干：动车组的运输，锤炼意趣

发达的阅读树根系，会为主干的成长提供足够的营养，为此，我们在阅读的"干"部，帮学生建立"阅读的动车组"。学生通过对推荐读物的阅读，运用有效阅读的策略与方法，用边读边批注的手段来控制自己的阅读速度，提高阅读的专注度，提升阅读的品质；通过对古典诗词的阅读鉴赏、默念朗诵来锤

炼记忆力；借助对经典名著及伟人传记等大部头作品的阅读来打磨意志力；依靠对哲学、散文及戏剧名段等的欣赏与揣摩来提升审美力。教师通过对完整的记叙文、优美的散文、流畅的游记、干练的议论文、含蓄的小小说等例文的宣读，对学生展开谋篇布局、构思立意、详略安排、表现手法、表达方式及遣词造句的实践指导，使学生在具体的读写目标下，精神振奋地打开思维的匣子，做出精当的阅读鉴赏或精妙的创作构思。

3. 阅读树之叶：加工厂的提炼，打磨志趣

阅读树根部的营养经过主干动车组的传输，顺畅地到达树之叶，我们更愿意把这部分看成学生人格历练的加工厂。在这个加工厂中，教师对学生开展的自我监控、自我反思策略是每片绿叶的阳光，学生自己用于阅读的时间、精力、方法是它的雨露。在加工厂的内部，一场有机的"光合作用"正在进行，其结果必然是学生自我调控能力（包括对阅读速度、阅读专注度、阅读意志等的调控）的提升。这样，学生的阅读志趣也悄然形成。

4. 阅读树之花：桃花源的盛会，陶冶情趣

等到阅读树开花的季节，我们会分两个场次来开展"桃花源的盛会"：四个年段的分会和全校性的总会。在"盛会"上，我们提供各种舞台、各种机会，让学生展示个人阅读的阶段成果。通过名段朗诵、课本剧表演、精段欣赏、阅读树手抄报、文学社团等各种形式，让学生阅读树上最美的花朵尽情绽放，这里有夹岸桃花、池中碧荷、空中凌霄、高山雪莲、空谷幽兰、临窗寒梅、落英缤纷、繁华满枝。桃源盛会，使学生其乐融融，情趣盎然，阅读情趣油然而生，并潜滋暗长。

5. 阅读树之果：香果园的收获，形成乐趣

经过小学最后两年及初中三年有计划、有系统的阅读训练，学生的阅读树之根、干、叶、花健康成长，香果园丰收在望。在此，学生的人格发展系列——言语智慧中的语感变得敏锐，修养变得良好；工具智慧中的读写力顺畅通达，观察力机敏聪慧，记忆力精干超强；情意智慧中的意志力变得坚强，自省力变得独立，监控力变得敏化，审美力变得高超；生存智慧中树立了科学的价值观，锤打了刚强的生命力。

至此，随着阅读树的次第生长，学生顺利完成自我塑造、人格完善的终极目标。在阅读树的绿野场内，四季花开，杂花生树；果园飘香，灵魂自由。学生的阅读乐趣真正养成，他们可以自娱，可以共享，乐在其中，亦美在其中。

通过"立体阅读"之"阅读树"的培育，我们建设开放的阅读课程文化胸襟，搭建系统的阅读课程文化结构，跃动鲜活的阅读课程文化生命，形成自在的阅读课程文化心理。全体师生在"立体"的课程文化中，呼吸自如，学习自如，人格变得健全，心性变得坚强，自强不息落到了实处。师生们在"立体阅读"课程基地建设中，在"自育式学习"中，慢慢发现一个完整的自己，并根据自己的人生目标，不断打造全面的自己。

当前，我们的阅读探究正处于三级管理的第三阶段，但现实教育中，课题、项目、课程的研究与建设是不能完全分割的，三者是互相交织、螺旋上升、立体式、生态式发展的。相信在不久的将来，我们的师生将在求知、开智、立德、审美等方面都能做到求真不懈、精勤不倦、自强不息。

教育是社会的一种定力，教育人不可自乱分寸，读书人更当自强不息。每一次的阅读，都是一次攀爬的经历，每一次的经历，都使我们能更好地活着。

自育，必将真正成为我们现代人的一种思维方式，希望在"立体阅读"的路上，我们能不断发现内在的自己、远方的自己及全面的自己，从而成就完善的人格。

常州市金坛区教育局　张五芳

2020年6月

第一章

自育式学习

在现行教育与教学中，存在着两种教学视线：一种是教师努力地用自己的一套话语系统来支撑学生的外显学习；一种是教师放手让学生在自读自写自悟、在潜移默化中习得内隐知识。我们认为，在外显学习与内隐学习之间，应该还存在第三种教学视线，那就是自育式学习。自育式学习是介于外显学习与内隐学习之间的一种学习方式。它在外显学习与内隐学习之间打开了一条通道，使原本不知不觉的内隐学习转向理解监控的外显学习，使有意识控制的外显学习慢慢转向无意识控制的内隐学习。

自育式学习与外显学习、内隐学习在学习同一内容时是交织展开、螺旋上升并相互转化的三种并进式的学习方式。

第一节　自育式学习的概念

一、关于自育式学习的阐释

自育式学习是指教师或学生借助认知（模仿跟进）、元认知（理解监控）、内隐认知（潜移默化）理论，展开自我教育的一套科学而有效的学习方法与策略。它是指介于外显与内隐之间，凭借自我监控、自我反思、自我评价、自我调整、自我激励等手段展开自我教育的一套学习方法与策略。

中学语文自育式读写教学策略研究是教师为了切实培养中学生的核心素养，践行立德树人的核心精神，凭借自我教育理念、选用教学资源、安排教学流程，在课堂教学中展开自我激励、自我监控、自我反思、自我调整的教与学的一整套方法与策略的实践研究。它强调师生教与学的主动性、积极性、反观性与前瞻性，强调使学习成为一种自动化的心理调整过程，让师生在习得知识、程序、策略的过程中获得自我教育的能力。

（一）国外的研究

苏霍姆林斯基在《给教师的建议》中明确提出："一切的教育都归之于自我教育。劳动（包括精神劳动），是自我教育的主渠道。最好的教育，就是自我教育。"他曾经在小学里通过户外活动、校园劳动等引导学生学习自我教育。但在课堂中，应该怎样开展自我教育，没有具体的研究。

国外对自主学习有大量的研究，如行为主义心理学家认为，自主学习包括三个子过程：自我监控、自我指导和自我强化。认知建构主义学派认为，自主学习实际上是元认知监控的学习，是学习者根据自己的学习能力和学习任务的要求，积极主动地调整自己的学习策略和努力程度的过程。美国教育家罗杰斯认为，学习是自我发起的，他强调，学习者自我发起的学习是最持久、最深刻的，但罗杰斯很少触及认知问题，他更偏重情感问题。

美国学者格兰特·威金斯和杰伊·麦克泰格在《追求理解的教学设计（第

二版）》一书中认为，"理解"更应该注重于学习的迁移，并界定"理解"由六个侧面构成。在"自知"这个侧面，文中强调，应显示元认知意识，反思学习的意义，在教学设计中，应思考什么样的学习体验能帮助学生对他们知道或不知道的、理解或不理解的内容进行自我评估和反思。

（二）国内的研究

吴庆麟在《教育心理学——献给教师的书》中提出了"元认知"心理理论，他为学科教学展开"自我教育"提供了理论依据。

唐莹的《元教育学》也对教师的"元教育"做出了系列的研究与报道，使自我教育学习方式的展开有了理论依托。

郭秀艳的《内隐学习》大胆呈现了学习的一种方式，它为自我教育式的学习打开了一个渠道。

王坤庆的《精神与教育》则对自我教育的精神力量做了全面的阐释。

何炳章在《从教育原点出发："自育自学"理论与方法》中认为，自育自学是教育教学的原点，教育教学都要从这个原点出发，才能真正做到以学生为本。在实验的起步阶段，"教育，就是教学生会自育；教学，就是教学生会自学。它的主题就是引导学生自育自学，做学习的主人"。

二、自育式学习的特征

自育式学习区别于一般学习的特征是，学习者会展开反省认知（元认知），会反观自己的学习历程，在学习过程中不断运用学习策略调控自己的学习方向与行为，进而改进自己的学习方法，提炼学科学习的基本规律，最终达到广度拓展、长度延伸、深度加厚的目标。

自育式学习是需要通过教学来落实的，自育式课堂教学策略填补了课程标准及现行教学策略的空白。自育式课堂教学策略就是两大主线（自育式教的策略+自育式学的方式）的研究，提升教师自我教育能力，提高学生自我管理水平，经过反复实践，师生最终达成自动化学习（内隐学习）的理想状态和自我教育的理想境界。

第二节 自育式学习的方式

一、时间管理

中学生课外阅读不能落到实处的一个最大障碍是没有时间的保证。针对这种现状，有教师提出了"时间是一种资源"的观念，并带领学生重新认识时间，分层次管理时间，在对时间的有效运用中提升学生的阅读品质与能力。

经济学家把时间视为经营的一种资源，教育学家把时间视为教育王国的生命，而心理学家则把时间视为学习过程中的一个决定性因素。清代学者曾国藩认为："士人读书，第一要有志，第二要有识，第三要有恒。有志则断不甘为下流；有识则知学问无尽，不敢以一得自足，如河伯之观海，如井蛙之窥天，皆无识者也；有恒则断无不成之事。"其中，"有识"需由时间来保证，"有恒"则缺时间而不成。曾国藩又云："人生唯有常是第一美德。余早年于作字一道，亦尝苦思力索，终无所成。近日朝朝暮写，久不间断，遂觉月异而岁不同。可见年无分老少，事无分难易，但行之有恒，自如种树养畜，日见其大而不觉耳。"可见有恒在于时间上的坚持。

阅读而想有所成就，非"有志""有识""有恒"不可，在此，时间成为阅读管理要研究的一个重要维度。如何更准确、更有效地利用时间来进行课外阅读，是一件迫在眉睫的事情。

（一）认识时间

认识时间是每个人只要肯做就能做到的，这是一个人走向成功的有效之路，我们要从一开始就让学生明白"时间是万物之源"。虽然无法解释清楚，但只要有了时间，一切就会成为可能，没有时间，则万物皆空。时间是你自己的，是你最为宝贵的财富，它是一件如此奇异的物品，如同它展示给你的方式一样奇特。时间是民主的典范，在一天中，它不给任何人多一分钟或少一分钟，所以我们永远都不会比任何人拥有更多的时间，我们所拥有且一直拥有的只是现在的一切时间。这个如此深刻而又容易被忽略的真理驱使我们去思考：

究竟怎样合理利用时间去做课外阅读？

如果我们把阅读时间分为名义时间（老师规定用时）与专注时间（实际用时）两类，那么阅读成效就是学生专注时间与名义时间的比例函数：

$$阅读成效 = f\left(\frac{专注时间}{名义时间}\right)$$

其中，名义时间是规定读完一段文字的所用时间，专注时间则是学生专注于指定阅读活动的时间。当学生认识了这两者与阅读成效之间的关系，就会学着延长专注时间。这样，阅读才会真正有成效。

（二）管理时间

如何使学生在有限的时间内阅读更多的文章，这涉及时间管理的问题，教师应教学生做到以下三点。

1. 坚守时间意识，科学规划时间

谁能在梦想中领先，谁就能在现实中领先。当我们已经意识到时间对我们的限制性，我们就应该对每天、每月、每年的阅读时间做科学而有效的规划，以使课外阅读有序开展，因为"凡事只有经过合理安排才有序，有序才能出成果"。所以，对初一新生，我们带领他们做的第一件事情是，合理地制订一份一年读书时间计划表，以此来强化他们的时间意识，培养他们的阅读耐心与恒心，并让他们将此表作为监控自己阅读的一个工具，督促自己不断前行。下面是七（8）班学生戴烨自制的一张计划表。

表1-2-1 阅读计划表

姓名：戴烨		班级：七（8）班		时间：2019.9.3
日读时间	日读速度	日读总量	年读时间	年读总量
15分钟	500字/分	7500字	365×15=5475分	约274万字

从上表来看，戴烨每天阅读所用时间不过15分钟，年总时长不过5475分钟，不算多，但从年读总量来看，274万字，是个大数目。以1本10万字计算，最少能读27本书，以1本15万字计算，最少能读18本。这一系列数字深深吸引着其他学生，他们跃跃欲试，积极规划时间，希望真正成为掌控阅读时间的主人。

2. 坚守效益观念，迅速展开行动

我们越不能迅速采取行动，则行动越不能维持长久。有人说，将要做的事永远比已经做的事重要，所以，尽早投入积极的阅读活动，才是当务之急。

如前所述，学生阅读的名义时间与专注时间都是有限的，所以越早采取行动，越有利于我们帮助学生培养良好的阅读兴趣。我们的做法是，从初一开始的第一天（9月1日），要求每生每天坚持阅读15分钟，每分钟阅读500字，每人坚持21天（三周），不得间断。这样，学生在第一期的训练中总阅读量为15×500×21=157 500字，这样的数字深深吸引着学生们去阅读，渐渐地，学生就养成了阅读习惯，形成了阅读兴趣，因为根据美国心理学家威廉·詹姆斯的研究，一个良好的习惯需要21天养成，这正如培养一个小孩去洗脸刷牙一样简单。

然而问题的关键是，当21天（三周）时间过去，有些学生的阅读意志会消除，好不容易养成的习惯却因为几天的间断而消失殆尽，所以有必要进行第二、第三阶段的阅读训练，那就是对学生阅读乐趣与志趣的培养。

在第二阶段的21天中，我们要求学生假想自己有一个庞大的口袋，每天你带着这个口袋出门，到文学的殿堂、科学的王国、思维的海洋中，去徜徉，去购物，然后每到晚上，你把装满的口袋倒出来翻检、整理。如此，你每天都会有收获感与成功感。这样，学生在教师的引导下，会不由自主地学会监控自己的阅读行为，并检查自己的阅读收获，而阅读的乐趣也随之养成。

在第三阶段的21天中，我们着手培养学生的阅读志趣。如果没有强有力的意志力，兴趣与乐趣是不能长久地维持下去的。我们用中外成功人士通过阅读自学成功的例子，来激发学生探究阅读价值，正视在阅读中出现的困难；利用名人传记帮助学生克服惰性，鼓励学生不断给自己积极的心理暗示：不管今天作业有多多，一定要挤出15分钟来做有效的阅读！鼓励学生每天起床时这么想：我是最值得重视的人！让学生不断在心中自我交谈，肯定自己过去在阅读上做的一切，并坚持不懈地做下去。与此同时，我们建议学生用自我奖励的方法来监督自己把阅读进行下去。这样，阅读志趣慢慢养成，志趣的养成表明了阅读品性的固定，阅读品质也由此而慢慢提升！

3. 提高阅读专注率，提升阅读质量

阅读专注率是指专注时间与名义时间之间的比率。初读者的专注率是很低的，但我们可以通过科学的方法来提高这种专注率，具体做法有以下几点：

（1）用标注读书时间的起讫点来进行有效阅读。如把开始阅读时间"20：30"写在当天阅读的首页，把阅读的结束时间"20：45"写在当天阅读的末行，以此培养自己的时间意识，监控自己对时间的利用率。

（2）每天写阅读笔记时，先在右上角写下书写的时间，如"2019年6月27日"。写完阅读笔记后要回顾笔记内容，以检视当天的阅读收获。

（3）在阅读笔记本上自设问题，以考查自己在一周内的时间使用效度，如表1-2-2。

表1-2-2　一周阅读时间使用效度表

2019年秋季学期第三周（2019年9月16日—9月22日）	
设计：八（4）班周颖	时间：2019年9月22日
1.本周阅读时长：7天×20分钟=140分钟 2.本周阅读字数：140分×500字=70 000字 3.本周用于记笔记的时长：7天×10分钟=70分钟 4.本周最大的阅读收获： （1）阅读方法：边读边批注； （2）写作方法："爬坡式"构思法； （3）思维方法：换角度思考问题。 5.本周最大的阅读启示：日积月累在于有时间做保证；完成阅读的方式就是珍惜每分每秒。	

因此，学生在具体的阅读活动中，只有不断地以监控时间的方式来监控自己的阅读行为，才能真正提高阅读的专注率。总之，对于课外阅读时间的管理，关键在于有效利用时间。

一个中学生如果真正学会对课外阅读时间进行科学管理，他必定也会把这种管理理念带进课堂，带到各门功课的学习中，进而真正完成"减负增效"的理想目标。

二、理解监控

这里抛开一般的阅读视线，着重从阅读的另一视角——生活化背景中寻求学生本真阅读的路径：体会作者生活、深入文本生活、回归生活情理、调动生命积淀、读写一体化，全方位、多维度地从触摸语言文字及表情达意的角度，阐释本真阅读的实质与功效。

当前的中学生阅读普遍存在两种视线：内隐式阅读与外显式阅读。

内隐式阅读是学生完全凭借自己的文化修养和生活积累来阅读，读什么、怎么读、读成怎样，教师不预设，不干涉，不品评，完全由学生自主决定，这称为"回到阅读主体的生命原点"。有人鼓吹这就是最原始、最本真的阅读，完全没有顾及教学文本的主旨和特定表达艺术的制约。这对学生真正学好语言表达艺术，对学生的人格发育，对语文教学返璞归真、敦本务实、教文立人等都有着极大的负面影响。

外显式阅读是在教师的严格规定之下，学生带着目的、任务、问题进行顺藤摸瓜式的阅读。例如，读完文章后，用一句话概述全文的内容；用"这是一个什么样的故事""他是一个怎样的人"等固定句式说说阅读初感；用三部曲"此处运用什么手法""形象地写出了什么样的形象或特点""表达了什么样的情感"来完成你对以上佳句（片段、人物）的阅读鉴赏，等等。这种目的与任务驱动型的阅读，看似目标明确，经济有效，实质上只是教师自我感觉良好罢了，学生的阅读兴趣有多少、阅读期待是否得到满足、阅读思辨能力及语言表达能力有没有得到提高，并不在阅读指导的范围之内。这种外显式阅读是当前阅读教学所必须关注的。

以上两种阅读视线，前者看似尊重学生的自主阅读需求，但太过于"放羊"，收效甚微；后者看似经济有效，但无形中扼杀了学生的自主阅读需求。

以上两种情况都忽略了一个很大的问题，即在阅读开启之前没有考虑到学生的阅读背景，包括他之前的阅读经验、当前的阅读期待、已有的阅读策略、将来的阅读建构等。有鉴于此，我们提出"在生活化背景下展开学生本真阅读"的研究与实践。此处的生活化背景主要指作者生活、文本生活、生活情理、生活积淀等的综合体现。本真阅读则是在考量学生的生活化背景之下的有预设亦有生成的深度阅读。

（一）真正体会作者生活去阅读

每一个作者都是一个具有独立人格的个体，不管他用什么样的文体来表达他的情意志趣，都必然受到他个人的生存环境、生活情趣、理想追求的影响，而这种影响也必然带到他的语言表达中，呈现出这一作者的独特风格与别样气息。

《再别康桥》一诗，意象缤纷，意境深远，意蕴悠远，对于初中阶段的学生来说，理解还是有一定难度的。我们可以从以下环节着手，做好先导工作。

在许多文人墨客的心中，都有一个有别于故土的家园——精神的归宿地（精神家园），如陶渊明的世外桃源，沈从文的湘西边城，鲁迅的百草园，朱自清的月下荷塘，季羡林的荷韵清塘……那么，著名诗人徐志摩的精神家园又在何处呢？徐志摩曾经就读于剑桥（康桥）大学，后来两次返回母校，《再别康桥》是他在故地重游后写的回忆性诗歌。

这样，我们从作者的生活剪影入手，将《再别康桥》定位成一首"回忆性诗歌"，学生就自然地被带进异国风情中，在徐志摩的语言文字中感受他的呼吸，触碰他的心灵。

在诗歌的赏读环节，我们可以用一个主问题引出作者的生活经验：在"康桥"，作者看到了什么？想到了什么？诵读诗歌，并用自己的话说一说。

当独立康桥河畔时，他看到：金柳如夕阳中的新娘，美丽动人；她的艳影在心头荡漾。他甘愿：做水底的一条水草，与康河的柔波合二为一。

当徘徊拜伦潭边时，他渐入梦境：那儿有彩虹与浮藻，沉淀着七彩的美梦。他荡舟寻梦：撑一支长篙，向青草更青处漫溯，满载一船星辉，在星辉斑斓里放歌。他梦回现实：陡然发现，欲歌不能，唯有悄然、沉默。

然后，让学生比较自己通俗化的语言与徐志摩诗意化的语言之间的差异，触摸诗中清爽浪漫的风味与情韵。

《再别康桥》的最后，一般解读为"止于淡淡忧愁与哀伤"，至于这一份忧愁背后究竟隐藏着什么，读者则无从知晓。我们在课前预习时要求学生广泛阅读徐志摩的散文集、胡适的追悼文章。以下是学生收集并整理的系列资料：

在二十四岁以前我对于诗的兴味远不如对于相对论或民约论的兴味。……但生命的把戏是不可思议的！

——（徐志摩《猛虎集·序》）

我的眼是康桥教我睁的，我的求知欲是康桥给我拨动的，我的自我意识是康桥给我胚胎的。

——（徐志摩《吸烟与文化》）

他的人生观真是一种"单纯信仰"，这里面只有三个大字：一个是爱、一个是自由、一个是美。他梦想这三个理想的条件能够会合在一个人生里，这是他的"单纯信仰"。他的一生的历史，只是他追求这个单纯信仰的实现的历史。

——（胡适《追悼徐志摩》）

结合学生整理的资料，我们相机引导、追问："作者究竟向什么道别？"

所谓的"道别"，实质是对以往在康桥自由、浪漫、美好生活的道别，对"留洋梦"的道别，对过去的自己的道别。

最后我们得出：康桥，不过是承载"千万孤独、万千寂寞"的容器，诗人用三个"轻轻的"，两个"悄悄的"，反复渲染这种无奈的离别；诗歌动静交织、形神兼备，而又一波三折，真正体现了"诗是语言的钻石，诗是情感的中轴"的真谛。

当我们引领学生自然地走近作者生活，触摸作者情思，那么精读作者的某一作品就会更快地触及其灵魂，而背诵该作品自然就成为简单的事情，因为已然融化在作者生活中的语言的张力，也一起融入了学生的血液。

（二）真正深入文本生活去阅读

深入文本生活，学生读起来才会带劲；深入文本语言，学生才会甘之如饴。例如，读贾平凹的《月迹》，我们可以引导学生从标题入手，借助两个本真的问题，走进文本，走进课文生活。

（1）文章的标题是"月迹"，那么让我们抓住"迹"字来寻找文章的踪迹吧。默读课文，用最精练的词语归纳文章写了哪几件事。（盼月→观月→寻月→"喝"月→找月→拥月）

（2）文章的踪迹找到了，月亮的踪迹在何处呢？浏览课文，争取用三字短语来解答。（没有月→镜中月→院中月→杯中月→水中月→心中月）

这两个问题，除了能让学生获得初始感知，还成功地梳理了文章的主要内容与行文思路，也为后续的深度阅读做了良好的铺垫。此时，我们可以让学生再次阅读：

（3）跳读奶奶的语言，理解奶奶在文中的作用。（穿针引线，推动故事情节向前发展。）

（4）再读带"了""呢""哩"的语言，说一说奶奶是一个什么样的人。

通过品读奶奶的话，"月亮进来了！""它走了，它是匆匆的；你们快出去寻月吧。""傻孩子，那里边已经有人了呢。""孩子们，你们瞧瞧你们的酒杯，你们都有一个月亮哩！""月亮是每个人的，它并没有走，你们再去找吧。"可以品出奶奶是一个童心无限、爱心无限的智慧人。如果再让学生去读读文本中的精彩语段：

我们就都跑出门去，它果然就在院子里，但再也不是那么一个满满的圆了，进院子的白光，是玉玉的，银银的，灯光也没有这般儿亮的。院子的中央处，是那棵粗粗的桂树，疏疏的枝，疏疏的叶，桂花还没有开，却有了累累的骨朵儿了。

他们就会发现，叠词的大量使用，体现了那个在智慧的奶奶抚育下成长起来的作者，内心同样充满童真、爱心。同时，学生自然也就明白了"孩子是在游戏中成长的"这样虽简朴却深刻的生存哲理。作者用这些看似不经意的口语、叠词、儿化音，一步步带我们渐入阅读的佳境，正如心怀明月，便拥有明月一般，只要心存美丽，我们便会拥有美丽。

所以说，最本真的阅读便是"搀扶"学生来到一篇美文的门口，让他自由地进出文本，在语言文字间徘徊、徜徉，在深入文本生活间，慢慢习得这种语言表达的习惯，进而形成自己的言语艺术。

（三）真正回归生活情理去阅读

许多作品在表情达意、遣词造句、谋篇布局、运招用技时，都遵循着一定的生活情理。遇到这样的作品，我们可以依据学生的阅读前经验，调动教师自己的生活积累，带领学生深入文本进行体验和感受。

莫怀戚的《散步》，围绕儿子与母亲要走小路与大路的问题，描写了强烈的内心斗争。这种内心的矛盾与纠结，可以从文中的对照句式（两两相对，或相同或相反方向）找到端倪：

她现在很听我的话，/就像我小时候我很听她的话一样。

我和母亲走在前面，/我的妻子和儿子走在后面。

前面也是妈妈和儿子，/后面也是妈妈和儿子！

我的母亲要走大路，大路平顺；/我的儿子要走小路，小路有意思……

我的母亲老了，她早已习惯听从她强壮的儿子；/我的儿子还小，他还习惯听从他高大的父亲。

我蹲下来，背起了我的母亲，/妻子也蹲下来，背起了我们的儿子。

我的母亲虽然高大，然而很瘦，自然不算重；/儿子虽然很胖，毕竟幼小，自然也很轻。

学生读着这些两两对照的句子，可以了解到作者是上有老、下有小的中间分子，慢慢体会出他何以如此犹豫纠结。而最终，作者终于做了决定：

一霎时，我感到了责任的重大……我想找一个两全的办法，找不出；我想拆散一家人，分成两路，各得其所，终不愿意。我决定委屈儿子了，因为我伴同他的时日还长，我伴同母亲的时日已短。我说：走大路。

柔情绵长的父亲（儿子），仿佛于顷刻间幻化成铮铮铁骨的英雄，英气冲天，豪情万丈，因为"好像我背上的同她背上的加起来，就是整个世界"。这就是中国传统的上孝下顺，这种深深的情理被作者用几组对照句淡淡地描述出来，却又深入肌理。学生也在诵读低吟间体会到发现之喜，理解力自然也增加了几分。

再如杜卫东的《明天不封阳台》，作品由儿子保护一只无意中闯入我家的受伤的鸽子写起。看着鸽子祈求的眼神，听着儿子率真的诉求，作者心底涌起的是此起彼伏的滚滚浪潮：

10年前，我们搬进这座高层建筑时，还依稀可辨往日的荒芜；/如今，鳞次栉比的高楼和变幻莫测的霓虹灯已经把萋萋的荒草、幽幽的土路永远留给了昨天的记忆。都市原来也如人一样在不断地发育，/等我们倏然领悟到它的变迁时，往昔的一切已如渗入泥土中的老酒……

……

封了阳台，虽可以阻隔住城市的喧嚣，开辟出一块活动的空间，/但是，这鸽子便没有了安身立命的场所。我知道，无论孵化能否成功，鸽子迟早要飞走；/但不知为什么，在内心深处却特别希望它能在我家的阳台上多逗留一些时日。

……

人们仿佛走进了一个怪圈，一个悖论：一方面，人用自己的双手创造了辉煌的物质文明，/同时，因为物质文明的高度发达，又日渐与自然界相分离，于是，人们在精神上便有了一种失落感。

……

人，只能与自然和谐相处，/而不能总以自然的征服者自居，因为在剥夺自然资源的同时，人类也在毁灭着自己。

当学生寻到这些承载作者内心浪潮的句子时，就会发现与《散步》相同的对照句式，阅读前经验因此帮助他们顺利地完成本真阅读。当生活中遇到这种类似于道德两难的问题时，他们就可能会采用对照句式进行表达。文中的对照句式一左一右，极好地展示了作者内心的波澜与情思的涌动，而就是在这种反复的波澜与涌动中，浪潮被渐推渐高，作者最终决定"明天不封阳台"。

陆游曾写道："文章本天成，妙手偶得之。"其实，这个"天"指的正是生活情理。我们完全可以这样说，写作的遣词造句、谋篇布局以及各种艺术手法，几乎都可以在生活中找到情理依据。为此，在教读课文时，教师必须启发、引导学生充分调动生活积累，与生活情理深度对接，这样，学生就成了智慧的学习者、探究者和发现者，就会学得聪明智慧、探得深入透彻、悟得刻骨铭心。

（四）真正调动生命积淀去阅读

此处的生命积淀，既可以指师生的生活积累和文化积淀，也可以是作者的生活体验与经验积淀。例如，读刘禹锡的《陋室铭》，我们可以先引导学生回忆之前学过的两首小诗，以使他们对刘禹锡"硬骨头"风格有初步了解：

玄都观桃花

紫陌红尘拂面来，无人不道看花回。

玄都观里桃千树，尽是刘郎去后栽。

再游玄都观

百亩庭中半是苔，桃花净尽菜花开。

种桃道士归何处，前度刘郎今又来。

这两首小诗中都提到"刘郎"，这不是刘禹锡对自己的谦称，而是对自己曾经担任过郎官而感到无比骄傲和自豪。两度写游玄都观的情景与感慨，都显露出他那不与世俗同流合污，清高自洁的心性与气节。

有的同学可能知道这个故事：刘禹锡被贬到安徽和州，和州知县对他横加刁难。按规定应住在官府的刘禹锡，被知县安排住进了城南面江的三间房中，之后，刘禹锡的待遇经历了从三间房到一间房的变化。每次变化，刘禹锡都会写一副对联贴于门上。

住三间房时，刘禹锡贴副对联：面对大江观白帆，身在和州思争辨。见刘禹锡满不在乎，知县气极。

住一间半时，刘禹锡再贴副对联：杨柳青青江水平，人在历阳心在京。见刘禹锡满心清高，知县气急败坏。

住一间房时，刘禹锡写了《陋室铭》，并将其刻在门前的石碑上，知县彻底无语。

学生了解了这个故事，自然对《陋室铭》的阅读、理解和思想内涵的把握更有益了。接下来，我们抓住课文对"铭"的注解（铭，古代刻在器物上用来警诫自己或者称述功德的文字，后来成为一种文体），得出"铭"的四大特征：韵、记、赞、戒，然后以这四个字为抓手，引导学生解读《陋室铭》。自然地，学生就会更全面而深刻地理解文本：原来作者是要借《陋室铭》自我激励、自我打气、自我升华。

总之，无论是为了全面而深刻地解读文本的思想内涵，还是为了真正品出作者谋篇布局和运招用技的缘由，都需要师生充分调动生命积淀，力争与作者的生活经历、生命情感相融通。

（五）真正读写一体化地去阅读

读写结合，我们在很多课堂都可以看到，自然一定要问一问：作者为什么要写？到底是怎样写的？为什么非要这样写？读文悟写，读写一体，首先要自然，其次要适切，再次要联想，最后要坚持。还以前面提到的五篇文章为例，我们可以引导学生进行读写一体化训练，如下：

（1）为《再别康桥》写几句感悟性评价。

学生例文：

康桥是诗人生活的梦、爱情的梦、艺术的梦，诗人像呵护自己的情人一样，不忍心打扰她。诗人也清楚地认识到，康桥带走了自己的一切，带走了自己的灵魂及对真善美的追求与梦想。这美好的一切，永远地留在康桥。

（2）借用《月迹》的思路设计或语言运用，写一写《____迹》（如萍迹、花迹、绿迹、竹迹等）

学生例文：

雪花漫天飞舞，寻找大地的怀抱，去滋润那稚嫩的麦苗；蚂蚁小跑，正在寻觅可口的美食；蒲公英在风中梳头，播撒着万千种子，投身温润的自然；玫瑰初绽，向路人释放蓬勃的生机与满腔的力量；月儿投影澄碧的湖水，探寻生命的美妙与神奇……

（3）读完《散步》，尝试用对照句式写一写你们一家人出行的情形。

学生例文：

犹记得五六岁时，晚饭后，爸妈便会牵着我的小手，左一个，右一个，到城南花园漫步。爸妈喜欢走大路，而我总是在花台边沿跳上跳下。妈妈走在前，爸爸殿在后。走到健身区，爸爸"噌"的一声就跳上了一米多高的双杠，妈妈"唰"一下混入踩鹅卵石的人群，而我就淹没在孩子们翻筋斗的海洋中，有时头朝下等着爸妈来找我，听着他们大而急的呼喊声，我把头缩进衣领，让他们一顿好找……

（4）《明天不封阳台》在阳台不封之后的一个月，阳台上出现了别样的情景。请结合文本，以文中儿子的身份，逐一描述。

学生例文：

阳台朝阳的一角，已然支起了一个高大的花架，上面有两盆吊兰，细细密密的绿叶一嘟噜一嘟噜地垂挂而下，像恣意流泻的绿色瀑布，在阳光下发着绿光，但并不刺眼。仔细聆听，有一两声轻轻的鸟鸣声从绿叶间软软地传出，我知道，那是小鸽子出生了。阳台外，蓝天白云间，有两只鸽子飞过，其中一只，正是先前带伤的那只，如今变得矫健壮硕，它们正为孩儿们找食，已无须我的照料了。

（5）阅读完《陋室铭》，我让学生用"一身傲骨笑桃花，_____"这个对子来总结刘禹锡在写完《陋室铭》后的心情。

学生例文：

一身傲骨笑桃花，满心得意铭陋室／一身傲骨笑桃花，两袖清风记陋室／一身傲骨笑桃花，两度换房赞陋室。

读写一体化，必然要落脚在语言表达的契合点、构思运作的巧合点、主题传达的承载点上，这样的读写一体化才是本真阅读的实质。

语文教学的本务就是借教学课文来教学生说话和写文章，不论什么体裁的课文教学都是如此。教师一定要最大化地利用课文这个资源，不仅要教学生学懂悟透文章何以这样而不那样写，还要指导他们在课外长期坚持这样学和悟，不断提高语文能力和素养。为此，教师一定要引导学生深入体会作者生活、课文生活，回归生活情理，并且充分调动自己的生活积淀去体悟课文何以这样写，进而指导学生如何艺术地写好作文，如何表达好自己的思想情感。不仅如此，教师还可以教学生深入课文，紧紧抓住课文中的某个点进行扩写、补写、续写、改写等训练；还可以引导学生即景进行祝福语、主持语、颁奖词、点评、发言稿、启事等的写作。这样的写作契机就在课文教学中，这样的写作训练活动就贯串于课文学习中，并且，这样的训练最容易激发学生的写作欲望，最令学生兴趣盎然，也最能取得"人人都爱写作，都有好收成"的教学效果。

最后，笔者再强调几句。生活化本真阅读不同于内隐式阅读，也区别于外显式阅读，更有别于社会性阅读，它是不受教学文本制约的纯知识阅读、获取信息阅读、文学欣赏阅读、休闲阅读等。作为基础教育阶段的中小学生，他们的本真阅读应该具有其独特而鲜明的功利性，即全程皆指向学会赏读和表达，始终紧扣作者生活、文本生活、生活情理，阅读过程中应充分调动生命积淀来切实品悟语言表达艺术以及语言运用的张力、韵味、情思等。不仅如此，还要在读、诵、赏、写之间朝揣摩、午演读、晚体悟，在朝朝暮暮间诵于口、悟于心、练于手。只有这样长期坚持，把阅读当日子过，让阅读成为生活甚至生命中的一部分，才会养成一种自觉性和习惯，使阅读成为生活中的一种自动化行为。也只有如此，才能持久且自然地去发现美的语言，描摹美的画面，表达美的情意，从而于潜移默化间历练自己的精神底蕴，不断提升自己的语言修养，成为一个心口如一、精神独立、人格健全、喜爱创新的人。

第二章

自育式阅读

自育式阅读，是在自育式学习概念下衍生出来的一个支概念。它是指读者借助于自我监控、自我调整、自我评价、自我反思等方法，反省自己的阅读方向，检视自己的阅读行为，调整自己的阅读节奏，从而真正学会阅读并运用阅读的一种阅读模式。自育式阅读模式门类繁多，下面主要从阅读意识的养成、阅读方式的打开、阅读策略的凝练、阅读评价的跟踪等层面展开具体的阐述。

第一节　阅读意识的养成

阅读的意识不是天生就有的，它需要氛围、背景、资源以及真实场景。我们的主张——玩阅读：真实阅读的逼真模拟，为此，我们启动了自育式阅读课题下的一个分支项目——"立体阅读"项目。

"立体阅读"是金坛区华罗庚实验学校根据九年一贯制的师生结构而提出的一个教学项目（该项目现已升格为江苏省"立体阅读"课程基地），它也是常州市初中语文自育式学习张五芳名教师工作室研究的一个重点。"立体阅读"是指在不同年级、多维空间、不同时段内，为学生选择品类读物，引导学生借用多种手段，交织运用点线阅读、平面阅读、立体阅读的生态阅读状态。

我们认为，游戏是"立体阅读"的逻辑起点，培养学生对文化的尊严感与敬畏感是"立体阅读"的必然追求，而在玩中展开阅读则是"立体阅读"的逼真模拟。

一、游戏：儿童阅读的起点

游戏之于儿童，是其生活的本身，游戏的意义即其生活的意义，游戏是纯粹的生活，生活是纯粹的游戏。

儿童文化中的科普作品、童谣诗歌、儿童漫画、经典古籍等，无不渗透着游戏的特性，甚至可以说，孩子是在游戏中成长的。

（一）披文入"识"——科学是我们

对低年级的学生，我们先引导他们观看一组浅显的科普节目，包括《开门大吉》《一站到底》《百家讲坛》《世界真奇妙》《宝贝争爸赛》等，每一个节目中都有系统的科学知识，零星的思维启迪。我们还举行各种活动，每一场活动都是学生斗识、斗智、斗法的舞台，也是他们将"自我"融于"我们"这个团体的过程。

在这里，"乐，乐，乐，老师的功课！玩，玩，玩，学生的摇篮！"孩子们玩阅读，玩科学，一次次体会阅读所带来的魔力与奇效。

（二）披文入"情"——文学是我

"我"，彰显了文学的个性。作为一种特殊的文学样式，漫画对学生起着独特的引领作用，而对学生进行经典漫画的阅读指导，是对语文教师的一大挑战。在阅读《父与子》时，某教师先让女儿读，然后以"幼吾幼，以及人之幼"的心态领着学生和自己一起观察、研磨、阅读。教师本人的指导阅读越真诚，学生的阅读状态就越热切。真诚的教育最有力量，因为真诚可以直达心灵。在真诚中玩经典童漫，学生玩出了本真、纯洁与美好。只有玩，才能体味文字表达的"妥帖"；只有玩，才能实现言语表达的"举一反三"；只有玩，才能在自主表达中享受创造的乐趣。学生的童漫作品（文字版）也就是这样创作出来的。

孩子是天生的诗人。在童谣与童诗的诵读中，他们会慢慢习染诗的节律与意蕴，他们背诵整组的童谣童诗，他们在游戏与活动中自在地吟诵自编的口头小诗。如，为了记住"兆"字，一学生自加偏旁组词，创编了儿歌："小姚姚，去偷桃，光挑大的不要小。偷了桃子就逃跑，气得果农直跳脚。"有的学生甚至自创小诗，用诗的语言评析名家作品。在游戏的形式下，藏着的是学生"文学的我""个性的我"的读者形象。

（三）披文入"理"——哲学是真理

带领学生读读孔子的《论语》、孔子的哲学理论，如何？中年级的学生开始了他们的"小探员在行动""新杏坛开讲啦""漫画秀显哲思"系列旅游活动。从"三人行，必有我师焉，择其善者而从之，其不善者而改之"，学生知道了学习是一个取长补短的过程，这句话说明了人是各有所长的，个体不用妄自菲薄。进而学生又会发现：孔子是否忽略了一点，学习不仅仅是向他人学，学习的渠道还有很多——"纸上得来终觉浅，绝知此事要躬行"，陆游不就告诉我们，读书本是一种学习，自身的实践活动也是一种学习吗？"我师自然"不是告诉我们大自然也是一位好老师吗？但是也要如孔子所说，不能盲目学习他人经验，要去伪存真。看，这就是认识论哲学，孩子们就这样在探访旅游中自觉不自觉地学习到了。在"学而时习之，不亦说乎？有朋自远方来，不亦乐乎？"中，学生发现了"说（悦）""乐"的区别：学习是个人的事情，经常学习带来的是内心的愉悦（偷着乐）；有朋友来围桌而学，在一起探讨而欢欣鼓舞（共同乐）。原来"说（悦）"与"乐"的区别，体现了生存论的哲理，学生从中深刻体会到发现的乐趣。

阅读游戏形式多多，关键是抓住"语"，玩味语言，习得语感；扣紧"文"，触摸文化，提升哲思。

二、阅读：培养学生对文化的尊严感

在"立体阅读"项目中，"游戏"不是儿戏，它是学生郑重生活的重要组成部分之一。而在游戏中阅读的目的，正是要培养他们对文化的尊严感与敬畏感。尊严感与敬畏感的获得，来自阅读品质的提升及阅读兴趣的递升。

（一）阅读品质的历练

每个孩子必将经历"素读——欲读——会读——研读——悦读"五个环节的历练方能成为成熟的读者。"立体阅读"项目的参试对象为1—9年级的学生，在9个年段中，我们对他们阅读品质的历练做了梯级规划：

一年级"素读"，不提任何要求，只为保护学生的阅读热情。

二、三年级"欲读"，即教师有意识地撩拨他们的阅读激情，在创设的多种真实情景中唤起孩子们的阅读期待。

四、五、六年级"会读"，即在教师的带领下，在真实任务中，会用眼、心、笔协助阅读向深度开展。

七、八年级"研读"，可以师生组合，可以同伴互助，可以家校配合，共同研究一个人、一组文、一部书。例如，读林语堂先生的《苏东坡传》，我们按照以下路线把作品读八遍：作为词圣的东坡、作为诗人的东坡、作为画家的东坡、作为"父母官"的东坡、作为丈夫的东坡、作为父亲的东坡、作为朋友的东坡、作为待罪犯官的东坡。同时，我们引进《来如春梦去似云》《康震评说苏东坡》《王安石与苏轼》等，让学生展开真正的"立体阅读"，读进去，读出来，全方位地解读一代词宗——潇洒东坡。正是在这种真实阅读中，孩子们的阅读品质慢慢得到了提升。

九年级"悦读"，即不要因为中考的压力、繁重的作业、师长的唠叨而阻抑自己的阅读情趣，不管是在平时、假日，还是在阶段考试、模拟考试期间，都要每天匀出时间（一般为15分钟）用于阅读，享受"悦读"。

"素读——欲读——会读——研读——悦读"是一个螺旋上升的过程，学生据此阅读，长此以往，阅读品质与思维品质必然得到提高。

（二）阅读兴趣的递升

兴趣只是阅读的开端，对于一个成熟的读者，光有兴趣是远远不够的。"立体阅读"项目推进的目标，是培养学生的"兴趣——志趣——理趣——情趣——乐趣"。初读者多有阅读的激情，我们称之为"兴趣"；兴趣需要靠长时间的"意志力"而形成"志趣"；从"志趣"中衍生的是"理趣"；"理趣"经过积淀，幻化成"情趣"。乘兴而来、意志控制、理趣积淀、情趣盎然，必生"乐趣"，乐在其中，欲罢不能，则阅读的品质真正形成矣。

一个人读书读到"乐趣"的高度，必然会对文化产生尊严感与敬畏感，因为，阅读使人心存谦卑、平和与敬畏。一个对文化带着"敬畏感"的孩子，必然会带着"尊严感"走进每一部优秀的作品。

三、玩阅读：真实阅读的逼真模拟

在游戏中阅读，用通俗的话来说，就是"玩阅读"。教师带领学生"玩阅读"都是很认真的，他首先必须筛选适合不同年龄孩子的读物，然后自己做深度阅读，接着模拟逼真情境，最终让学生在完成真实性任务的过程中完成阅读。

（一）玩阅读：开启学生的第一能力——体验力

对于作者来说，体验水平的高低决定着创作源泉的荣枯，同样，阅读水平的提升也有赖于体验的协助。体验，靠的是阅读者独特的眼光。

同样是读《拔萝卜》这个故事，不同的孩子读出不同的感受：甲孩子读出的是萝卜终于拔出来了，乙孩子读出的是拔萝卜真有趣，丙孩子读出的是团结就是力量……老师的做法：我们一起来做拔萝卜的游戏。就在大家"嗨哟嗨哟"的拔萝卜声中，孩子们终于体会到，坚持是区分平庸与精彩的分界线。我们要的不仅仅是萝卜被拔出来的欣喜，更多的是反复拔萝卜之外的启迪。

再看下面一首出自古代闺中少女的小诗：

> 侬家家在雨湖东，十二珠帘夕照红。
>
> 今日忽从江上望，始知家在画图中。
>
> ——郭六芳《舟还长沙》

初读不知所以，再读知之甚少，于是教师借用视频短片模拟了少女身居闺阁、身处江上两种情境。学生再读小诗，明白了一个道理：熟悉的事物里没有风景，但当我们换个角度，换一种眼光看那熟悉的事物，原来最美的风景就在那儿！

真实情境的模拟，激发的是学生的体验能力。

（二）玩阅读：带学生进入第二世界——模拟力

我们决定给七年级的学生布置一篇暑假作文——《父母小传》，学生都傻了眼：怎么写？不会。我们为此设置了真实任务：

（1）读五位影响世界进程的科学家的传记；

（2）读五位影响文化进程的文学家的传记；

（3）整理人物传记的基本写法及写作规律；

（4）到亲人与朋友处搜集有关父母的翔实资料；

（5）为父母写小传并朗读给祖父母及外祖父母听；

（6）修改并成稿。

就是在这种真实任务中，学生顺利走进了原本不属于他们的生活——第二世界。在那里，他们结识了名人，增加了胆识，扩展了胸襟，重新认识了父母。阅读，成为帮助他们完成作业的最佳方式。就是在这种模拟情境中，孩子们的模拟能力如雨后春笋般生长。

（三）玩阅读：唤醒学生的第三力量——幻想力

我们知道，人的发展起源于劳动与游戏，在劳动中，我们获得意志力，在游戏中，我们获得审美力，而幻想是潜藏于这两种能力背后的更重要的力量，德国儿童文学作家凯斯特纳称其为"第三力量"。

《儿童文学概论》的作者朱自强认为，幻想具有超越性。幻想力是进入可能的世界的能力，幻想是人类的一种极宝贵的品质。因而在玩阅读中，我们经常会颠覆学生的常规思维，带领他们做一些奇思妙想式的阅读。如下面这道题：

在我们江南，春暖风，夏骤雨，秋凉爽，冬冰雪，但你有没有想过"春狂风，夏雨雪，秋老虎，冬含春"的情景？选择其中一个最吸引你的焦点，去找找春天的狂风、夏天的飘雪、秋天的酷热（老虎）、冬天的暖阳。

一题激起全班的兴奋点，学生忙活开了，找资料、做分类、忙整理、重组合，不亦乐乎，有孩子仅仅为了描写一则"夏雨雪"的片段，甚至阅读了数万字，他的幻想力也陡增了几分。所以说，幻想是一位建筑师，人的幻想沿着真正的阅读走多远，它造福于人类的殊勋就有多大。

游戏只是"立体阅读"的一种方式，"玩阅读"才是它的最高境界。在那里，有真实阅读的逼真模拟，它使孩子们在真实情景中如鱼得水，流连忘返，欲罢不能——这就是阅读的乐趣所在吧！

在这种"真实阅读"中，学生真正学会"自我历练""自我教育"，心性成长起来了，精神丰盈起来了。

（四）玩阅读：锤炼学生的第四能力——审美力

这里以培养学生古诗鉴赏的阅读意识为例，阐述学生阅读审美意识与能力的培养。

1. 培养学生自觉的文体意识

文体意识，是指人们在文本写作或鉴赏时，对不同文体模式的自觉理解、熟练把握和独特感受。文体既是一种预期目标，也是一种美学规范，更是一种审美标准。因而阅读鉴赏诗歌，尤其是古诗词，首先必须培养学生的文体意识。

文学文体常有其自身的美学特征和美学目的，古诗词作为文学文体的一种，既具有形象生动、情态逼真等基本特点，又具备动态性、情感性、色彩感、立体感、音乐性的特征。简单来说，古诗，多是用感性来承载理性的。

基于此，我们有必要紧紧抓住古诗的抒情主人公、意象、意境、意蕴等四个切点培养学生的文体意识。

抒情主人公涉及诗歌的站位问题，即我们要引导学生考量作者的抒情站位。多数诗词的抒情主人公为作者本人，但也有以他人、事物等为抒情主人公的，如《迢迢牵牛星》《蝉》《孤雁》《鹧鸪》《卜算子·咏梅》等。根据不同的抒情主人公，作者会选择不同的意象，营造适切的意境，突出别样的意蕴。

学生如果有了这些文体意识，牢牢抓住以上四点进行一读（诵读）、二提（提炼）、三品（品味）、四赏（赏析）训练，那么文体意识会自觉地成为其解读古诗词的习惯。下面以《茅屋为秋风所破歌》与《破阵子·为陈同甫赋壮词以寄之》解读为例。

表2-1-1　诗词对照阅读示范表

环　节	对　象	《茅屋为秋风所破歌》	《破阵子·为陈同甫赋壮词以寄之》
一读	抒情主人公	"我"	军人
二提	意象	秋风、茅草、云、布衾、雨脚、广厦	灯、剑、兵、马、白发
三品	意境	悲凄	雄壮
四赏	意蕴	民间疾苦、推己及人	沙场点兵、壮志难酬

在学完以上两首诗词后，我们可以用相同的方法让学生自读《古诗二首》（《迢迢牵牛星》《闻王昌龄左迁龙标遥有此寄》）。

表2-1-2　诗词对照自读欣赏表

环　节	对　象	《迢迢牵牛星》	《闻王昌龄左迁龙标遥有此寄》
一读	抒情主人公	河汉女	李白
二提	意象	牵牛星、河汉女、河汉、章	杨花、子规、五溪、明月、风
三品	意境	悲凄（迢迢、皎皎、纤纤、札札、盈盈、脉脉）	凄凉（落尽、啼、过、寄、直到）
四赏	意蕴	长相思：天上神话、人间悲情	愁别离：幽古遐思、坚贞友情

古诗阅读四步法，可以培养学生自主阐释一首诗词的内容。

2. 培养学生自觉的问题意识

文体，既是弹性的空间，又是创新的平台。解读古诗词需要有强烈的问题意识，因为古诗词具有独特的文体，"设文之体有常，变文之数无方"。我们借助不同的诗体，培养学生自觉的问题意识，有助于培养他们的洞见能力与发散思维能力。从德国哲学家伽达默尔解释学的角度讲，对于同一首诗词，不同的学生会有着不同的阐释；从接受美学的角度说，每个学生会按照自己的知识背景来理解同一首诗词。所以，不管站在哪个角度，都应该预留时间让学生去问一问：

《茅屋为秋风所破歌》与《破阵子·为陈同甫赋壮词以寄之》中抒情主人

公的异同点是什么?

杜甫诗中的"沉郁顿挫"与辛弃疾诗中的"沉郁顿挫"有何区别?

杜甫的三首诗《望岳》《春望》《石壕吏》的风格分别是什么?为什么同一作者的诗体,风格会有如此大的区别?(因为杜甫的诗歌大概分为两个阶段,青年时期和中老年时期,人生的不同阶段其风格也迥异)

《迢迢牵牛星》与《闻王昌龄左迁龙标遥有此寄》的意蕴有何不同?……

问题意识的强烈与否,决定着学生自读一首新诗的能力强弱。更多的时候,我们主张让学生以笔代嘴,在笔记本上自问自答,这样不但能提升学生的质疑能力,也拔高了他们的审美水准。

对于学生的自问自答,教师应给予调控或点拨,引导学生根据作者简历、诗体背景,不断监控自己的阅读行为、调整问题方向,最终做到正确解读。

3. 培养学生自觉的提炼意识

如果说,文体意识是积淀学生的基本常识(自育式学习的开端),问题意识是打开学生的创新思维(自育式学习的发展),那么提炼意识则是自育式学习的高潮。在反复阅读一首诗的基础上,我们应该适时引领学生如"苍鹰鸟瞰"般攫取诗中的闪光点、动情点、哲理点,并对此做提炼式的鉴赏,以此提高学生自读自悟的审美眼光。

(1)提炼有内容。提炼诗歌的诗眼(如《茅屋为秋风所破歌》中的"秋风"、《破阵子·为陈同甫赋壮词以寄之》中的"壮词");提炼诗歌的手法(对比、衬托、联想、想象……);提炼诗歌的风格(沉郁顿挫、豪放雄壮、清丽秀美……)

(2)提炼有滋味。提炼诗歌在炼字、炼词、炼句、立意等方面的气韵、味道及深意,能于提炼中目视其文、口发其声、心同其情、耳醉其音,方是有滋有味品诗词。

(3)提炼有高度。提炼要独具慧眼,能于平淡中见神奇,于枯乏中见灵动,因为"越是美好的东西,越是不动声色"(周海亮)。我们需要设计多种语文活动来锤炼眼光。

《茅屋为秋风所破歌》的最后一段,"呜呼"一叹,看似平庸,实则音调抑扬舒展,正应了后人对杜甫所评:"世上疮痍,诗中圣哲;民间疾苦,笔底波澜!"学生如能到这样的高度,自然也就在心中竖起了做人的标杆——虽境遇困顿，仍铮铮铁骨，为天下人谋幸福。这就是自育的根本目的吧！

同样，当我们带领学生读完《迢迢牵牛星》与《闻王昌龄左迁龙标遥有此寄》时，不妨让学生做个换位想象训练：更换抒情主人公，写想象类的小诗。这样的训练才是有高度的鉴赏，才是历练学生自育能力的有效训练。

学生例文：

牵牛星寄语河汉女

牵牛星呀亮晶晶，

河汉女呀晶晶亮。

壮壮耕田手，宽宽扁担肩。

岁岁盼女归，年年期一面。

眷眷恋汝心，冥冥得相聚。

王昌龄回赠李太白

杨花岂为君子落，

子规不过伤别离。

明月一片随风至，

遥寄太白万斛情。

"文学作品的终极意义，是让我们距离丑恶越来越远，而与美好愈来愈近。"（周海亮）古诗词中所蕴含的美，本身就是一种规定与制约，如果我们有意识地去培养学生的文体、问题、提炼这三种意识，那么古诗鉴赏将成为学生的一种学习智慧：引来源头活水，增加文学修养，历练心气脾性。在数十次的阅读与鉴赏中，有上百个接触点，必然也带来上百个突破口，从而也在本质上唤醒学生沉睡的学习方式——自育式学习。

古诗鉴赏，把人带向远古；自育式学习，把人带向远方。

第二节 阅读方式的打开

喜欢阅读是一种态度，善于阅读才是一种能力。

培养学生善于阅读的能力，是我校省级课程基地"立体阅读"的题中之义。

"立体阅读"是指在不同年级、多维空间、多个时段内，融文本阅读、电子阅读、展览讲座、影视演出等多种形式于一体，全方位、多层次地传承优秀文化的系列阅读项目。"立体阅读"旨在使学生对相同或相异的文本从点线的懂、平面的懂到立体的懂，最终真正学会阅读，学会学习，成为求真、向善、至美的人。

引导学生开展"立体阅读"有三种模式。

一、素读——赏读——演读

（一）素读，即原初阅读

素读最靠近学生的阅读发展区，借助素读，学生可以识字、拼音、了解背景、查阅故事、概述文本。

以《再别康桥》为例，学生拿到此诗就会去寻读徐志摩的简介，划分朗读节奏，概述诗章的主要内容及散落于诗歌中的意象。

（1）徐志摩（1897—1931），现代诗人、散文家，新月派代表诗人。梁启超是其老师，作家郁达夫是其同学，建筑学家、作家林徽因是其好友。

（2）在"康桥"，作者看到了什么？想到了什么？

当独立康桥河畔时，他看到：金柳如夕阳中的新娘，美丽动人；她的艳影在心头荡漾。他甘愿：做水底的一条水草，与康河的柔波合二为一。

当徘徊拜伦潭边时，他渐入梦境，后又荡舟寻梦，最后梦回现实。

（3）出现了以下意象：云彩、金柳、青荇、柔波、彩虹、笙箫、云彩……

素读，其实就是学生作为初读者对文本所做的事前功课，它为接下来的赏读做准备，使阅读生成有了某种可能。

（二）赏读，即细节欣赏

对《再别康桥》，我们设置的学生阅读发展区的目标是理解这一串意象背后深藏的作者感情，梳理这些感情的路线。

（1）以诗解意象

云彩　　浮云终日行，游子久不至。

——杜甫《梦李白二首·其二》

金柳　　昔我往矣，杨柳依依。今我来思，雨雪霏霏。

——《采薇》

青荇　　参差荇菜，左右流之。窈窕淑女，寤寐求之。

——《关雎》

柔波　　蒹葭苍苍，白露为霜。所谓伊人，在水一方。

——《蒹葭》

彩虹　　断涧迎风撒碎玉，雾雨当空飞彩虹。

——杜甫《彩虹》

笙箫　　我有嘉宾，鼓瑟吹笙。吹笙鼓簧，承筐是将。

——《鹿鸣》

（2）提炼这些意象寄寓作者的感情

云彩，情如云彩般飘荡；金柳，情若金柳般柔细；青荇，情似青荇般缠绵；柔波，情像柔波般绵长；彩虹，情如彩虹般多姿；笙箫，情仿笙箫般凄迷。

充满整首诗的是作者惆怅、无奈、苦楚、压抑、难分难舍的复杂感情。

（3）说说作者是用什么方式把这些意象串联起来的

结构上：康桥、康河贯串始终。其中，"康桥"贯通中西，串起了意象群；作者的感情像"康河"一样一波三折，带动了情感链，使诗歌思路清晰，情感饱满。

内容上：内外结合，意象、色彩、画面、情感，自然交错。

四位一体：天上、人间、水底、心里，水乳交融。

由此可见，诗是语言的钻石，诗是情感的中轴。学生就在这精细的赏读中，慢慢走进诗歌的灵魂深处。读诗如读人，好的诗歌总在深处隐藏着作者的为人品行，因此，阅读的第三个层次，演读的推进就很重要。

（三）演读，即衍生阅读

（1）再读诗歌，看看作者是怎样与康桥"道别"的

三个"轻轻的"：写出了不想惊动他人的心理。

三个"悄悄的"：写出了落寞、无奈之情。

（2）这种静态的"道别"与前述内心的波动是怎样统一起来的？

用外表的波澜不惊来承载内心的波涛汹涌，反衬出作者离别时的愁肠百结，真正是"梦里不知身是客，一晌贪欢""别时容易见时难"。

这"一别"：天长地久有时尽，此恨绵绵无绝期；这"一别"：相见时难别亦难，康河流水只潺潺；这"一别"：浮云游子久徘徊，金柳青荇长翘盼……

"素读——赏读——演读"这一模式，一般适于阅读诗歌、散文、短小说等。其中，素读是基础，完全可以交给学生自己去处理；赏读是关键，须由老师做好充分的预设，以生成课堂的精彩；演读则完全看学生的阅读制高点，对于能力好的学生或突出的班级可引到这个高度，如果能力弱一些，达到第二层次即可。所以说，所谓的模式不过是给教师与学生一种阅读欣赏的范式而已，具体操作的过程，必定是因人而异、因班而为的。

二、慎读——汇读——助读

（一）慎读，即独自完成阅读

以《威尼斯商人（节选）》的阅读为例。

（1）了解文艺复兴之"人文主义精神"；了解莎士比亚简介；解读注释，了解《威尼斯商人（节选）》的基本剧情等。

（2）发现戏剧中的矛盾冲突：

经济冲突：夏洛克——安东尼奥；情意冲突：法律——人道主义；种族矛盾：犹太人——意大利人；宗教矛盾：异教徒——基督徒；情感冲突：友谊——爱情……

（二）汇读，即汇报阅读经验

课堂上的"汇读"会给教师带来太多的意外，此时，教师要掌控、梳理并巧妙运用这些意外，适时引导学生探寻"汇读"的结果。

仍以《威尼斯商人（节选）》为例。

产生疑问：整合这些矛盾的是什么？在行文构思上有什么特点？

较量：法律与道德的较量，友情与爱情的较量，复仇与报应的较量，仁义

与残忍的较量。

审判：公爵审判——群众审判——鲍西娅审判。

可见，在构思上，一事贯串始终，一波三折、两两对照、双轨运行：夏洛克是步步紧逼——步步失利——败诉；基督徒是环环失利——环环出奇——胜诉。（图2-2-1）

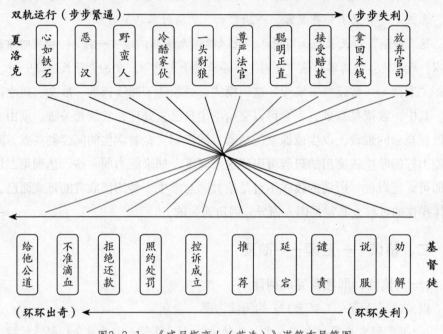

图2-2-1 《威尼斯商人（节选）》谋篇布局简图

（三）助读，即老师帮助阅读

"助读"能帮助学生利用阅读"前经验"来应对陌生的阅读现象。

仍以《威尼斯商人（节选）》为例。

（1）品析人物语言，归纳戏剧主旨，以更好地彰显矛盾冲突，从而提炼出每个人物的个性特征。我们可借助特殊句式来看一组人物形象。

如写夏洛克，假设句增强反问语气，体现其诡辩之术；反问句增强态势，体现其咄咄逼人的个性；排比句体现其占尽上风、得意忘形之态。

（2）同桌合作，寻读、品析、归纳人物特点。

① 夏洛克——

假设句：诡辩；反问句：强硬；排比句：狡诈；感叹句：拍马、逢迎。

② 安东尼奥——

比喻句：形象地反击夏洛克，喻示改变的不可能；排比句：铺陈对方的残忍、自私、狡猾；因果句：为了友情甘愿承受一切。

③ 鲍西娅——

扩展句：耐心地疏导，不急不缓的延宕、蓄势；转折句：欲擒故纵、以退为进、锋芒毕露、步步为营；递进句：维护法律的尊严及人的尊严。

④ 葛莱西安诺——

因果句：诘责、反问、讽刺；转折句：责骂、刺激；感叹句：赞美、讽刺、反语；对照句：强烈地谴责，激发对方的火气。

（3）朗读并体悟这些特殊句式背后深藏着的人物个性，强化对主旨的理解（宣扬真善美，鞭挞假恶丑，宣扬正义、仁爱、友谊等人道主义精神）。

（4）课堂探究：法律、人道与智慧的关系是什么？（法律至上，人道至善，智慧至美）

慎读——汇读——助读，更适合年级高、能力强的班级或学生，它对教师的文学底蕴、解读能力、驾驭课堂能力有很高的要求。"不愤不启，不悱不发"是运用此模式的基本原则。

三、点线读——平面读——立体读

先把没有任何资料与辅助工具的文本交给学生，让其进行字词、注音、注释等方面的"点线读"；然后交给学生相应的工具书、参考资料，促进他们开展对文本内容、结构、方法等的"平面读"；最后，在老师带领下对文本的构思、表达、主题等开展多维的"立体读"，这就是"点线读——平面读——立体读"模式。这一模式比较适合阅读长篇小说。

以《西游记》为例，小学至初中段的学生都在读这一小说，但对不同年龄、层次的学生，我们给出了不同层级的阅读要求。

（一）点线读（小学低段）

对小学低段的学生，我们选择的读物是绘本、拼音本。学生能根据拼音认识其中的生字、生词，读出完整的句子，读懂简单的故事，记住其中的故事名称或能讲述其中的一两则小故事即可。这是学生积累词汇及小故事的必经阶段，是培养学生原初的语感之时，不容小觑。这个阶段切忌让学生随便翻翻、看两页图画就草草了事，那样的阅读不是真阅读，反而会使学生养成浮躁、气急、懒惰的坏习惯。这个阶段，点与线的结合很重要，"点"即生字音形义的熟记，"线"即句子与故事的串联，都应该是这一个阶段必须掌握的阅读技巧。

（二）平面读（小学高段）

学生在这个阶段阅读的《西游记》可以选择青少年版，通过浏览整本书，能概述并记住九九八十一难的故事，梳理这些故事之间的关系（个个独立，又步步为营，前一个推动着后一个），能对其中的重要人物做性格分析与品评，明确小说主要宣扬的扬善惩恶与针砭时弊的主题。

平面阅读是对阅读能力处于中等水平学生的合适要求。这种阅读使学生阅读整本书的能力增强，概述能力提升，提取信息的能力提高，提炼主题的水平增加，学生的语感自然也就得到敏化。

（三）立体读（初中段）

这个学段的学生，可以选择人民文学出版社的原版小说来读。因为有了前面两种阅读的铺垫，这个阶段的阅读可以弱化对故事情节的记忆，转而对小说是怎样构架这些故事的做深入探究，学生会发现，这些故事是按糖葫芦串的形式串联起来的，竖起来，又形成一座山。聪明的作者仿佛一位地道的导游，带领学生从一座叫作"西游记"的山脚往山坡、山腰、山峰爬行，爬至山顶，无限美好尽收眼底。

此时，学生对《西游记》一书的解读就不仅仅局限于前面的理解了，他们有了更进一步探究的勇气，他们发现其中有三百多首诗歌尚未开发。于是，我们带领学生开启了《<西游记>诗三百探秘》的微课程研究。在研究中，学生自然把如此之多的诗歌分成了三类：环境描摹类、人物摹写类、人物打斗类。分好了类，我们把班级学生也分成三个小组，学生根据自己的喜好选择一类诗歌，组成一个团队，开始为期四周的"《西游记》诗歌阅读月"活动。在活动中，学生们有的用硬笔或软笔书法摘抄这些诗歌，有的对环境描写中的自然景观做生动的演绎，有的把打斗类的诗歌改编成课本剧搬上舞台，有的在对诗歌进行背诵，等等，不一而足。另外，我们还组织学生把自己的阅读成果做成板报、小报及活动展板，到低年级去做"《西游记》诗歌阅读"大讲演，得到了师生的交口称赞。

这时，学生已经超越了点线阅读、平面阅读，向阅读的巅峰迈进，真阅读与深阅读也真正开始，语感与境感俱增，素材与情感两获，鉴赏力与判断力也陡然提升，立体阅读在此有了最好的注脚。所以说，书籍最大的价值在于它不仅渡己，还能渡人，它能让每一个接近并深入其中的人学到除了陈述性知识之外的情感、体验、价值观等。

这样，一个学生在1—9年级中，从起初的点线阅读，到中段的平面阅读，再到高段的立体阅读，他的阅读习惯越来越好（边读边记、边读边赏、边读边思），阅读品质越来越高（文学鉴赏、文学批评、判断是非），阅读成果越来越丰（一个在校学生除完成新课标规定的阅读数量外，初中三年平均阅读总量达920万字）。

但凡采用这三种模式阅读的学生，他们的整体阅读能力与系统思维能力也变得更加强大，而一个人只要具备了整体与系统的思维能力，即具备了学习其他学科的主要能力——这应该是"立体阅读"追求的第一要旨。学生在借助阅读帮助自己成长的过程中，其实还借助文本人物遇到困难挫折时急中生智、克难奋进的意志品质，在灵魂深处历练自己，并在这个过程中慢慢学会教育自己、调整自己，即自我教育的能力得到质的提升——这是"立体阅读"追求的第二要旨。

与此同时，以上三种模式又统整于"立基——立体——立魂"主导的阅读模式。其中，"立基"是积累，大阅读带来大积累；"立体"是策略，大阅读凝成大体系；"立魂"是目标，大阅读赢得大胸怀。在主导模式的引领下，三种模式也可以在1—9年级交织运用，形成自然而有机的"立体阅读"生态网。

当然，这三种阅读模式不仅适用于课堂，还通常被学生带进文学社团，带进课外阅读，甚至带进家庭阅读，也被其他学科老师带进生活与教学中。这样，"立体阅读"的最佳模式就是最原生的、最时尚的、最前卫的、最陌生的阅读姿态的交织，它就像一座秘密花园，外看神秘幽深，推门满目鲜花，深入则亮点无限。

我们知道，爱阅读的人，他的心永远是年轻的。阅读，更多的时候是为了发现远方的自己，而"立体阅读"是培养现代思维的一种行走方式，它正引领我们向远方走去。

第三节　阅读策略的凝练

阅读的策略，林林总总，各式各样，这里主要以细读文本、深读文本、新读文本为抓手，来阐释阅读策略的运用与实践。

一、细读文本

在中学语文课堂，普遍存在两种"认知视线"———一种是教师没有真正领会、熟读教学参考而将知识硬塞给学生；一是误读"新课程标准"，认为课堂内教师越少讲越好，课堂迁移次数越多、形式越丰富越有水准。

这样，语文课堂上就出现了一些"伪教学"现象：辅助媒体滥用化、公开教学表演化、文本研读空泛化、阅读教学资料化、复习巩固考试化、名著阅读集训化、语言赏析格式化、作文训练套路化……这些"伪教学"现象严重阻碍了语文教师的个性化发展、个性化教学，也必然造成课堂教学流程的混乱、教学环节的拖沓、学生兴趣的缺失，其教学效果也就必然不理想。

针对上述状况，近两年，我以"细读文本"为切入口，在语文课堂上展开减负增效的小课题研究，取得了一些成效。

（一）整体细读

整体细读是语文课堂的首要环节，是学生第一次接触文本时采用的主要阅读方式，往往会带给他们先入为主的印象。因而，怎样引领学生进行经济有效的整体细读，成为语文课的重中之重。

1. "牵一发动全身"式

以苏教版《语文》七年级上册《斜塔上的实验》一课的教学为例，可引领学生先从标题中"实验"一词入手，设置三个与"实验"有关的主问题，牵引他们把文本向纵深读去。

（1）朗读课文，概述伽利略做了哪些实验。

参考：研究摆的规律的实验；从小热衷实验、自制仪器进行实验；在斜塔上做自由落体实验。

（2）精读课文，探寻伽利略做实验获得成功的原因。

参考：

内因：心存好奇——他常常眼里看见奇象，耳朵里听见异音。

从小立志——他决定以科学为终身事业。

下定决心——他决意献出自己的一生。

遵循自然——他已经发现"数理科学是大自然的语言"。

接受挑战——他很乐于接受这个挑战。

坚持不懈——他不停地搞实验，更忙于实验，拒绝停止他的实验。

外因：

① 意大利一些知名数学家的支持——他们送给他一个"当代的亚里士多德"的光荣称号。

② 教父的不解——"又是伽利略一个发疯的念头。"

父亲的妥协——伽利略进入了比萨大学学医。

学生们嘲弄——不客气地嘲笑他。

教授们阻挠——这种狂妄行为必须加以制裁；骂得他狗血喷头；他们威胁说"制止这种胡闹"；他们决定将威胁付诸行动；认为这完全是胡说八道；大家吵吵嚷嚷，兴高采烈，准备看伽利略出洋相，对他的人品宣判死刑。

小结：可见，文章采用"烘云托月"的方法统领全文——伽利略是一轮明月，意大利一些知名数学家是一片彩云，彩云追月，月色更皎洁；教父、父亲、学生、教授像乌云，乌云拱月，愈显月光之明媚。

烘云托月的优点，是对人物进行多角度、多层面的描写，从而使人物形象饱满生动。

（3）以"实验"为切点，回读课文，找到与"实验"有关的关键词，说说伽利略是一个怎样的人。

参考：通过真正的实验走向真理与成功的实验科学家。

文章有许多关键词：发现、考察、观察、思考、钻研、检验、实验等。文章正是要通过伽利略的实验来褒扬他不轻信权威，坚持用实验来检验理论、探索真理的科学精神与素养。

这样，以"实验"作为解读文本的主要抓手，紧紧围绕三个主问题进行三次整体细读，一次比一次读得深入，一次比一次靠近主人公的心灵与智慧，间接地完成语文课堂教学任务。

2."牵多发动全身"式

"牵多发动全身"是在"牵一发动全身"的基础上发展而来，又有别于后者的一种整体细读法。此读法是教师先为学生做"牵一发动全身"的示范阅读，然后由同学合作（学习小组），反复阅读文本，尽可能从多个角度寻找解读文本的切入点，每个切入点均能带动全文，形成"横看成岭侧成峰"的阅读态势，从而读出文本的多元主旨或多种创作艺术。如苏教版《语文》九年级上《飞红滴翠记黄山》，可做如下"多发"解读——

（1）大声朗读课文，用文中的一个关键词组概括黄山带给你的感受。

参考：瑰宝、仙境、美、光明与火、力、游客等。

（2）从以上词语中选择一个，做"牵一发动全身"式的细读，感知文章描述的主要内容。

示范——

瑰宝：千峰竞秀，万壑藏云，郁郁葱葱，飞红滴翠——奇峰怪石林立——寿逾千年的古松——争相崛起的巧石——皎洁柔美的云雾——瑰丽壮观的日出。

可见通篇文章都凸显黄山的"瑰宝"气质。

学生答案——

仙境：瑰宝——峰峰有奇观，处处是仙境——神游天外——悬空的彩带——云海翻涌、若隐若现——天宫仙境：仙人下轿、仙人把洞门、仙女绣花、仙人踩高跷、八仙飘海、神仙气、天国仙友——仙界云霄——梦幻的艺术之宫——人间仙境——神奇的仙山琼阁—温泉澡（仙人般的感觉）。

"仙境"不仅为黄山蒙上梦幻般的色彩，而且为全文点染上空灵的意境。

美：外在美（奇峰、怪石、古松、云海、日出）——内在美（一亿多年的沧桑变迁、人文景观、人们对奇观的向往）。

可见，山美文奇。

变化：地质变迁、地形变化很大——从下到上，小路太陡太险——云海翻涌、若隐若现——黄山松的形状千变万化——巧石的名字花样繁多——云雾的飘舞，使黄山呈现出静中有动的美感——太阳好像经过了一次净化，变成了纯净的橘黄色。光明逐走了黑暗，四周的一切都变得灿烂夺目，五光十色。蔚蓝色的天空，剪影般的群峰山松，五彩缤纷的云海霞光，在高空气流的影响下变幻无穷，使人仿佛置身于神奇的仙山琼阁。

"变化"之态，又使黄山添上神秘的美感。

力：大自然的伟力——万古长青的生命力——高超的审美力。

也许，"力"就是造就黄山神奇秀美之景的根本吧！

游客：地质学家告诉我们——游人们来到黄山——当你踏上光滑潮湿的台阶上——当我们登上峰顶——我们不由得心潮澎湃——你从另一个方向望去—那些熔融的岩浆，竟给我们凝固成这么一个人间仙境！——清晨，当四周还是一片漆黑的时候，游人们就起身，踏着晨露去看日出。由于对云海日出的向往，使他们忘却了前一天登山的疲乏和黎明前的寒意——游人下山后，往往会在临近黄山脚下的温泉浴室里洗个温泉澡。

游客的切身体验，使我们又多了一个解读黄山的端口。真的是"横看成岭侧成峰"啊！

之后，我要求学生根据以上阅读结果，归纳文章选材的特点。

参考：选材角度——移步换景、多角度、多侧面、古今结合。

选材特点——代表性、典型性，详略得当。

这样，看似庞大的文本就被梳理得条理清楚，有条不紊，学生也在"牵多发动全身"的阅读中锤炼了审美眼光与发散思维，原本需要用两课时完成的任务，一课时就顺利完成了。

3. "苍鹰鸟瞰"式

"苍鹰鸟瞰"式就是教学生把自己当作翱翔天空的苍鹰，把整篇文章当成一片原野，以自己锐利的鹰眼捕捉行文构思的艺术特点。例如，教学苏教版九年级上《在烈日和暴雨下》一文时，我设置了两个问题，带领学生做"苍鹰鸟瞰"式阅读：

（1）自选描写"烈日"或"暴雨"的关键语段，与同桌一起分析，说说作者分别从哪些角度来展开描写的。

① 借助于外在景物及人们的感受侧面描写

烈日——

侧面描写：柳树、狗、骡马、天、空中、地上、人们暴雨——

侧面描写：凉风、柳条、灰尘、墨云、人们、坐车的。

②借助于祥子的感受烘托天气之热与冷。

·烈日下（略）

·暴雨中（略）

（2）这种描写手法有什么特点？

参考：烘云托月——

欲显山其高，烟霞锁其腰；

欲见水之长，绿树映其湾。

通过正面和侧面结合、烘云托月、两两比照，把祥子置身于强烈的反差中，体现出其拼搏、挣扎的状态。（图2-3-1）

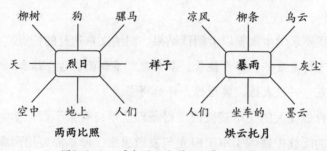

图2-3-1　《在烈日和暴雨下》思路简图

"苍鹰鸟瞰"式有利于培养学生的集合思维与整合能力，对读写结合的指导也行之有效。

其他还有中啃玉米式、倒吃甘蔗式、沙漏式、冰山式等多种阅读方法。方法的选用主要建立在对文本的精细阅读的基础上，应根据不同的文本采用不同的读法，以达到不同的训练效果。每一个文本都是一个饱满的体系，无论选择从哪个角度进行整体解读，都要以减轻学生思想负担为前提，让学生用最少的时间习得最多的方法与知识，以使课堂教学增效。

（二）局部细读

局部细读是在整体细读的基础上，对文本的精彩处、疑难处、重点处等进行精细的阅读，以使阅读增效。

1. 拈句式细读

以下是苏教版八年级上《明天不封阳台》的授课片段——

（在整体细读之后）问：作者是借助什么样的句式来承载他激越的情感变化的？

参考：对照句。

（1）10年前，我们搬进这座高层建筑时，还依稀可辨往日的荒芜；/如今，鳞次栉比的高楼和变幻莫测的霓虹灯已经把萋萋的荒草、幽幽的土路永远留给了昨天的记忆。

（2）都市原来也如人一样在不断地发育，/等我们倏然领悟到它的变迁时，往昔的一切已如渗入泥土中的老酒……

（3）封了阳台，虽可以阻隔住城市的喧嚣，开辟出一块活动的空间，/但是，这鸽子便没有了安身立命的场所。

（4）我知道，无论孵化能否成功，鸽子迟早要飞走；/但不知为什么，在内心深处却特别希望它能在我家的阳台上多逗留一些时日。

（5）人们仿佛走进了一个怪圈，一个悖论：一方面，人用自己的双手创造了辉煌的物质文明，/同时，因为物质文明的高度发达，又日渐与自然界相分离，于是，人们在精神上便有了一种失落感。

（6）人，只能与自然和谐相处，/而不能总以自然的征服者自居，因为在剥夺自然资源的同时，人类也在毁灭着自己。

当学生找到这些相同的句式时，欣喜地发现作者的情感变化正是由这些两两对照的句式来承载的。这样，学生不但捕捉到了作者行文的情感，而且为未来写作文时的表情达意积累了句式。

2. 修辞式细读

对采用特殊修辞手法的文本进行细读，可以帮助学生培养敏锐的语感与境感，进而达到"以一当十"的功效：重锤敲打，学会迁移。如学习"通感"手法，我选择了徐迅的《染绿的声音》做范本，先引入"通感"的概念——通感又叫"移觉"，是在描述客观事物时，用形象的语言使感觉转移，将人的听觉、视觉、嗅觉、味觉、触觉等不同感觉互相沟通、交错，彼此挪移转换，将本来表示甲感觉的词语移用来表示乙感觉，使意象更活泼、新奇的一种修辞手法。

然后请学生阅读下面一段话，指出使用通感的句子，鉴赏其艺术效果。

黎明的时候，"山路原无雨，空翠湿人衣"，森林里露珠"扑扑"滴落的声音，在我听出的是一种轻柔而凝重的绿色；森林静静肃立，树叶交错，在我听出的是一种茁壮生长的蓬勃的绿色；狂风呼啸，排山倒海咆哮着的松涛，在我听出的是一种悲壮和磅礴的绿色；阳光拂动滔滔无边的林海，阳光掠去又显出一江春水，在我听出的是一种恬淡而平和的绿色……山居无事的时候，只要静静地穿行在这无边的大森林之中，我内心的尘垢，便一下子就被荡涤得无影无踪，只觉得身心惬意和愉悦，心中陡然就有层斑驳的绿爬上心壁，盈注着生命那清凉的绿意来。

学生发现，画线句以描摹听觉的词句来形容视觉感受，把整座被染绿的森林表现得淋漓尽致，可读可赏可品。这种通感手法还带给学生一种化抽象为形象的曼妙感觉，学生的心魂完全被这"染绿的文字"吸引了。

3. 风格式细读

不同的作者，不同的作品，会具有不同的创作风格。常见的风格有厚重深刻、华美繁丰、雄浑豪放、诙谐幽默、俊秀婉约、简洁明快、质朴自然、庄重严谨、委婉含蓄、清新灵动……从判断风格的角度细读文本，有利于培养学生细腻的心性、文化的眼光。

如，请学生快速阅读下面的文段，判断其风格特征，并指出其依凭什么句式来展示的，效果是什么。

我喜欢眼前飞舞着的上海的雪花，它才是"雪白"的白色，也才是花一样的美丽。它好像比空气还轻，并不从半空里落下来，而是被空气从地面卷起来的。然而它又像是活的生物，像夏天黄昏时候的成群的蚊蚋，像春天流蜜时期的蜜蜂，它忙碌地飞翔，或上或下，或快或慢，或粘着人身，或涌入窗隙，仿佛自有它自己的意志和目的。它静默无声。但在它飞舞的时候，我们似乎听见了千百万人马的呼号和脚步声，大海的汹涌的波涛声，森林的狂吼声，有时又似乎听见了情人的窃窃的密语声，礼拜堂的平静的晚祷声，花园里的欢乐的鸟歌声……它所带来的是阴沉与严寒。但在它的飞舞的姿态中，我们看见了慈善的母亲，柔和的情人，活泼的孩子，微笑的花，温暖的太阳，静默的晚霞……它没有气息。但当它扑到我们面上的时候，我们似乎闻到了旷野间鲜洁的空气的气息，山谷中幽雅的兰花的气息，花园里浓郁的玫瑰的气息，清淡的茉莉花的气息……在白天，它做出千百种婀娜的姿态；夜间，它发出银色的光辉，照耀着我们行路的人，又在我们的玻璃窗上绘就了各式各样的花卉和树木，斜的，直的，弯的，倒的。还有那河流，那天上的云……

（鲁彦《雪》节选）

学生马上判断出这是"清新灵动"的风格特征，它借助铺排句来展示上海雪花洁白且多彩、晶莹且多姿、无声且有声的灵秀之气。

然后，我要求学生用这种铺排句，以"月""雨""林""天宇""海洋"之一为对象，用"清新灵动"的风格写一段中心明确的话。以下为一名学生的当堂习作——

潇潇雨飞
常州市金坛区华罗庚实验学校 九（6）班 卞 凝

暮色下，一两滴清凉的雨水滴落在我的面庞，一直沁入我的心田。

楼前树下，雨痕犹在；丛中花上，雨露仍留；静望窗前，漫天雨幕；侧耳细听，似有吴侬软语；俯身细看，雨珠玲珑剔透；撑头冥思，似有精灵律动。远处山林"唰唰"，似为生命歌唱；池塘"呱呱"奏鸣，像是痛饮酣畅。不愿撑伞，只想随雨漫步，不想低头，只要雨水湿润脸颊，未曾转身，只愿这雨一直下……断断续续的珠帘，隐隐约约地闪现，时有时无的云烟，化成颗颗雨点。密密斜织，让人不敢走近，轻轻抬脚，身心却与自然融为一体，默默感觉，抚摸自然的光亮。那哪是雨水啊，早已成了生命的泉，一点一滴都让大自然的生命力更加顽强；那还是雨水吗，早已是润入心田的绿茶；那不是雨水呀，它只是上天不经意间流下的泪啊！凭栏望，烟雨中，幽径通幽处；细细听，浮华间，清雨清人心；霓虹终成影，一片虚华，高楼存何在，尽是尘嚣。

那一滴一滴的雨，那密密斜织的雨，把我心灵的尘埃散去，把我世俗的心灵洗尽，将我平凡的灵魂升华……

因为细读有效，指导具体，所以学生就仿写有法了。有法可循，效果必佳。

此外，还有"比较式细读""压缩饼干式细读""庖丁解牛式细读"等，此处不再枚举。

文本细读，最要紧的是要拥有一颗安静的心，耐得住寂寞，经得住诱惑，抛开所有的教学参考或网络资源，进行原汁原味的"素读"，让自己的心灵完全沉浸在一部（篇）优秀作品中。读进去，与作者进行精神的交流；读出来，与学生做思想的共振。真正减少学生在课堂上的无效阅读时间，减少无效对话，减少无效训练，带领学生徜徉在语文的海洋，自始至终保持他们阅读与思考的激情，在语文这座大山上体验"巅峰"感，这样的语文课堂才是科学的、艺术的、高效的。

二、深读文本

有些文本，初读淡而无味，再读似有真意，三读深悟其道。深读文本，我们所收益的，远远不止故事情节、阅读方法这么简单。

（一）充实标题

如果我们要写一篇以《给_____的时间》为标题的作文，你会怎么填写？

学生第一时间给出的答案有：我睡觉/远足/踢球/放松/自由/……

学生第二时间给出的答案有：妈妈休闲/奶奶放松/爸爸娱乐/……

随着追问的深入，他们又给出了这样的答案：小猫晒太阳/小狗撒欢……

这时，学生的阅读兴趣已经被激发，我带着学生先读一篇李雪峰的《给每一棵草开花的时间》，要求学生边读边用四字词语概括文中出现的小故事。

给每一棵草开花的时间
李雪峰

朋友去远方做事，把他在山中的庭院交给我留守。那是一座幽静而美丽的院落，在一片苍郁林子的中间，红砖青砖，院子内外鸟语花香，就像一幅幽美的风景画。我尤其喜欢这个庭院的院子，有半个篮球场大，除了临墙的地方扎了一道篱笆种些时令青菜外，其余的地方都空着。清晨或黄昏时，品一杯茗，搬一把小椅子坐在院子里品茗读书，天空里云舒云卷，或朝阳或落照，耳边是鸟语和缕缕山野清风，这时读一卷旧书，挺有古典的诗意。

朋友是个辛勤人，院子里常常打扫得干干净净寸草不生。而我却很懒，除了偶尔扫一扫院子里被风吹进来的一些落叶，那些破土而出的草芽我从不去拔它，任它们潜滋暗长地疯长。

初春时，在院子左侧的石凳旁，冒出了几簇绿绿的芽尖，叶子嫩嫩的、薄薄的，我以为是汪汪狗或者芨芨草呢，也没有去理会它。直到二十多天后，它们的叶子蓬蓬勃勃伸展开了，我才发觉它们不是汪汪狗或芨芨草，叶子又薄又长，像是院外林间里幽幽的野兰。如果真的是野兰，家有幽兰徐徐绽香，那将多么富有诗意啊。

暮夏时，那草果然开花了，五瓣的小花氤氲着一缕缕的幽香，花形如林地里那些兰花一样，只可惜它是蜡黄的，不像林地里的那些野兰，花朵是紫色或褐红的。我采撷了它的一朵花和几条叶子，下山去找我的一位研究植物的朋友，朋友一看，顿时欣喜若狂，忙问我这花是在哪儿采到的。我同他讲了，朋友欣喜地恭贺我说："你发财了！"我不解地望着朋友，朋友兴奋地解释："这是兰花的一个稀有品种，许多人穷尽一生都很难找到它，如果在城市的花市上，这种蜡兰一棵至少价值万余元。"

"蜡兰？"我也愣了。

夜里，我就挂电话把这喜讯告诉了远在南方的朋友。"蜡兰？一棵就价值万元？就长在我院子的石凳旁？"朋友一听很吃惊。过了一会儿，他告诉我，其实那株蜡兰每年春天都要破土而出的，只是他以为它不过是一株普通的野草而已，每年春天它的芽尖刚出土就被他拔掉了。朋友叹息说："我几乎毁掉了一种奇花啊，如果我能耐心地等它开花，那么几年前我就能发现它的。"

是的，我们谁没有错过自己人生中的几株蜡兰呢？我们总是盲目地拔掉那些还没有来得及开花的野草，没有给予它们开花结果证明它们自己价值的时间，使许多原本珍奇的"蜡兰"总是同我们失之交臂了。

给每一棵草以开花的时间，给每一个人以证明自己价值的机会。不要盲目地去拔掉一棵草，不要草率地去否定一个人，那么，我们将会得到多少的人生"蜡兰"啊！

(《初中语文阅读空间》语文出版社)

参考：留守庭院、任其疯长、没有理会、遥想吐香、采撷花朵、电话朋友、吃惊感叹

我再提出问题：在整个事件中，作者和朋友的心情如何？尝试用"发现"组成四字短语来表达作者和朋友的心情。

参考：发现风景、发现生机、发现芽尖、发现花开、发现价值、发现武断、发现真谛

这一路，作者经历了喜欢、懒惰、随意、惊喜、感慨等多种心情，而正是在这些心情的交织中，故事情节与内心情感串联交织，往前推进，艺术地在短

短篇幅中展现了作者张本有法的技巧。

我继续追问：作者这种情感的起落，是不是还借助于朋友的表现来加深加厚？

学生再读文本，细细探寻作者与朋友各自的表现，欣赏文章的写作艺术。

参考：朋友是个辛勤人，院子里常常打扫得干干净净寸草不生。而我却很懒，除了偶尔扫一扫院子里被风吹进来的一些落叶，那些破土而出的草芽我从不去拔它，任它们潜滋暗长地疯长。（交织对比）

"蜡兰？一棵就价值万元？就长在我院子的石凳旁？"朋友一听很吃惊。过了一会儿，他告诉我，其实那株蜡兰每年春天都要破土而出的，只是他以为它不过是一株普通的野草而已，每年春天它的芽尖刚出土就被他拔掉了。（前后对比）

辛勤的人差点错失珍宝，懒惰的人无意挽救珍宝，两两交织，看似有悖常理，实则蕴含了人生的哲理：智慧的懒惰，胜于无谓的辛勤；瞬间的武断，往往会毁掉潜藏的珍品。

读文至此，我开始提问：文中的蜡兰象征什么？标题中"时间"的内涵是什么？

参考：蜡兰象征藏在人们身上的优秀品质、独特才能等。"时间"是指过程、机会。

同学们该怎样理解"给每一棵草以开花的时间，给每一个人以证明自己价值的机会"这句话的真谛？

参考：不是每一棵草生来就能开花，我们需要有足够的耐心，要经过长期的等待，提供更多的时间与空间，这棵草才有可能散发迷人的芳香，绽放美丽的花儿！人生莫不如此。

再回看标题，回去写一篇以《给_____的时间》为题的作文，以此加深对原文本的解读。

（二）猜想标题

阅读之前先猜想，是深读一篇短文的绝妙方式之一，例如阅读《一朵朵白云》之前猜一猜，文章可能会写些什么。

学生猜想：可能会写白云的形状、姿态。

教师提醒：既然叫同学们猜想，一定不会这么简单。继续猜一猜。

学生猜想：可能会写与白云有关的故事，可能会写白云环境下的故事，可能会写有着白云一样品质的人的故事……

教师引导：让我们一起来读一读刘国星的《一朵朵白云》，看看与你的猜想一不一样。

首先，一边阅读一边提取文中的佳词妙句，并尝试用四个字的动宾短语概括你所读到的小故事。

一朵朵白云
刘国星

老牧人身着天蓝色蒙古袍，古铜色脸庞，皱纹堆叠，花白胡须飘垂胸前……一派仙风道骨。

老牧人一年四季放牧一群羊，行走于草原的坡坡岭岭间。无论春夏秋冬，老牧人的长调都伴着他的羊群。

老牧人父母辞世早，他终身未娶。也有人说，是老牧人穷怕了，怕花钱。老牧人不置可否。

塞北草原的五六月份，雨水丰沛，草长花开，调皮变幻的云成团了。老牧人就赶着羊群，向那一大团一大团的云朵走去。

有人礼貌地打招呼：喂，牧羊哩！

老牧人笑笑，说：做神仙哩！

老牧人也常向牧人讲牧羊经：要春放沟膛，冬夏放山梁，秋季草丰满地跑。春季沟膛里地势低，水分足，草先出来，羊就容易吃到草；冬天要放阴坡，天冷，羊一停，就冷，要运动着，肉就长得瓷实；当然，夏季放阳坡，太阳毒，热，羊也待不住；秋季呢，满世界都是草，还结了籽实，香哩！运动着吃，身条就会长得美！这叫抓"肉膘"。

牧人们听着，啧啧称赞。也有不以为然的，哎，那你咋没发财哩？老牧人脸色一灰，就赶着羊群走远了。

大家也都知道，老牧人的羊群永远都是58只。每年羊出栏，来了羊贩子，他的羊出完栏，都是这个数。而别家的羊群却挤挤搡搡，哪群也有几百只，他们都发了"羊"财。他们看见老牧人省吃俭用的样子，就有点不屑。

一再要求养羊的嘎查达也不理解。

老牧人也曾奔走呼号，别超牧，草场扛不住。嘎查达说，要做跨越式发展，你懂啥！老牧人却管住自己，他说，我这片草场58只羊日子过得很好；若多了，就成了遭罪啦！羊贩子们也爱收老牧人的羊，数九寒冬，别家的羊瘦骨嶙峋，老牧人的羊，却还是滚瓜溜圆！羊羔是在腊月生的，牧人们就都慌了神，羊瘦没奶，母羊见着羊羔就躲；不躲的，乳房就被吃出了血……老牧人家的母羊和羊羔，却很和谐——母羊亲羊羔，羊羔跪乳。

那天，嘎查达领众牧户参观，却见一只母羊躲开欲吃奶的羔子，跑到远处吃草。人群里就有七高八低的笑声。老牧人不慌不忙地走进蒙古包，拿出马头琴，边拉边唱：

柴格，柴格，柴格

你的白羔饿得慌呀

你快发发软心肠吧

反复地唱，那母羊竟停住吃草的嘴，慢慢向羊羔走来。

嘎查达和牧人们很惊奇。老牧人说，这羊生的是头胎，不是没奶，是还没有做母亲的经验！

就在那个早晨，嘎查达大手一挥，再不能过度放牧啦！

还是一个早晨，老牧人赶着羊群穿梭于云朵之间。

可太阳升起来了，云朵不和羊群玩耍了！羊群出来了，老牧人却倒在高高的山梁上。

三天之后，牧人们才发现了这群没人牧放的羊。找老牧人，却见他的尸身已被野狼和神鹰带走了。

于是，就有人带着哈达、奶酒来山梁祭拜。忽一日，竟来了一辆车，下来许多孩子，一数，竟是58个——是城里的孤儿，老牧人养活他们五六年了！

（《初中语文阅读空间》语文出版社）

参考：放牧群羊、赶羊走云、讲牧羊经、只养58只、奔走呼号、吟唱母羊、感动领导、养58个孤儿、倒在山梁

教师追问：作者用什么思路把这些小故事串联在一起的？

参考：攀山越岭的思路，渐高渐深

教师追问：人们是怎么看老牧人的？作者是怎么看老牧人的？你是怎么看老牧人的？老师是怎么看老牧人的？

参考：

人们看老牧人——

（1）不以为然："那你咋没发财哩？""有点不屑""你懂啥！""七高八低的笑声"……

（2）啧啧称赞："礼貌地打招呼""嘎查达大手一挥，再不能过度放牧啦！""就有人带着哈达、奶酒来山梁祭拜"……

作者看老牧人——

仙风道骨、长调相伴、做神仙哩、向那一大团一大团的云朵走去、用琴声打动母羊、打动领导使其改变主意……

"我"看老牧人——

本分：一辈子就做一件事；一直在奔走呼号，别超牧。

执着：永远只养58只羊；抚养58个孤儿。

纯洁：向往白云，向往被神鹰带走，心无杂念。

老师看老牧人——

一个人、一辈子、一件事，改变传统牧羊的理念，赢得众人的尊敬与爱戴；老牧人，终其一生，就是白云一样的存在，本真着、纯粹着、善良着、热情着，行走在天地草原间。

就这样，从四个不同的角度，我们一步步引领学生把文本向纵深阅读，读之有序，读之有味，读之有思，深度思维悄然产生。

三、新读文本

对于一些传统或经典文本，我们可以尝试转换角度，另辟蹊径，从新的角度开启别样的阅读之旅。

（一）五官角度

再读莫言的《卖白菜》，我们的抓手在哪里？让学生先重读短文，再说说读完后品尝到的滋味。

卖白菜
莫　言

1967年冬天，我12岁那年，临近春节的一个早晨，母亲苦着脸，心事重重地在屋子里走来走去，时而揭开炕席的一角，掀动几下铺炕的麦草，时而拉开那张老桌子的抽屉，扒拉几下破布头烂线团。母亲叹息着，并不时把目光抬高，瞥一眼那三棵吊在墙上的白菜。最后，母亲的目光锁定在白菜上，端详着，终于下了决心似的，叫着我的乳名，说：

"社斗，去找个篓子来吧……"

"娘，"我悲伤地问，"您要把它们……"

"今天是大集。"母亲沉重地说。

"可是，您答应过的，这是我们留着过年的……"话没说完，我的眼泪就涌了出来。

母亲的眼睛湿漉漉的，但她没有哭，她有些恼怒地说："这么大的汉子了，动不动就抹眼泪，像什么样子？！"

"我们种了一百零四棵白菜，卖了一百零一棵，只剩下这三棵了……说好了留着过年的，说好了留着过年包饺子的……"我哽咽着说。

母亲靠近我，掀起衣襟，擦去了我脸上的泪水。我把脸伏在母亲的胸前，委屈地抽噎着。我感到母亲用粗糙的大手抚摸着我的头，我嗅到了她衣襟上那股揉烂了的白菜叶子的气味。透过朦胧的泪眼，我看到母亲把那棵最大的白菜从墙上钉着的木橛子上摘了下来。母亲又把那棵第二大的摘下来。最后，那棵最小的、形状圆圆的、像个和尚头的也脱离了木橛子，挤进了篓子里。我熟悉这棵白菜，就像熟悉自己的一根手指。因为它生长在最靠近路边那一行的拐角的位置上，小时被牛犊或是被孩子踩了一脚，所以它一直长得不旺，当别的白菜长到脸盆大时，它才有碗口大。发现了它的小和可怜，我们在浇水施肥时就对它格外照顾。我曾经背着母亲将一大把化肥撒在它的周围，但第二天它就打了蔫。母亲知道了真相后，赶紧将它周围的土换了，才使它死里逃生。后来，它尽管还是小，但卷得十分饱满，收获时母亲拍打着它感慨地对我说："你看看它，你看看它……"在那一瞬间，母亲的脸上洋溢着珍贵的欣喜表情，仿佛拍打着一个历经磨难终于长大成人的孩子。

集市在邻村，距离我们家有三里远。寒风凛冽，有太阳，很弱，仿佛随时都要熄灭的样子。不时有赶集的人从我们身边超过去。我的手很快就冻麻了，以至于篓子跌落在地时我竟然不知道。篓子落地时发出了清脆的响声，篓底有几根蜡条跌断了，那棵最小的白菜从篓子里跳出来，滚到路边结着白冰的水沟里。母亲在我头上打了一巴掌，我知道闯了大祸，站在篓边，哭着说："我不是故意的，我真的不是故意的……"母亲将那棵白菜放进篓子，原本是十分生气的样子，但也许是看到我哭得真诚，也许是看到了我黑黢黢的手背上那些已经溃烂的冻疮，母亲的脸色缓和了，没有打我也没有再骂我，只是用一种让我感到温暖的腔调说："不中用，把饭吃到哪里去了？"然后母亲就蹲下身，将背篓的木棍搭上肩头，我在后边帮扶着，让她站直了身体。

终于挨到了集上。母亲让我走，去上学，我也想走，但我看到一个老太太朝着我们的白菜走了过来。她用细而沙哑的嗓音问白菜的价钱。母亲回答了她。她摇摇头，看样子是嫌贵。但是她没有走，而是蹲下，揭开那张破羊皮，翻动着我们的三棵白菜。她把那棵最小的白菜上那半截欲断未断的根拽了下来。然后她又逐棵地戳着我们的白菜，用弯曲的、枯柴一样的手指，她撇着嘴，说我们的白菜卷得不紧，母亲用忧伤的声音说："大婶子啊，这样的白菜您还嫌卷得不紧，那您就到市上去看看吧，看看哪里还能找到卷得更紧的吧。"

我对这个老太太充满了恶感，你拽断了我们的白菜根也就罢了，可你不该昧着良心说我们的白菜卷得不紧。我忍不住冒出一句话："再紧就成了石头蛋子了！"老太太抬起头，惊讶地看着我，问母亲："这是谁？是你的儿子吗？""是老小，"母亲回答了老太太的问话，转回头批评我，"小小孩儿，说话没大没小的！"老太太将她胳膊上挎着的柳条篊篊放在地上，腾出手，撕扯着那棵最小的白菜上那层已经干枯的菜帮子。我十分恼火，便刺她："别撕了，你撕了让我们怎么卖？！"

"你这个小孩子，说话怎么就像吃了枪药一样呢？"老太太嘟哝着，但撕扯菜帮子的手却并不停止。

"大婶子，别撕了，放到这时候的白菜，老帮子脱了五六层，成了核了。"母亲劝说着她。

她终于还是将那层干菜帮子全部撕光，露出了鲜嫩的、洁白的菜帮。在清冽的寒风中，我们的白菜散发出甜丝丝的气味。这样的白菜，包成饺子，味道该有多么鲜美啊！老太太搬着白菜站起来，让母亲给她过秤。母亲用秤钩子挂住白菜根，将白菜提起来。老太太把她的脸几乎贴到秤杆上，仔细地打量着上面的秤星。我看着那棵被剥成了核的白菜，眼前出现了它在生长的各个阶段的模样，心中感到阵阵忧伤。

终于核准了重量，老太太说："俺可是不会算账。"

母亲因为偏头痛，算了一会儿也没算清，对我说："社斗，你算。"

我找了一根草棒，用我刚刚学过的乘法，在地上划算着。

我报出了一个数字，母亲重复了我报出的数字。

"没算错吧？"老太太用不信任的目光盯着我说。

"你自己算就是了。"我说。

"这孩子，说话真是暴躁。"老太太低声嘟哝着，从腰里摸出一个肮脏的手绢，层层地揭开，露出一沓纸票，然后将手指伸进嘴里，蘸了唾沫，一张张地数着。她终于将数好的钱交到母亲的手里。母亲也一张张地点。

等我放了学回家后，一进屋就看到母亲正坐在灶前发呆。那个蜡条篓子摆在她的身边，三棵白菜都在篓子里，那棵最小的因为被老太太剥去了干帮子，已经受了严重的冻伤。我的心猛地往下一沉，知道最坏的事情已经发生了。母亲抬起头，眼睛红红地看着我，过了许久，用一种让我终生难忘的声音说：

"孩子，你怎么能这样呢？你怎么能多算人家一毛钱呢？"

"娘，"我哭着说，"我……"

"你今天让娘丢了脸……"母亲说着，两行眼泪就挂在了腮上。

这是我看到坚强的母亲第一次流泪，至今想起，心中依然沉痛。

（《初中语文阅读空间》语文出版社）

学生：说不出是什么滋味，感觉很苦涩，觉得很难熬……

教师：能不能用一个成语来形容你读完这篇短文的感觉？

学生：五味杂陈吧！

教师：说说分别是哪五味呢？

学生：酸、苦、辣、咸、甜。

教师：好，我们就从这五个角度出发，一遍一遍地读，读出其中的滋味。

学生——

酸味："我悲伤地问，'您要把它们……'" "母亲的眼睛湿漉漉的，但她没有哭……" "我嗅到了她衣襟上那股揉烂了的白菜叶子的气味。" "我看着那棵被剥成了核的白菜，眼前出现了它在生长的各个阶段的模样，心中感到阵阵忧伤。"

苦味："我哽咽着说。" "母亲靠近我，掀起衣襟，擦去了我脸上的泪水。我把脸伏在母亲的胸前，委屈地抽噎着。"

辣味："我十分恼火，便刺她：'别撕了，你撕了让我们怎么卖？！'""'你自己算就是了。'我说。"

咸味："我的手很快就冻麻了，以至于篓子跌落在地时我竟然不知道。篓子落地时发出了清脆的响声，篓底有几根蜡条跌断了，那棵最小的白菜从篓子里跳出来，滚到路边结着白冰的水沟里。""我知道闯了大祸，站在篓边，哭着说：'我不是故意的，我真的不是故意的……'"

甜味："在那一瞬间，母亲的脸上洋溢着珍贵的欣喜表情，仿佛拍打着一个历经磨难终于长大成人的孩子。""在清冽的寒风中，我们的白菜散发出甜丝丝的气味。这样的白菜，包成饺子，味道该有多么鲜美啊！"

五味杂陈："我的心猛地往下一沉，知道最坏的事情已经发生了。""这是我看到坚强的母亲第一次流泪，至今想起，心中依然沉痛。"

教师：从五个不同的角度，我们可以读出作者莫言"心中依然沉痛"的五味杂陈，难以言表，又不得不发之于外。唯有如此，才足以警诫未来的自己：莫贪小，莫欺瞒，莫畏难，人生终究还有阳光在。

每读一次《卖白菜》，每换一种新的角度解读，都会有一次新的启悟与历练。

（二）评论角度

从不同人物、不同站位来鉴赏文本中心人物，也不失为最佳的阅读创新。阅读陆勇强的短文《当一块石头有了愿望》，用双横线画出文中人物的名称；说说这些人物是怎样评价薛瓦勒的。

当一块石头有了愿望
陆勇强

一位名叫薛瓦勒的乡村邮差每天徒步奔走在乡村之间。有一天，他在崎岖的山路上被一块石头绊倒了。

他起身，拍拍身上的尘土，准备再走。可是他突然发现绊倒他的那块石头的样子十分奇异。

他拾起那块石头，左看右看，便有些爱不释手了。

于是，他把那块石头放在了自己的邮包里。村子里的人看到他的邮包里除了信之外，还有一块沉重的石头，感到很奇怪。人们好意地劝他："把它扔了，你每天要走那么多路，这可是个不小的负担。"

他却取出那块石头，炫耀着说："你们谁见过这样美丽的石头？"

人们都笑了，说："这样的石头山上到处都是，够你捡一辈子的。"

他回家后疲惫地睡在床上，突然产生了一个念头，如果用这样美丽的石头建造一座城堡，那将多么迷人。于是，他每天在送信的途中寻找石头，每天总是带回一块，不久，他便收集了一大堆奇形怪状的石头，但建造城堡还远远不够。

于是，他开始推着独轮车送信，只要发现他中意的石头都会往独轮车上装。

从此以后，他再也没有过上一天安乐的日子。白天他是一个邮差和一个运送石头的苦力，晚上他又是一个建筑师，他按照自己天马行空的思维来垒造自己的城堡。

对于他的行为，所有人都感到不可思议，认为他的精神出了问题。

二十多年的时间里，他不停地寻找石头，运输石头，堆积石头。在他的偏僻住处，出现了许多错落有致的城堡，当地人都知道有这样一个性格偏执沉默不语的邮差，在干如同小孩子筑沙堡的游戏。

1905年，法国一家报纸的记者偶然发现了这群低矮的城堡，这里的风景和城堡的建筑格局令他叹为观止。他为此写了一篇介绍薛瓦勒的文章，文章刊出后，薛瓦勒迅速成为新闻人物。许多人都慕名前来参观城堡，连当时最有声望的毕加索也专程参观了薛瓦勒的建筑。

现在，这个城堡成为法国最著名的风景旅游点，它的名字就叫作"邮差薛瓦勒之理想宫"。

在城堡的石块上，薛瓦勒当年的许多刻痕还清晰可见，有一句就刻在入口处一块石头上："我想知道一块有了愿望的石头能走多远。"据说，这就是那块当年绊倒过薛瓦勒的石头。

[选自《流行哲理小品（中国卷）》]

（1）第一波人物

村里人——感到奇怪，好意劝他。

人们——都笑了，够你捡一辈子的。

所有人——都感到不可思议，认为他的精神出了问题。

当地人——都知道有这样一个性格偏执沉默不语的邮差，在干如同小孩子筑沙堡的游戏。

（2）第二波人物

报纸记者——叹为观止。

许多人——慕名前来参观城堡。

毕加索——专程参观了薛瓦勒的建筑。

作者——专门为他写文章。

（3）薛瓦勒自己扮演了几重角色？

邮差、苦工、建筑师、新闻人物。

（4）由此可见，文章在行文思路上采用了什么写法？

两两对照，通过人们的鄙夷、不屑，体现薛瓦勒奋斗过程的艰辛；通过人们的赏识、认可，映照奋斗的结果，充分证明"明艳的花，浸透了奋斗的汗水"的真谛。全文三线交织，循环往复，层层推进。

（5）在同学们看来，薛瓦勒是一个怎样的人？

目标明确、仰望星空脚踏实地、勤劳执着、敢于尝试、勇于实践的实干家与理想者。

（6）大家来总结一下，读一篇新的文章，我们可以有哪些新的阅读角度呢？

例如，从标题下手、从五味入手、从评价开始、从情景启动等。总之，不同的文章会有不同的切入点与抓手，它就在那儿，等待同学们锐利的眼睛去进行创新阅读、深度阅读。

其实，阅读的策略远远不止这些，针对不同体裁的文本，我们可以采用不同的策略与方法。例如：

叙事类文本：苍鹰鸟瞰、中啃玉米、倒吃甘蔗、层层剥笋……

说明类文本：提要式、拈句式、枚举式、补充式、复述式……

议论类文本：摘要式、压缩式、扩展式、延伸式、图例式……

此处不再一一列举，在后文教学实例中将逐一呈现。

第四节　阅读评价的跟踪

评价就是学习。评价的根本目的，就是激发学生的学习情趣，充实学生的学习历程，改进学生的学习方法。

在自育式语文课堂中，我们主要以"共同标准评价"和"个人内差评价"为抓手，来对学生展开多元评价，以提升他们的学习能力、学习动力、学习创造力，进而提升他们的文学素养，夯实他们的精神底蕴。

一、共同标准评价

共同标准评价是指在同一班级、年级或学习团队中，借助实验观察、自然观察、量化指标等考量手段，对学生进行标准性的评价，以促进团体的语文学习能力的共同发展。它主要有以下三种方式。

（一）行为摘录评价

行为摘录评价是指在教学中随时记录学生的课堂表现的评价。例如，在诗词鉴赏课上，考量其答题次数、专注程度、思考力度、语言表达、记忆能力等。

（二）时间管理评价

时间管理评价是用统一的时间管理量表，促使学生在有限的时间内阅读更多的文本、在规定的时间内写作规定字数的文章（表2-4-1）。我们的要求是：

（1）坚守时间意识，科学规划时间。

（2）提高阅读或写作专注度，提升阅读或写作的数量与质量。

表2-4-1　七—九年级学生阅读时间管理评价表

年级	阅读时间	阅读速度	阅读总量	写作时间	写作字数	写作篇数
七	20分钟	400字/分	292万字/年	30分钟	450字	18篇/学期
八	15分钟	450字/分	246万字/年	35分钟	500字	18篇/学期
九	10分钟	500字/分	182万字/年	40分钟	600字	18篇/学期

有了阅读时间的规定，学生就可以以上表为共同标准，从七年级至九年级，不断提升阅读与写作能力。

（三）理解监控评价

理解监控是指阅读主体为了达到理解的目的，采取有效的策略，不断地对当前的阅读理解活动进行控制和调节的过程（表2-4-2）。例如：

（1）明确阅读目的，充分理解外显的和内隐的任务要求。

（2）对阅读材料所包含的重要信息进行识别。

（3）分清阅读材料中的主要内容和次要内容，并将注意点集中在主要内容上。

（4）对当前的阅读活动不断地进行调节。

（5）随时进行自我提问以了解是否已经达到了阅读的目标，如果尚未达到，那么还相差多远。

（6）随时进行修正。

表2-4-2　中学生阅读洞察能力评价表

有关阅读洞察力的评价	分值
深入浅出的：能进行有效的批判，包含其他看似合理的观点；采用了一种长远的、公正的批判视角	5分
全面周到的：能成功地说出多种视角；能做适当的批判、区分和证明	4分
略有考虑的：能进行合理批判，有完整的观点，且有足够的支撑；能谈到其他的观点	3分
不够完备的：意识到不同的观点，并能形成一种自己的观点，但论据欠佳	2分
目光狭窄的：未能意识到不同观点；倾向于陈述事实或引用别人的观点	1分

二、个人内差评价

个人内差评价是针对同一学生在处理同一读物（文体）或不同读物（文体）时的成绩或能力差异的评价。例如，对一名学生的不同题材的写作能力进行比较以了解其优势和弱点，或者，以他现在的阅读分析成绩与过去的成绩相比较，以了解其阅读能力进步与否。个人内差评价各人有各人的标准，没有共同标准。个人内差评价主要有以下三种方式。

（一）横向评价

横向评价是指在同一时间内，对一个人所展现的语文学习能力进行的比较。如阅读兴趣、阅读毅力、阅读耐力等的比较，写作不同文体作品能力的比较，同一单元中不同内容的学习能力的比较等。

（二）纵向比较

纵向比较是指对同一学生在两个或多个时段内阅读与写作能力的测量与比较。（表2-4-3）

表2-4-3　中学生语文学习个人内差之纵向比较表

学期	时间管理	理解水平	自我监控	分值
七年级（上）	无序	薄弱	无意识	1—3分
七年级（下）	有序	略强	有意识	4—5分

（三）立体评价

立体评价是指选用多个维度，从多个层面对学生语文学习能力展开的评价。以下是对学生阅读能力的立体评价。（表2-4-4）

表2-4-4　中学生语文学习个人内差之立体评价表

有意义的	有效果的	有洞察力的	深思熟虑的	分值
精湛的	掌握的	深入浅出的	明智的	5分
深入的	技巧的	全面周到	慎重的	4分
渊博的	可行的	略有考虑的	周到的	3分
可行的	初学的	很不完备的	欠妥的	2分
初步的	生手的	目光狭窄的	无知的	1分

个人内差评价，对于教师深入了解学生的语文学习能力的个别差异，进行因材施教有着极大的帮助。它也为学生自我阅读、写作提供了可操作的衡量标准。

在自育式的语文课堂采用多元评价，既是对语文教师授课能力的全面挑战，也是对学生各种学习能力的全面锤炼。只要有学习的存在，评价就需要不断跟进、调整，这样才能使学生真正提升他们的语文能力、自育能力及文学修养。

第三章

自育式作文

　　自育式作文，是指在教师的引导及策略（计划策略、监控策略和调节策略）的指引下，根据给定的题目或话题展开审题、选材、构思、立意等多方面的自我监控式的写作过程及写作方法。自育式作文本身就是深度学习及深刻写作的一种方式，因为在写作的过程中展开反省认知、自我监控，必然就产生不断学习、不断思考、不断调整的循环反复过程，这时，深度学习就悄然进行着。

第一节　只有鲜鱼才可清蒸

就像制作一桌佳肴需要新鲜的蔬菜、肉类一样，作文，同样需要新鲜的原料来做源头活水与内容保障。

一、新鲜的原料

（一）新鲜的选题

"题好一半文"，好的作文题目必须具备题干、题目、要求三个部分：题干可以借助于一定的语境，提示选题或选材的方向；题目表意要明确；要求要具体可操作。

下面呈现的是我们平时进行作文训练的几则题目。

（1）我和高山，有过对话；我和流水，有过低语；我和小鸟，有过对视；我和小鱼，有过约会……

请以《我和_____》为题，写一篇记叙文。

要求：主题明确、情感分明，不少于600字。

（2）生活处处充满挑战，体能与极限；时间与空间；现在与未来……

请以《挑战_____》为题，写一篇过程清晰、故事完整的记叙文。

（3）倾听四季的风，那里有大地喘息的声音；倾听林中的雨，那里有竹子拔节的声音；倾听原野的月，那儿有野花绽放的声音。

请以《倾听_____》为题，写一篇纯情散文，不少于600字。

（4）你曾挥毫泼墨，你曾利剑出鞘，你曾匹马独行，你曾抱团出行……然而，此时此刻，你却吟哦讽诵，低回浅唱，把盏品茗，轻歌曼舞……

请以《此时此刻》为题，写一篇细节突出、主题明确的记叙文，不少于600字。

（5）时间，看不见，摸不着，但它一直陪伴在我们左右；时间，有时让人感觉慢，有时让人感觉快，但它从未停留不前。线性的时间，时常因为我们多彩的笔触、坚毅的脚步而被描绘成立体多姿的空间。

请以《时间的脚步》为题，写一篇记叙文。要求文从字顺，情感真实，主题明确。

……

这些作文题目，从题干、题目到要求，或引导，或启示，很新鲜，亦灵动，学生读着，就有一股写作文的冲动。这些作文题目撩拨着学生的情思，促使学生去搜索那迷人的精神家园，搜索那最光鲜靓丽的素材，来充实自己的作文。以下是学生写的一则《时间的脚步》例文。

时间的脚步
常州市金坛区华罗庚实验学校　九（3）班　陈琛源

阳春三月，外婆家门前的小菜园里，生机勃勃，几棵半人高的油菜开出了灿黄的花。

每年，外婆都会在小菜园里撒下一些种子。菜园极小，里面的植株总共不过二十来棵，似乎连杂草都无处生存。

外婆手握一把种子，手轻轻一挥，它们就如水滴般飞撒出去，均匀地落在新翻的、带着新鲜气味的泥土之中。外婆用一把锄头，将土压实。锄头柄是一根粗竹竿，表面已无绿色，通体发黄，裂纹从末端裂开来。然而，这老锄头手握的地方光滑，太阳底下能映出光亮来，原本辣手的竹节处，也在外婆的双手和时间的打磨下被熨平，变得温润平和，而外婆的双手却沟壑纵横。

记忆中的外婆，总是力大无比。她将铁桶放下水井去，不一会儿便提出满满一桶清澈的井水。水桶置于地面，天光云影映在水中，微微晃动。外婆解下绳子，一下就把水桶提得老高，然后迈开大步，走向小菜园。她望着不远处的菜园，笑着，毫不费力。

突然有一天，我发现外婆的水桶没有装满。我那时不懂事，大声嚷嚷："外婆，你去把水装满嘛！"外婆什么也没说，默默地走回，打满水，双手提起，摇摇晃晃地走。水洒了出来，仿佛外婆一边走，一边在播种。她每走一步，鞋底都深深地塌陷下去，隐约还听到关节处的响声。外婆把水桶放在菜园一角，如释重负地长舒一口气，她的鼻尖在春天的日光里闪着。外婆拿来一个瓢浇水，我有些不习惯了，外婆总是提起水桶直接浇的啊。清冽的井水从油菜根部慢慢被泥土吸纳，不急不躁。

外婆浇灌着菜园，把自己的青春也如肥料一般施在了泥土中。

我渐渐长大，外婆的影子再也无法将我的影子完全包裹住。当我看见外婆打水，我总是从外婆手中接过水桶，将整桶水倾注在小菜园里。土地中冒出几个泡泡，那是大地在呼吸。

外婆的背微微佝偻，她走着，留下一串带水的脚印，向家的方向延伸。

时间，总是缺乏耐心。它奔跑着，催促着，催生外婆的华发，也催生着油菜开花。

我们看到，因为题目《时间的脚步》新鲜、形象，所以学生在选择抓手时也尽量从形象的事件或细节入手，写得顺风顺水，读来清新婉约。

在文字的流淌中，我们仿佛真正抓住了时间的脚步，稳实、可靠、暖和——这正是新鲜选题的牵引带来的效果。

（二）新鲜的素材

在素材选择上，林语堂先生曾在《人生的盛宴》中说："论文字，最要知味……鲜鱼腐鱼皆可红烧，而独鲜鱼可以清蒸……"。有了新鲜的选题，我们必须帮助学生寻找新鲜的素材，充实文章的内容，吸引读者的眼球。

例如，倾听四季的风，那里有大地喘息的声音；倾听林中的雨，那里有竹子拔节的声音；倾听原野的月，那儿有野花绽放的声音。

请以《倾听_____》为题，写一篇纯情散文，不少于600字。

下面我们来看一则学生作文。

倾听山林

常州市金坛区华罗庚实验学校　九（3）班　王思博

山林，向来就是蕴藏神妙的地方。

听吧，去听山林最纯粹的心跳声。春日，野花野草冲破石块，你会听到石块在翻滚，花草在喘息；夏时，绿竹苍松，在越过山林的大风"呼呼"中，发出猛烈的"沙沙"声响；秋季，你会看到些许萧条——萧条的树，萧瑟的风，萧索的河，你会听到它们缓慢的心跳声；冬月，大雪纷飞，覆盖了整片山林，一片白茫茫，若是屏息谛听，万木的心脏竟在雪下猛烈地跳动，雪域的雄鹰展翅翱翔，发出嘹亮的叫声，飞向远方。这便是山林最雄壮的风景。

　　山林是有灵魂的。你走入其间，最先映入眼帘的，定是漫山遍野的绿。它绿得深沉，绿得厚实，绿得凝重，这便使你不由得感到生命的浩渺了。闭上眼，你会听到小虫在林间的细微活动；你会听见脚下的泥土正窃窃私语；你还会听见头顶的白云正匆匆地冲向前。当你再次睁开眼，会觉得自己也变成了这万千浓碧中的一抹，正与其他树木相互映衬，显得越发苍翠。"天高云淡，望断南飞雁。"此刻，它正展示它那勇敢的一面——当肃杀的秋季真正来临时，当几乎所有树木都消失时，它也不会抱怨，它会以它那几近光秃的山体，迎接大漠孤烟，迎接长河落日。当冬季到来之时，当"千里冰封，万里雪飘"之时，在那"悬崖百丈冰之处"，定会"犹有花枝俏"，它会笑着说："冬天来了，春天还会远吗？"

　　而当春季真正来临时，它便会展现它那柔软的一面了。看吧，冬日的积雪早已融化，山林里早已是百花争奇斗艳的世界。无论是有名的、无名的、个高的、个矮的，都有它的一席之地。潺潺的小溪"哗哗"流淌，从山间石缝或瀑布，一跃而下，便又"哗哗"地流向远方了。小草从土里抽出新芽，它吸收着溪水，吸收着天空中的甘霖，它生长着。若此时，你再一次走入山间，便会闻到阵阵花香，还有山泉水的清冽。时不时地，你还会听见"啾啾"的鸟鸣声传来，之后便是一大群鸟穿过树枝，发出"沙沙"的声响，飞到另一处枝头，继续纵情歌唱了。这对你是一种全新的体验，你会情不自禁地再往里走去。于是，当你踩过地上的树叶，发出"嘎吱"声时，"呼呼"的风也穿过林海，带动全山林的树演奏出一曲"沙沙"的交响乐，风拂过你头顶时，你的头发也似乎与树叶一同跳着舞。你徜徉着，痴迷着，也就在不经意间陶醉着。

　　当夏日即将过去，"空山新雨后，天气晚来秋"的夜晚，也蕴藏着韵味。"明月松间照，清泉石上流"，"哗哗"声一路流淌，你正坐于林中，面前摆放古琴。你弹奏着《高山流水》，感叹"深林人不知，明月来相照"之时，又忽然听见船声——"竹喧归浣女，莲动下渔舟"。他们惊异于你来到此地，向你好奇地打听外界之事，又随着你的琴声应和着。这时候，你便感到自己仿佛来到世外桃源，便也有伯牙子期知音之乐。你住于他们家，听着外面潺潺的流水声，想着"人闲桂花落，夜静春山空"之时，似乎也渐入梦境，"一枕桂花梦里听"了。时而，当明月从树枝间探出头来，便又有几只山鸟，"时鸣春涧中"了。

山林，孕育了生命，深藏着时间。它从遥远走来，又将归于遥远。花开花落，草荣木枯，生生不息。在寒冬到来之际，它便一片悲寂；而当春风再度拂过时，它便又一次变成了欣欣向荣、勃勃生机的世界。

尘世之人，是追寻不到它的，只能"遂迷，不复得路"。看着那可望而不可即的山林，倾听它说："路漫漫其修远兮……"

山林深处，是长久的寂静。

风声，在小作者的笔下变得具体、形象，可闻、可观、可摸、可赏。山林在小作者的眼中，有声有形，有滋有味，有灵魂，有启悟。新鲜的素材，点燃的不仅是写作的诉求、表达的衷情，更有读者的灵魂。

不管是读全文，还是读其中的片段，我们都时不时被作者新鲜的素材吸引，带着读下去的冲动，一路探寻其中的新鲜滋味。

二、时尚的因子

时尚，是时与尚的结合体。所谓时，指时间，时下，即在一个时间段内；尚，则有崇尚、高尚、高品位、领先等意思。时尚对于这个时代而言，不只是为了修饰，而是已经演化成了一种追求真善美的意识。

同样，在中学生作文中，在新鲜选材的基础上，根据文体的不同特点，我们也可以指引学生尝试加入时尚的因子。

作文选材中的时尚，主要有以下几个特征。

（一）简约

简约而不简单，简约而清新灵动，这是现代优秀习作的选材标识之一。请看下面几篇学生习作。

江南四季

常州市金坛区华罗庚实验学校　七（3）班　陈 潜

江南是多水的，就像个用易碎玻璃做成的工艺品。她远不如黄土高原那般磅礴，却有着谁都不如的特点——秀。江南玉烛，景风，四季通正。

青 阳

春是蓬勃的，是旺盛的，是有力的。雁儿们从北方飞来，停在刚抽出嫩芽的枝上，叫着，飞着，寻着。寻找那挨过冬日的枯草败枝，用它灵巧的嘴儿将巢搭建在屋檐下，带来春的讯息。河水清了，坚实的窗户不再停留，取而代之的是透得夺目的清与澈。鱼儿在水中嬉戏，不着急，也不懒惰，都在水中欢快地游着，它们又一次感受到了水的温暖。它们的一生，虽然没有几次这样的温暖舒适，但是它们懂得去珍惜，去劳作，不让这美好悄悄逝去。此时岸边垂钓的人们，脸上也洋溢着笑容，不再陷于繁忙的工作之中。虫生，叶绿，鸟多，人勤。春之美，春之盛，又有谁能与之争秀？

朱　明

夏是急促的，是紧张的。农民忙于劳作，夏之重要能比上春。在田中、果园里、院子里，到处可见忙碌的人们。汗水洒向大地，作物吸收汗水，努力抽茎生长。蝉儿来了，无处不闻鸣，无处不见壳。这鸣声能说烦人，但更多的，是对夏的礼赞。

白　藏

秋是收获的季节，秋波澹澹。田中的庄稼低下了头，山上的果儿压弯了枝，田间的老农乐开了怀。看，一个个深红的果儿，它们已经历了冬春夏三季的历练，最终有了成就。秋风如甘露一般，滋润着它们，让它们有了成熟的喜悦。风吹，草低，树茂，山高，香飘，叶落。风是秋天真正最具特色的主宰！

水也不赖。秋水明澈，并无半点杂色，碧绿的一片。与山林相比，显然清幽而又典雅。"鱼戏莲叶间，鱼戏莲叶东，鱼戏莲叶西……"水始终是鱼儿自由的天堂。渔翁撑船打鱼，孩儿岸边玩耍。水清，水善，水柔。我们不该为水而感叹吗？

玄　英

冬只有单一的色彩——白。远远望去，几乎望不见一点儿其他的不同。"忽如一夜春风来，千树万树梨花开。"不错的，满树花白，还真有点儿像梨花，只是缺少点绿叶的衬托。湖面冰封，如窗户，如玻璃，为鱼儿保暖。瑞雪兆丰年，这么大的雪，来年一定大丰收。雪果然夹着年味儿，那么浓烈，只等一声春雷，一阵细雨，来把万物唤醒。不久，春就要来了。

春夏秋冬四季循环，江南秀气依然不变。不论什么季节，江南都像少女一般美丽、秀气。谁，能比其秀？

写江南之四季，虽然还是按照春、夏、秋、冬的次序，但是实实在在地写出了不一样的四季之江南风姿，原因就在于小作者的选材，看似简约，用一个个小标题串联，实则不简单。这不简单就深藏于四个小标题中，作者用雅称代指四季，不落俗，不刻意，自自然然，轻轻浅浅，把江南四季的分明与个性突显出来了。读之轻松，读完深味，恰到好处。

水仙的绽放之路

常州市金坛区华罗庚实验学校　七（3）班　王子衿

年前，妈妈搬回家一盆水仙花，据说过年时就能开花。

水仙花的盆里装满了颜色各异、色彩斑斓的小石块，天蓝的、银灰的、棕色的，还有各色各样的玻璃珠子，透明度极高，折射着灿烂的光。水仙花白白胖胖的球根伏在各式的石头上，细细的根须像老人的胡须，长长的，盘踞着石头，蜿蜒曲折。球根上抽出的绿叶已经长得老高，扁扁的，是闪着光泽的深绿色，又很柔软，弯弯的，像美人曼妙的身姿。

过了些日子，水仙花抽出像麦穗一般的花苞苞，茎也是细细长长的，缀满了肥肥胖胖的花骨朵儿，翠绿翠绿的。妈妈高兴极了，不辞辛苦地把这盆沉甸甸的水仙花从阳台上搬进搬出，追逐阳光，盼着它快快开放。

一天早晨，我去阳台上玩，正看见那水仙花向着初生的朝阳喜眉喜眼地探头探脑。我转过去望着它，只见那最顶端的花苞裂开了一个小口子，露出嫩绿的唇齿，小家碧玉般笑着。从此，我每天早晨起来的第一件事，便是去阳台看花。

花苞一点点地分裂、舒展，绿色渐渐隐去，白色悄悄爬上花苞。

一个清晨，水仙花开花了。绽开的雪白花瓣像一只幼小的海星，花瓣肉肉的、胖胖的，翘在那儿，十分喜人。金色的花蕊也是胖胖的、嫩嫩的，一种沁人心脾的清香在空气中久久地弥漫。

像是听到第一朵的号召似的，大家伙儿都争先恐后地开放了，都在向着阳光欢笑，一时间香气浓浓。而那第一朵，便隐藏在一群花之中。

绽放，释放的是喷涌而出的勇气与坚持。

绽放，是勇敢者的终极目标。

读着这些画横线的语段，我们不得不佩服小作者选材的独特视角与眼光。你看，落笔间，那白白胖胖的球根，那长长的像老人胡须的根须，那麦穗一般的花苞苞……无一不简简单单又落落大方地"滚"到我们眼前，让我们在清清亮亮之间，见识了作者选材的功力——简约而不简单，这是时尚的一种表征。

（二）形象

有些话题或作文题相对较抽象，而习作者的阅历与见识还没有达到可以以理说理的境地，唯一的办法，便是转换角度，化抽象为形象，借助于形象的素材来诠释抽象的概念与理论。

淳　朴
常州市金坛区华罗庚实验学校　九（3）班　陈琛源

我不是在长荡湖边出生的，但我幼时与长荡湖结下了很深的情谊，算得上半个"长荡湖"人。

最爱的，是秋日的长荡湖。"自古逢秋悲寂寥，我言秋日胜春朝"，不错的。秋风习习，夹杂着些许稻香，湖面上泛起了连绵的、浅浅的波纹。岸边或是湖中小岛上的芦苇，随风倒伏，秋风将它们梳得整整齐齐。水鸟从湖面掠过，爪子在水面划出长长的痕迹。

我的姨婆婆就住在湖中一条固定着的大船上，因为她比外婆小得多，我便叫她"小婆婆"。她的脸上布满沟壑，皮肤被阳光漆成了古铜色。她的手又粗又大，指甲里嵌着乌黑的泥。她个子不高，力气却挺大，一把就把我抱进了一条小木船中。小木船大概有些年头了，油漆已不见，裂痕清晰地显现出来，加上它摇晃着，我有些害怕："小婆婆，这船会不会漏？"她粲然一笑，露出两排大牙："不会的，不会的，就算漏了，我也会游泳。"说着，便用竹竿撑起了船。

她站在船尾，我坐在船头，小船绕过大船，我看见一群绿色的网箱。网上爬满了青色的螃蟹。婆婆撑着船，用方言说："秋风起，蟹脚痒。秋天到了，螃蟹就都爬上来了。"看着自己劳动的成果，她不禁笑出了声。

湖中散布着不少菱角，水面上漂着绿色的叶子。小婆婆捞起一串叶子，提起来，从植株上摘下几颗菱角。菱角两角尖尖，褐中带绿，带着秋的清香和淡淡的腥味。我剥不开，小婆婆边帮我剥边笑，笑声有些沙哑，却很朴实，似乎还带着些"湖"的气息。生的菱角吃起来很脆，涩中带着甜，给人一种融入自然的感觉。

小婆婆抬了抬脚，木板发出"嘎吱"的声音，陌生却又亲切——在城市中已很难听见这种声音了。没有"嘎吱"的城市是冷漠的、喜新厌旧的；充满着

"嘎吱"的乡村是淳朴的，总给人一种温暖。

水面、螃蟹、菱角和小婆婆，这是我对家乡最初的印象，这是淳朴的长荡湖。

透过这些文字，我们可以想象那时那地的风景与人物，仿佛置身其间，身临其境。这种美妙的感觉，正是来自学生形象的笔触与想象的发端。所以说，形象的力量往往大于思想的力量。我们时常教导学生尝试把抽象的事理转换到形象的事物上去，如此写作才会有内在的潜力与长足的进步。

（三）立体

时尚素材的立体化，主要表现为信息含金量足，思维有一定深度，启迪多元深刻等。立体化的素材不是瞬间得来的，它源自平时的点滴积累、用心摘抄、深刻记忆与多向思考。天长日久，学生才会养成一种习惯——想象联想，融会贯通，甚至达到思接千载、视通万里的效果。以下习作中的画线语段，细细读，慢慢品，确实滋味无数。

享受芦苇之美
常州市金坛区华罗庚实验学校　七（2）班　嵇可欣

"蒹葭苍苍，白露为霜。所谓伊人，在水一方。"此句是《诗经》中的一段名句，许多人都能信口背来。当诗意于口中缓缓流淌，那抹青翠的身影，也在记忆中愈发清晰。

你可曾见，那丛依水而生的青影？纤弱地在风中摇曳着，惹人生怜，如一个纤柔的少女，在水畔顾盼生情，仅是三两株，便可独成一景。有人不禁惊叹，哦！那竟是芦苇呢！听到这熟悉的名字，心就颤抖起来，关于它的记忆，就一点一点浮了上来。

记得幼时，芦苇就是我的邻居。那时屋前有一方水塘，水塘边上就长着一丛丛的芦苇。每当无人陪伴、无事可做时，那片芦苇就成了我的慰藉。我常常坐在地上，就那么痴痴地看着它，静静地享受着这份美。

那芦苇不像其他植物，它都是成片成片地长着，连绵成一片。芦苇青青，那青绿色沿着水边一直蔓延开来，无边无际地如同水墨般晕染在画卷上，迎着飒飒的风，挺着修长的腰肢，于天地间拉开一道绿色的青纱帐。纵是狂风劲吹，它也尽情地舞蹈着，如同一片波涛起伏的大海，临风摇曳，婀娜多姿，这支舞，怕是只应天上有吧！

它不似其他的花一样穿红着绿，五彩缤纷。它如一个朴实坚毅、不卑不亢的女子，任凭狂风肆虐，也不屈服，只是傲然地立在水中，看似脆弱，但其风骨不输苍松劲竹。它依水而生，出淤泥而不染，干净纯粹。

每当夕阳西下时，残阳如血，瑰丽无比，它更是一身霞帔，多了一丝风情与凄凉之美，让人心生怜悯。我不觉看得呆了，那平凡的芦苇，竟是那么美，微风徐来，飘来一阵阵清新的、若有若无的香，怕是芦香吧？那香，虽无丹桂的沁人心脾，但也素雅天然。

端午时节，芦苇的叶子分外青翠，很是鲜嫩，嫩得仿佛只要轻轻一掐，就能滴出绿汁来，它就像一条条绿带。那时的芦叶可就派上大用场了。我随三三两两的乡民，背上竹篓，去芦苇荡中打来一大篓芦叶。

回家后将芦叶洗净，用开水一焯，便可用来加工粽子。只见妈妈抽出几片芦叶，缠指一绕，围成一个漏斗状，又在"漏斗"中放入浸泡后如白玉般的糯米，压实后将顶部封闭，再用扎绳捆好。那一片片芦叶，在妈妈的手中仿佛有了生命，游走于妈妈指间，不一会儿便成了一个个小巧别致的粽子了。包好的粽子在锅中蒸煮半晌便熟，当打开锅盖时，屋里立刻氤氲起芦叶清香，那粽子外的芦叶上凝结着一层层水汽，更显得芦叶青翠欲滴。

再长大些，就知道那句"蒹葭苍苍，白露为霜。所谓伊人，在水一方"了。最初读到这句时，我只觉得这诗写得可真好，雅致！再看页下注释，就更惊叹了，呀，原来"蒹葭"竟是指芦苇啊，这名字可真好听。芦苇密密又苍苍，晶莹的露水凝结成霜，心中的人儿啊，就伫立在那河旁。这是多么唯美的意境啊！我已经可以想象出那样一幅场景：那个身穿罗裙的女子，站在生长着一大丛芦苇的河畔，迎着瑟瑟秋风，等着，等着，盼君归来；那成片的芦苇啊，在秋风中苍苍茫茫，那洁白的芦花，掠着她的裙角飞舞，白露凝霜；她时而静立，时而徘徊，时而凝思，时而蹙眉远眺……心中溢满了小女儿似的甜蜜与哀愁，多似一幅萧瑟幽远的画面啊！我反复吟诵，心中也开始喜悦了，原来千百年前，也有一个人如我这般，爱这隐忍朴素的芦苇啊！顿时，便感觉如逢知己。

现在，又是一年芦苇飞絮时，我可否，再迎夕阳，走在芦苇丛边，低吟浅唱一句"蒹葭苍苍，白露为霜……"

习作中所有美好的岁月，都因为作者有着自己独特的视角。作者站在特殊的角度，给我们描摹那一幅幅自然风光与人世风景，每一处，作者都尽量从多元、立体的角度展开描写与叙述，让读者忍不住循环往复，多多诵读而后快也！

三、陌生的感觉

陌生，首先是对于习作者来说，题中素材是他首次经历、接触、遇见的；其次是对于读者来说，他读到的是源头的、鲜活的、陌生的文章。就这样，读者与习作者心意相通，共同去经历一番特别的旅程，趣味良多。

藤蔓中的世界

常州市金坛区华罗庚实验学校 七（3）班 吴子竞

一片漆黑中，我走进了这个环形的、巨大的、神秘的剧院。

走到座位中间，微弱的灯光打开，才发现身前的舞台是一个藤蔓中的世界……

去澳门，酒店对面是一个榴梿形状的建筑物，据说这里面上映的舞台剧别有特色。买了紧靠舞台的三张票，穿过巨大的光线走廊，我就陷入了一片黑暗之中。落座之后才有时间打量四周，我的膝盖顶着一块玻璃板，高度大约在我的下巴处，我的右手边放着一包餐巾纸和一小块桌布似的东西。放眼望去，舞台一圈都是人，有一种在鸟巢体育馆的感觉。而这舞台呢，淡蓝和深蓝交织，很有艺术气息。正当我出神之时，舞台突然开始移动，渐渐形成了高低交错的形状。舞台旁边有一个放水口，里面滚滚流泻出夹着泡沫的水。也就在此时，头顶上空围绕着舞台，稀稀疏疏地交织在一起的藤蔓形成长方形，缓慢地降落，有意似的挡在我的面前。但透过藤蔓的缝隙，整个舞台仍能看得清清楚楚。周围传来了观众细碎的惊叹声。

怪不得说别有特色，这样的舞台剧，"藤蔓中"看人，还真有点神秘的感觉。这时，舞台正上方的一盏大灯突然被点亮，在放满泡沫水的舞池中，突然钻出一位身着白色长裙的女子。只见她在舞台中央欢乐地戏水，不时将衣袖猛地举起，任凭水滴如断线的珍珠般滑落。眼前的一片藤蔓，更给这一个人、一池水，增添了活力与生机。随后，水中又钻出一个同样身穿白衣的男孩，大概和那位女子是母子关系，也欢乐地扑腾着。突然，舞台台面再一次降低，更多的水汩汩地流淌出来，水平面不断地升高，女子抱着男孩扑打水面的同时，我才发现，她竟然是一条"人鱼"。男孩的身影随着又一层藤蔓的降落消失在水里。

水平面上升到玻璃板顶部下方10厘米左右的位置，我的眼前被浓绿遮挡，内心也有点喘不过气来。女子先是发了疯似的潜入水底，又跃出水面，激起的水花好几次打到我的脸上，我却毫无知觉。这时，远方深蓝的舞台边出现了一个精瘦的巫师，怀抱着身着白衣的男孩，慢慢朝女子走来。一层藤蔓缓缓升起，在稀稀疏疏的藤蔓间，一切又归于平静。

我想，藤蔓代表什么呢？也许是代表母子之间的亲情，也许是代表女子内心的压抑，也许是代表……

只有乐观面对生活，才能懂得藤蔓的迷茫；只有拨开眼前的迷茫，才能看清真的世界。

藤蔓中的人、景、事、物，于我们而言，时尚而陌生。有时，陌生感会给读者带来新鲜刺激与丰美的想象。

第二节 文似看山不喜平

精美的素材，还必须有合适的构架，二者共同形成行文的思路，以使读者能顺着这条思路捕捉到行文的轨迹与情感的脉络，我们把这个过程称为构思。构思的要领是文似看山不喜平。

在实验与研究中我们发现，借用图式理论帮助学生架构行文思路，是最形象，也是最便捷的路径。

"图式"一词最早来自19世纪德国哲学家康德，他把图式看成"原发想象力"的一种特定形式或规则。他认为，图式就是存在于记忆中的认知结构或知识结构。

图式作文就是借助图式理论，努力把作文的选材、构思、表达等过程变得可视化、可思化、可操作化，进而在头脑中形成形象化的认知结构与具体化的思维框架的作文模式。

一、内容图式：只有鲜鱼才可清蒸

（一）插图图式

教材中时常会插入与课文有关的图片，它们是一组珍贵的教学资源。教学中可以紧紧抓住这一组图片，把它们带到作文课堂上，转换成重要的作文素材。以下是学生在教师的指导下，为课文插图拟写的作文标题，并配上了文体及写作要求。（表3-2-1）

表3-2-1 课文插图作文题

插图课文	标题一	标题二	文体及写作要求
《天净沙·秋思》	《瘦》	《天涯》	记叙文（正面描写）
《口技》	《工》	《台上台下》	记叙文（侧面描写）
《陋室铭》	《雅》	《雅与俗》	记叙文（环境描写）
《河中石兽》	《说"老"》	《点与面》	议论文（三段论式）

以下是一名学生写的议论文《说"老"》（部分）。

"老"，包罗万象。

年龄上的老，是成熟而不是迟暮……

学术上的老，是娴熟而不是迟缓。例如，《河中石兽》中的老河兵，一听情况，立马做出相当准确的判断。天天和水打交道的老人，自然精通这个，说出的话也是字重千斤，很信得过。在学问上被"折腾"得很老的人说出的话，就好像被盐"折腾"得很老的黄瓜，精练干脆，滤去很多水分，也是一种水平。不需要太多的修辞，语言简明扼要，这是"老话"，"老话"也是很好听的。之所以好听，是因为它被折腾老了，经过了反复考究、删改，口耳相传，就如陈年美酒，时间越长越香，"老话"是一针见血的，不拖泥带水。

心灵上的老，是超然而不是迟钝……

这篇短文，既是对老河兵的"老"字的解释，也是对"老"的新解与提升。作文，绝不仅是对语言文字的锤炼，更多的是锻炼学生认识事理的能力。

（二）故事图式

在给初中每个年级讲开场作文时，我都会根据一幅图画讲述一则故事，在此基础上要求学生观图写作文。

七年级：人，不管是独自行走，还是结伴而行，总要一步一步有方向、有节奏地往前走，才会到达目的地。请以《走一步，再走一步》为题，写一篇记叙文。

八年级：乌克兰撑竿跳王子布勃卡在打破世界纪录接受记者采访时说："每次跳跃，我都把心先摔过横杆，这样，我的身体也就跟着跨过了横杆，并达到了自己的高度。"请以《把心先摔过去》为题，写一篇记叙文。

九年级：三个小和尚不想再通过挑水来解决饮水的问题，他们决定挖一口井。甲、乙和尚东挖一下，西挖一下，始终没有挖出水来，丙和尚选了一个背阴处，在一棵大树下，每天挖一点，挖一点，数月后，井中清泉四溢。请以《一辈子挖一口深井》为题，写一篇记叙文。

以下是三个年级的学生为每篇文章提炼的主题。

《走一步，再走一步》：走一步，再走一步，才会遇见远方的更好的自己。

《把心先摔过去》：抬高一点，再抬高一点，才会遇见高处的精彩的自己。

《一辈子挖一口深井》：挖深一点，再挖深一点，才会遇见深处的自由的自己。

三篇作文，不仅是对学生思维长度、宽度、深度的训练，还是对他们系统思维的一种梯级训练。

（三）漫画图式

学生对漫画充满着浓厚的阅读兴趣，我们适时给他们推荐了下列作品：

（1）《漫画艺术赏析》，缪印堂著，海洋出版社，2010年11月。

（2）《父与子》，埃·奥·卜劳恩著，江苏人民出版社，2001年4月。

（3）《三毛流浪记（全集）》，张乐平著，少年儿童出版社，1995年10月。

（4）《丰子恺儿童漫画》，丰子恺著，中国少年儿童出版社，2012年2月。

（5）……

对漫画作文，我们要求学生做到：一观、二赏、三说、四写，四个步骤。

以下是学生观赏了丰子恺漫画"船里看春景，春景像画图。临水种桃花，一株当两株"后，写的《换个角度看花开》的结尾：

换个角度看花开，我发现：等待又何尝不是最长情的告白！让我们在这等待的季节，看一朵花在流年中绽放，终有一日，你会赴一场花约，切莫辜负它倾情倾世的等，热热辣辣的恋！

漫画，是一场约定。深入其中，我们会挖掘太多珍贵的创作资源。

（四）影视图式

对于经典的影视作品，我们可以利用它们来训练学生的想象力。想象力的四个层级：

A级：音、诗、画等都是较为抽象的，要写得形象生动，必须借助想象，而想象必须合乎情理。

B级：单纯的想象毫无意义，想象必须结合联想。

C级：想象不是天马行空，想象必须富有层次。

D级：想象必须围绕主题，使主题鲜明突出。

以下是学生在观看舞蹈"千手观音"后写的片段：

身后的手又层层叠加，似十五之月，更迭交换，眼花缭乱，"金莲"于佛音中无限开放，充满希望。慢慢地，"佛像"扭动纤纤细腰，手如变换阵法般，身后的几十只手随她的舞姿而变化，好不清奇！无意间，好似已至天庭，食蟠桃，饮御酒，听靡音，赏仙舞，良辰美景，除此还能有何景与其相比拟呢？

二、构思图式：文似看山不喜平

内容图式，只是为学生提供写作素材；真正成文，还需给学生提供谋篇布局的思路模式，我们称之为构思图式。以记叙文为例，常见的构思图式如下：

山型：《老山界》《飞红滴翠记黄山》 △

水型：《变色龙》《我的叔叔于勒》 ━

湖型：《七颗钻石》《分外甜美的葡萄》 ○

塔型：《生命与和平相爱》《谈散文》 ▲

块型：《我们家的男子汉》《我的老师》 =

链型：《月迹》《晏子使楚》《散步》 §

以下是七、八、九年级学生以《心里美滋滋的》为题目搭建的思路图（图3-2-1、图3-2-2、图3-2-3）。据此呈现的写作水平也是渐次递升的。

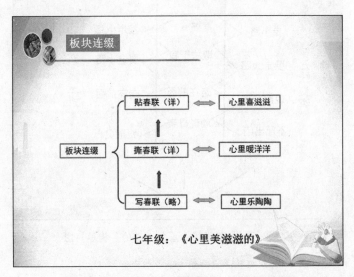

图3-2-1 七年级《心里美滋滋的》构思简图

实际上，各类文体的构思图式种类繁多，最好的办法是，阅读的文本是什么构思图式，就训练此类构思图式。时间一久，学生便思维清晰，用之顺手了。

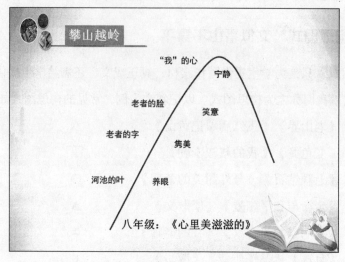

图3-2-2　八年级《心里美滋滋的》构思简图

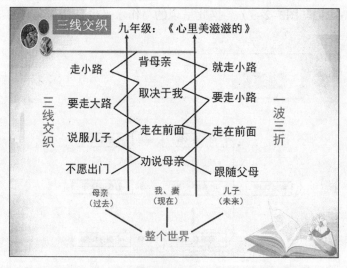

图3-2-3　九年级《心里美滋滋的》构思简图

下面我们列举八种常见的构思图式作文样例。

（一）板块连缀

在图式作文中，板块连缀式的构架艺术看似简单，但种类繁多，仅从推进的层次与关系来看，就有并列式、递进式、因果式、主次式等。

手里风景

常州市金坛区华罗庚实验学校 九（3）班 吴韦朴

伴着人生第一声啼哭和挥舞着的两只小手，我们来到了这世界。

起初的我们，手是稚嫩的，粉嫩粉嫩。我们还不能够抓起太多的东西，还不会使用筷子，我们躺在婴儿车中，双手在空中挥舞着，想要抓住什么东西，母亲将奶瓶递过来，我们双手抱住奶瓶，慢慢地吮吸着，身体温润起来，两只小手也变得暖暖的。

童年的我们，手逐渐长大了，可以熟练地抓住东西。那时手里捧着的是一只皮球，招呼三两伙伴，愉悦地玩闹。手没有太多力量，总是不能控制住顽皮的球，但这毫不影响我们的欢笑。时常一不留神，一个趔趄跌倒在地，手磨破了皮；或是与别的伙伴相撞，手撞得生疼。但笑语一直未停，那手虽带着伤疤，却带来了美好。

现在的我们，经过阳光的照射，手上的皮肤变得有些黑。我们的手里握着的是笔，学习是我们生活中极为重要的一部分。我们手握着笔，书写着接二连三的题目，进行着精细准确的计算。手上早已生了茧子，凸显在手指上，略有些变形。冬日寒风凛冽，有些人的手上生了冻疮，用手挠得通红。这是我们劳动的成果，这是我们刻苦奋斗的经历。当我们用双手填写答卷的时候，也书写着我们的命运。

将来的我们，到了各自的工作岗位上，手上已经饱经风霜。或许我们手里握着手术刀，那我们可能成了医生；也许我们手里捧着书，我们可能成了老师，或者成了作家；也有可能我们手里依然握着笔，我们可能成了工程师，设计着精美的楼阁……我们对未来心怀憧憬，我们的双手忙碌着，或许冻得开裂，或许伤痕累累，但都在为了生活而不断忙碌着。

我们靠自己的双手而活着，我们用双手成就自己的梦想，我们唯有握紧手中的笔，笔耕不辍，为自己绘出精彩的图画。那双手辛勤的模样，是自己创造的美丽的风景……

这篇短文从时间层面，把生活素材用板块的方式有机连缀起来，使行文块状推进，不疾不徐，读者读来头绪清晰，一目了然。

（二）烟花绽放

烟花绽放，是指文章以一个人物、一件事情、一种感情、一种氛围等为核心，紧紧围绕这个核心展开发散式的行文，文中材料如烟花四散绽放，形散神不散，点点闪亮，煞是好看！

夏雨　夏树　夏花

常州市金坛区华罗庚实验学校　九（3）班　陈琛源

"知了——"，一声高亢的蝉鸣划破了午后的宁静。太阳如同一个巨大的车轮，缓缓滚至天空最高点，发射着光和热，河面波光粼粼。夏天真的来了。

一声惊雷在空中响起，如擂鼓，以排山倒海之势震撼着每个人的心灵。天空有些阴沉，乌云遮挡了太阳的脸，如同一个孩子，得不到想要的玩具，就要哭了。起风了，树在摇晃，水泛着波纹，乌云也像波涛一般翻滚着、卷涌着。雨滴开始落了下来，灰白的地变得斑驳，地上出现了一个个深色的圆点。渐渐地，雨变密了，地上的圆点越来越多，填满了地上的空白，堆积、重叠，地面整个变成了深色。雨点落在河中，泛起一圈圈涟漪，向四周荡漾开去。

一会儿，雨停了，太阳又从云层里探出了笑脸。河畔的柳树、路旁的香樟，经过风雨的刷洗，格外明亮，叶子上的灰尘被冲去，原本色泽略显灰暗的树叶更绿了，上面的水珠晶莹剔透，在阳光中，仿佛一个个小小的太阳。树们微微摇摆，叶子轻轻抖动，满眼苍翠欲滴，满眼生机盎然。

花朵盛开，在绿叶、绿草的衬托下格外娇艳。在花丛中呼吸，闻见的是泥土、花草的清香，仿佛把整个夏天吸进了胸腔。一只黑色的、带着蓝色斑点的大蝴蝶飘然落下，停在一朵小白花上。一个小弟弟拿着一个小网兜，正追赶着蝴蝶。也许是被树枝绊了一下，他摔倒了，可是他仍然笑着，他的笑脸与周围的花朵互相映衬，他就像一朵小花。蝴蝶扇动翅膀飞了起来，悠然地飞过他的头顶，勾起了我的回忆。我童年时期的夏日，也是追着蝴蝶，在花丛中度过的。夏天，给孩子带来了多少欢乐啊！

地面明晃晃的，阳光似乎要从地上溢出来。路上走着形形色色的人们，有手拿冰激凌、不时用手抹着汗水的小伙，有撑着伞、聊着天的女郎，有举着双手、喊着"夏天来了"的宝宝。路边树荫下的长椅上，有扇着扇子、拉着家常歇凉的老人，他们的银发好像也焕发出活力。

夏天，是个生机勃勃的季节，夏雨、夏树、夏花带来的是闲适，是快乐，夏天是一个五彩斑斓的世界。

这篇习作采用了"烟花绽放"的构思模式，紧紧围绕一个核心，如花瓣四绽，亮点纷呈，主题鲜明。

（三）攀山越岭

我们来看一则引领学生做"攀山越岭"式的作文课的详例。

1. 导入新课

文似看山不喜平，才下峻岭又高峰，曲径通幽花满路，独上高楼看明月。

根据行文对象和内容的差异，我们时常会选用不同的结构方式来摆布文章的思路。尤其是记叙文，常见的结构形式有：板块连缀、攀山越岭、一波三折、双线交织、双轨运行、层层环湖、烟花绽放等。

2. 审题定位

今天，我们着重和同学们一起来看看"攀山越岭"的结构方式。"攀山越岭"是把一篇记叙文当成一座山，我们当导游，写作的过程就是导游带领游客（读者）从山脚、经山坡、到山腰、登山顶的过程。

下面，请阅读以下作文题：

雁荡寻胜，南浔追梦，丽江踏水。庐山登临，听，大海的神秘；念，星空的魂灵……

请以《旅痕》为题，写一篇记叙文。

要求：600字左右。

通常情况下，一道作文题由题干、题目、要求三部分组合而成，请认真审题，慎重选材，搭建结构。

3. 梳理结构

图3-2-4　《孤独之旅》构思简图1

为理顺结构，我们先来看一篇范文的结构摆布。

（1）阅读《孤独之旅》（曹文轩），回答：

① 杜小康经历了什么样的孤独？

杜小康经历了：情感孤独→环境孤独→生存孤独→灵魂孤独

② 对于杜小康，这趟旅程除了是"孤独之旅"，它还是一趟什么样的旅程？

生存之旅：杜小康经历了"家败→失学→放鸭→收蛋"

成长之旅：杜小康从"小学生→流浪儿→放鸭仔→男子汉"

求学之旅：杜小康从"失学→盼学→入学→勤学→学成"

情感之旅：杜小康从"迷茫→想家→恐慌→孤独→平静→坚强"

由此可见，观文如观山。（见PPT）

图3-2-5 《孤独之旅》构思简图2

（2）观看板书，看作者是怎样摆布文章的结构的。（见PPT）

攀山越岭（横看成岭侧成峰，远近高低各不同）。

（3）观察板书，说说你有什么发现。

观文如看山又超越看山。看山总是看了这边的风景便丢了那边的景致，观文却可以突破这种局限。只要我们用心抓住几个关键的点，便可以从不同角度观览全文的美景，所谓"横看成岭侧成峰"。

其实，老师认为它还是一趟孤独的奋斗之旅——这趟旅程的开端：走进孤独；发展：害怕孤独；高潮：享受孤独；结局：走出孤独。这正是文章的主要故事情节。在以孤独为底色的旅程中，生存的需要、求学的愿望、情感的变化促成了杜小康心灵的成长与成熟，杜小康的精神从单纯走向丰盈，灵魂从孤独走向充实。这就是孤独之旅的真正内涵。

（4）再次观察板书，看看还有什么发现。

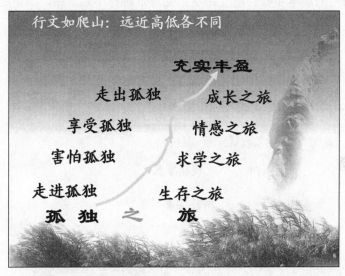

图3-2-6　《孤独之旅》构思简图3

行文如爬山。作者像一个老到的导游，牵引我们从山脚一路往上攀爬，越往高处，景色越奇越美。教师把这种行文法叫作"攀山越岭"。（图3-2-6）

然而教师还要告诉你们的是：行文如爬山又超越爬山。聪明的作者总是选择从不同的角度带我们去探索一座山的神秘与美丽。如果把孤独当作一座山，这座山可不好爬，因为它是一种抽象的情绪。作者的聪明，正在于他善于借助各种形象的东西来展示孤独的面容，这就是烘托艺术。我们将用抓切点的方式来品读文章中的这一烘托艺术。

4. 搭建结构

请以《旅痕》为题，开展选材、构思训练。

（1）定位对象

从近两年寒暑假远足时观览的山石、林木、花鸟、鱼兽、名胜、古迹中，选择自己印象最为深刻的对象，作为中心意象。

（2）选择素材

围绕中心意象，选择行文的素材：沿途风光、人物故事、当地风情、内心情感。

（3）搭建结构

搭建结构的基本步骤：确立站点；配对景观；书画思路。以下是吴韦朴同学以《旅痕》为题，设计的结构示意图。（图3-2-7）

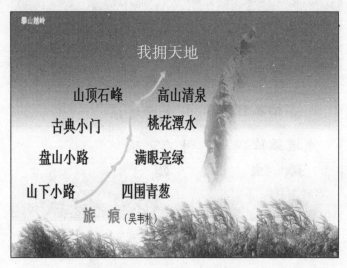

图3-2-7　《旅痕》构思简图1

结构图分左、右两列。左列为记叙文的常态写法：移步换景，亦步亦趋，步步攀高。右列为文章的关键内容，一步一景，节节抬升。两列交相组合，仿佛游客攀山越岭，景致渐高渐美，心绪渐行渐平。

旅　痕

常州市金坛区华罗庚实验学校　九（3）班　吴韦朴

在山下小路上缓缓地走着，四围是青葱的群山。

安徽以山而著名，走在山间的小路上，仿佛被山包裹了一般，夏日该酷暑难忍，但有了山的遮蔽，再遇上习习的风，便又觉得舒适了。

开车行在山间的盘山小路上，那路不宽，勉强能容一车通过，车子颠簸着，打开窗，外面是清新的空气，风吹动着我的发，我深吸一口气，这是未曾感到过的畅快。映入眼帘的尽是绿，那么熟悉，却又那么陌生。许久不见如此大片的绿，眼前因此一亮了。

车停了。面前是一个古色古香的小门，上书三个字"桃花潭"，方才知道，这便是当年李白"赠汪伦"之处了。走了约莫二十分钟，两边尽是田地，偶见一座阁楼，才回忆起这是文昌阁，当年多少才子前来拜访，只为了那文光一现。这文昌阁造型秀丽，典雅、高调，却又不显张扬。

再走几步，便是那桃花潭了。尽管身在万千群山中，桃花潭却静静流淌着。水波荡漾，不知是因为欢腾的鱼儿，还是风的吹拂。沿着石板路走近了，俯身试水，水极为清冽，依稀可见底下的泥。耳中忽传来划水的声音，抬头，是一村民划着船儿，不疾不缓地向前荡着。县志《桃花潭记》中曾写道："层岩衍曲，回湍清深"，在此看来，是尤为旖旎了。

对面是村庄，徽派建筑的房屋，忽高，忽低，却不觉杂乱，那房屋连绵起伏，仿佛远处的青山，参差错落。那山峰烟雾缭绕，朦朦胧胧，青山隐在后面，不知山上隐居着哪位高人，为这山染上了神秘。

踏在山顶石峰，仿佛踏上了云层，惬意、舒适。俯瞰高山清泉，仿佛高山清泉间这天地均是我的。我又踏上了草地，嗅着那泥土的芳香，看着那青草的稚嫩。

回首，泥土上可见我浅浅的印痕，那是我到过的足迹。

以下是陈琛源同学以《旅痕》为题，设计的结构示意图。（图3-2-8）

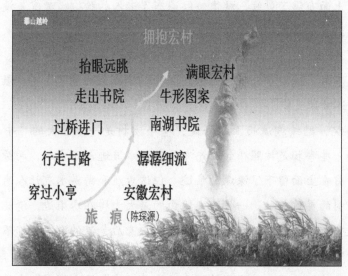

图3-2-8　《旅痕》构思简图2

旅　痕

常州市金坛区华罗庚实验学校　九（3）班　陈琛源

一生痴绝处，无梦到徽州。

穿过一座古色古香的小亭，我便进入了安徽宏村景区。

面前是一片水，水的那边是一排排白墙黛瓦的徽派建筑，它们倒映在水中，一虚一实，形成了一幅美妙的轴对称画卷。再远处，便是葱绿的、云雾缭绕的山，那朦胧的云雾，为宏村增添了几分缥缈，宛如仙境。

沿着凹凸的石板路行走，我发现，路旁有条小小的水流，与路一道向前延伸着，与我相向而行。水流不多，却也不停，源源不断地流着。石板砌成的水槽中，几块卵石翻滚着。向右一拐，我暂别那水流，走上一座白色的小石桥。石桥雕刻精美，桥下，荷花正盛开，在擎起的碧绿荷叶当中，娇艳欲滴，那明快的粉色，使这儿有了生气。

过了桥，我又遭逢了那条水流，它拐了个大弯，绕过了那片水。我在覆满青草和苔藓的石板路上，留下一串脚印，然后来到了南湖书院。一进门，是一个天井，我嗅见了木头的淡淡腐朽味和清香。角落里，青苔已爬过台阶，漫上了历史久远的墙壁。穿过一道雕着祥云的木门，便来到了"教室"，桌、椅安然陈设，上面布满了裂纹，就像皱纹遍布了老人的脸。"教室"没有学生，可我分明听到了莘莘学子朗朗的读书声。清代时，安徽是一个重视教育的省，有著名的"状元县"。那时，当地人的出路无非两条：读书和经商。大商人难做，于是大多数人选择了读书。几根粗壮的、暗红色的柱子立在"教室"里，撑起学子们逐梦的天空。

走出书院，继续溯流而上。据说，整个宏村是一幅巨大的"牛形图"，其中的水和一些事物是按照牛的形态布局的。水流进入了古巷，两旁的白墙已然斑驳，岁月在上面留下了深深的痕迹。但这古屋和潺潺水流让人感到安静，不由得与宏村的灵魂相融。一位头发银白的老太太蹲在水渠边，清洗着几只碗碟，她已是耄耋之年，大约自始就住在这儿。身后如流的游人仿佛不入其耳，她在水渠边独自濯洗。

水渠的支流汇入了一座方形的水池，这是"牛"几个"胃"中的一个。水面不大，水很清澈，人、屋全被它收纳其中，"胃"实在不小。

　　我进入了一间大户人家的庭院，里面随处可见的是沧桑，但它昔日的辉煌还是从那雕龙的房梁、有些许金色据说曾镀着黄金的门扇和宽敞的走廊中散发出来，这是它难以改变的气质。走廊对面的墙上，隐约可见"毛主席万岁"几个字，原来革命的潮水也曾在这里涌动。

　　在极少数富贵人家的房屋反衬下，其余的房屋显得格外素雅、质朴。

　　远远地，我看见两根大树；近些，我看清了，是两棵银杏，何止是大，简直是参天。据说，多年前村里举办红白喜事都得在树下绕一圈，两棵500年的古树见证了这里人事的变迁和村庄的发展。这是"牛"的"角"。

　　再抬眼远眺，是山，朦胧的。胸腔里装满了宏村的空气，我已不知是梦是醒。

　　踏在宏村的石板路上，好像踏足在时间的长河里；行走在宏村的古巷间，如同在画中穿行；深藏在记忆中的旅痕点点，是生命最美好的体验与过往。心怀宏村，怀藏美丽。

　　文似看山不喜平，才下峻岭又高峰。攀山越岭，让叙述变得跌宕起伏、摇曳生姿。

　　平时练笔，时时练之；考场作文，一蹴而就。

（四）尺水兴波

　　我们再来看一则以"尺水兴波"为构思要点的作文课例。

1. 整理导入

　　文似看山不喜平，才下峻岭又高峰，曲径通幽花满路，独上高楼看明月。

　　根据行文对象和内容的差异，我们时常会选用不同的结构方式来摆布文章的思路。尤其是记叙文，常见的结构形式有：板块连缀、攀山越岭、一波三折、双线交织、双轨运行、层层环湖、烟花绽放、前后圆融等。

2. 审题定位

　　今天，我们着重和同学们一起来看看"尺水兴波"的结构方式。"尺水兴波"是把一篇记叙文当成一条河，我们当导游，写作的过程就是导游带领游客（读者）来到河边、漂浮其上、触摸其水、沉浸其中、腾跃其上，起伏变化，一波三折的过程。

　　"尺水兴波"，可以是情节波、悬念波、冲突波、突变波。这节课，我们重点从情节波下手，来捋一捋一篇记叙文的行文思路。

首先，请阅读以下作文题：

苏轼漫步："何夜无月？何处无竹柏？但少闲人如吾两人者耳。"

舟子喃喃："莫说相公痴，更有痴似相公者！"

郑燮感慨："由外望内，是一种境地；由中望外，又是一种境地。予以为，学者诚能八面玲珑，千古文章之道，不出于是，岂独画乎？"

请以《换个角度看_____》为标题，写一篇文章。

要求：记叙文；体现真情实感；不少于600字。

通常情况下，一道作文题由题干、题目、要求三部分组合而成。请认真审题，慎重选材，搭建结构。

3.学习范文

为理顺结构，我们先来看一组范文的结构摆布。

（1）阅读《记承天寺夜游》（苏轼），从选材的角度，判断文章由哪几部分组合而成。

记承天寺夜游
（宋）苏轼

元丰六年十月十二日夜，解衣欲睡，月色入户，欣然起行。（境）念无与为乐者，遂至承天寺寻张怀民。怀民亦未寝，相与步于中庭。（事）庭下如积水空明，水中藻、荇交横，盖竹柏影也。何夜无月？（景）何处无竹柏？但少闲人如吾两人者耳。（情）

文章由环境、故事、风景、情感四部分组合而成。

（2）阅读《湖心亭看雪》（张岱）、《游江》（郑燮），判断文章的内容组成。

湖心亭看雪
（明）张岱

崇祯五年十二月，余住西湖。大雪三日，湖中人鸟声俱绝。（境）是日更定矣，余挐一小舟，拥毳衣炉火，独往湖心亭看雪。（事）雾凇沆砀，天与云与山与水，上下一白。湖上影子，惟长堤一痕，湖心亭一点，与余舟一芥，舟中人两三粒而已。（景）

到亭上，有两人铺毡对坐，一童子烧酒，炉正沸。见余大惊喜，曰："湖中焉得更有此人！"拉余同饮。余强饮三大白而别。问其姓氏，是金陵人，客此。（事）及下船，舟子喃喃曰："莫说相公痴，更有痴似相公者！"（情）

游　江
（清）郑燮

昨游江上，见修竹数千株，其中有茅屋，有棋声，有茶烟飘扬而出，心窃乐之。（境）次日，过访其家，见琴书几席净好无尘，作一片豆绿色，盖竹光相射故也。（事）静坐许久，从竹缝中向外而窥，见青山大江，风帆渔艇，又有苇洲，有耕犁，有饁妇，有二小儿戏于沙上，犬立岸旁，如相守者，直是小李将军画意，悬挂于竹枝竹叶间也。（景）由外望内，是一种境地；由中望外，又是一种境地。予以为，学者诚能八面玲珑，千古文章之道，不出于是，岂独画乎？（情）

以上三篇记叙文，在选材上都由环境、故事、风景、情感四部分组合而成，但其中的顺序与节奏有所变化。

（3）阅读《记承天寺夜游》（苏轼），看作者是怎样摆布行文结构的。

记承天寺夜游
（宋）苏轼

元丰六年十月十二日夜，解衣欲睡，月色入户，欣然起行。（**预期目标**）念无与为乐者，（**设置障碍**）遂至承天寺寻张怀民。怀民亦未寝，相与步于中庭。（**讲述故事**）庭下如积水空明，水中藻、荇交横，盖竹柏影也。何夜无月？（**翻出新意**）何处无竹柏？但少闲人如吾两人者耳。（**达成目标**）

文章由环境、故事、风景、情感四部分组合而成。

（4）阅读《湖心亭看雪》（张岱）、《游江》（郑燮），判断文章的内容组成。

湖心亭看雪
（明）张岱

崇祯五年十二月，余住西湖。（**预期目标**）大雪三日，湖中人鸟声俱绝。

（**设置障碍**）是日更定矣，余挐一小舟，拥毳衣炉火，独往湖心亭看雪。（**讲述故事**）雾凇沆砀，天与云与山与水，上下一白。湖上影子，惟长堤一痕，湖心亭一点，与余舟一芥，舟中人两三粒而已。（**翻出新意**）

到亭上，有两人铺毡对坐，一童子烧酒，炉正沸。见余大惊喜，曰："湖中焉得更有此人！"拉余同饮。余强饮三大白而别。问其姓氏，是金陵人，客此。（**讲述故事**）及下船，舟子喃喃曰："莫说相公痴，更有痴似相公者！"（**达成目标**）

游 江
（清）郑燮

昨游江上，见修竹数千株，其中有茅屋，有棋声，有茶烟飘扬而出，心窃乐之。（**设置情境**）（**预期目标**）次日，过访其家，见琴书几席净好无尘，作一片豆绿色，盖竹光相射故也。（**讲述故事**）静坐许久，从竹缝中向外而窥，见青山大江，风帆渔艇，又有芦洲，有耕犁，有饁妇，有二小儿戏于沙上，犬立岸旁，如相守者，直是小李将军画意，悬挂于竹枝竹叶间也。（**翻出新意**）由外望内，是一种境地；由中望外，又是一种境地。予以为，学者诚能八面玲珑，千古文章之道，不出于是，岂独画乎？（**达成目标**）

以上三篇记叙文，从结构上看，遵循了一定的顺序与节奏，都是先设置一番情境，预期一个目标，然后展开故事讲述。为了避免平淡，又在情节上设置了一些障碍，使行文产生了一些波澜。最后通过讲述故事，达到预期的目标，可谓"尺水兴波"，摇曳生姿。（图3-2-9）

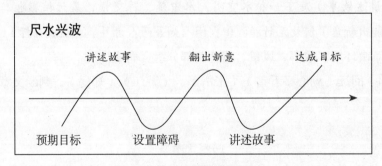

图3-2-9 尺水兴波构思简图1

4. 搭建结构

请同学们根据题目要求，自行选材，画出结构示意图，并写成600字左右的文章。

下面是刘佳凌同学的作文《两场竞赛》的示意图及习作（文略），供大家参考。

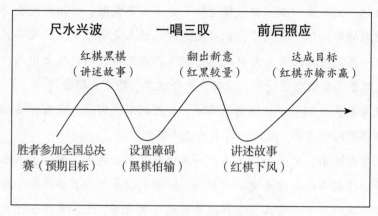

图3-2-10　尺水兴波构思简图2

流畅的文字、动人的故事、自然的场景、<u>丝丝</u>的波澜，没有一处是赘笔。前面所有的细节描写都有深意，都是文章有力的铺垫，最耀眼的是最后一段文字，它所激起的光芒笼罩全文，这就是"尺水兴波"的妙处。

（五）双线交织

叙事类的文本，如果只是单线条地陈述故事，难免会给人单调无味的感觉。如果进行双线条的处理，既充实故事，又丰富行文，读者读起来才会兴趣盎然。

双线交织，类型繁多，可以是人物的交织、故事的交织，也可以是时间的交错、空间的交织、情景的交融等。

我与赛里木湖有个约会

常州市金坛区华罗庚实验学校　九（3）班　王思博

清澈的赛里木湖，有着"大西洋最后一滴眼泪"的美誉。照片上，那里三面环山，青草遍地，湖上日出，也有一番独特的韵致。

一大早，我们便乘车前往赛里木湖。从车上向后望去，群山连绵，而后又透出一抹红晕。车子疾驰，不一会儿便来到湖的西岸。

我迫不及待地冲下车，踏上草地，隐隐望见那抹红晕越来越鲜艳，周围的天际已被染红，青山则显得越来越黑。我再向前跑去，映入眼帘的是一望无际的赛里木湖。此时，初升的太阳已露了些许"真面目"，湖水在波光粼粼中，鲜红得耀眼。

我面朝湖面，将手高高举起，妈妈站在身后，迅速捕捉下我的样貌。在红日的映衬下，我便似个"掷铁饼者"了。不知不觉间，太阳已完全升上天空了，遮挡它的群山似乎不见了，红日的光辉已让人无法直视，湖面一片赤朱丹彤……有一匹马飞奔而来，大口地喘着粗气。我足蹬马鞍，跃上这马，它竟十分温驯。我在马背上摆出造型，这使我十分欣喜，还有点骄傲。

天光大亮，我们来到一块新的草地。这里的草，繁茂，还有许多雨露的气息。我在这里到处跑着，跳着，留下了欢声笑语。

我又望向湖水，它是如此亮丽，一片碧蓝。我走近看，倒影投入水中，我俯下身子，捡起石块丢进水中，"扑通"一声，跳出了许多小水珠，荡起了一圈圈波纹。又一片石子飞入，它弹跳着前进了五六下，沉入水中，于是，水面上便漾起笑的涟漪。水中的我摇摇晃晃地笑着。

向左仰望，高耸入云的雪山那么真切，却又那么遥远。我情不自禁地向它跑去，似乎越来越近，可是，良久，仍是可望而不可即。我遗憾地往回走，边走边回望那巅峰处的雪，只是兴叹。

终于拍照合影了。我们"一"字站好，面露微笑。照片中的我，后有极近的雪山，右有明亮澄澈的湖水，脚下青青的草地，都是美丽的。拍完合影，我又心血来潮，去湖边捡石头了——黑的，白的，或者二者兼备的……奇形怪状，一应俱全。什么都想要，却又感觉还有更好的。

明镜般的赛里木湖啊！这是我魂牵梦绕的地方。这次约会，如此欢腾，又如此宁静。大美，赛里木湖！

人湖交织，湖人合一，结构清晰，饱满精致。

我与阳光有个约会

常州市金坛区华罗庚实验学校　九（3）班　吴韦朴

阳光洒向大地，温暖了全身，这无疑是一种曼妙的享受。

小时候喜欢在阳光下玩耍。每当阳光照在身上的时候，总让我有一种欣喜之情。尤其在春天，刚刚摆脱了冬日的严寒，褪去了身上厚重的衣裳，不由得用全身去感受阳光带来的融融暖意，不由得蹦蹦跳跳，跑来跑去，想着：这里有阳光，那里有阳光……恨不得将阳光都占为己有了。

上课时最喜欢沐着阳光。上课时，坐在靠窗的位置，总有一缕两缕，或是一片的阳光透过窗户照在课桌上，有时候正好斜斜地射在某个或某行字上，熠熠生辉，就好像在呼唤我，让我去寻找它的身影。阳光在早读课时最为调皮，抬头望去，黑板上、讲台上、老师的脸上……阳光的身影无处不在，照出一片金黄但又不刺眼的光辉。读书的时候，总喜欢将正在读的字对着一缕阳光，读到哪儿照到哪儿，同桌总是问我："你在干什么呢？"我笑而答之："在读阳光呢！"当老师讲课时，我感受到阳光照在肌肤上，仿佛把答案照入了我心中，精神也饱满了。

最喜欢的便是雨后初晴。当阳光穿过乌黑厚实的云层，就像一道利剑，刺破了那重重艰难险阻，重回大地，沉闷的空气不知不觉变得清新空明。阳光先是一缕一缕，之后便多了起来，变成了一片两片，乌黑的云层逐渐淡化最后消失不见，阳光重新普照大地了。那刚经受了风雨侵袭的树、草，又逐渐恢复了以往的生机，阳光照在雨露上，折射出亮丽的光芒，照入了我心，让我的心情也愈发畅快起来。心中的阳光，滋味无限！

总是想念那温暖的阳光，想念它带来的暖、爱与美，那么，何不时时与它约会，感受它给心灵带来的慰藉与能量呢？

一边是我，一边是阳光，两者双线交织，共同推进文章的展开与深入，甚美！

（六）步步登塔

步步登塔，是指以一个事物、一个人物或一种情结为基点，引领读者拾级而上，步步登高，让读者仿佛攀登一座高塔，渐高渐险，渐高渐美！

球鞋情结

常州市金坛区华罗庚实验学校 九（3）班 陈易达

不知道从什么时候起，球鞋闯进了我的生活。

儿时，一双能在夜晚闪闪发光的球鞋是我的梦想。那时因为年龄小，"名牌"这个概念尚未在脑海中萌芽，颜色明晃晃、鞋底亮闪闪是我判断一双鞋好坏的必要因素、唯一标准。最喜欢傍晚穿着一双闪光发亮的球鞋，与几个小伙伴在小区里奔跑、嬉戏，鞋子如同繁星一般，五光十色，光彩照人。

上了小学之后，花哨的发光球鞋在我心中变得幼稚、俗气，一双有"√"或者有"三条杠"的球鞋成了同学们心中的主流，它们也霸占了我心中的第一名和第二名。在学校，但凡一个同学的鞋上有了这两个标记中的一个，那个同学瞬间就能摇身变成闪耀的巨星，成为大家目光的焦点，享受着众星捧月般的待遇。那时的我，做梦都想什么时候自己也能成为一个脚上有"√"的人。对我来说，这不仅是一个标志，一个象征，更是一种情结！

上了初中之后，脚上有"√"的人随处可见，有"三条杠"的人遍地都是，这自然也使它们的标志情结在我心中瓦解，一双引领潮流的球鞋成为我的不二之选。时代潮流不停涌动，变化多端，球鞋也一款又一款地不断更新换代，我对球鞋的热爱没有在这一代又一代的更替中减少，也没有在越来越高的价格中消散。为了得到一双梦寐以求的球鞋，我可以放弃玩乐，抛开网络，一心一意努力学习。在离目标一步一步越来越近时，我仿佛看到那双球鞋就摆在我的前方，伸手就可以碰到。当给父母拿去优异的成绩单时，便代表我心仪的球鞋即将乘着快递向我飞奔而来。在等候的日子里，我兴奋得寝食难安，查物流成了比呼吸还频繁的头等大事。终于，球鞋到了，我迫不及待地拆开鞋盒，捧着球鞋——它是多么新潮，穿上它，将是多么完美！这种感觉，让我飘飘欲仙。

球鞋，陪伴着我成长，它的变化轨迹也是我内心的成长轨迹，我也因此与它结下了根深蒂固的情结！

时间的脚步

常州市金坛区华罗庚实验学校　九（3）班　王思博

她，有一个幸福的家庭。

她出身于上海的一个大户人家。小时候，她过着快乐的生活，无忧无虑，可不幸降临，猛烈的炮火使她家道中落，不得不跟随父母离开上海。几经辗转，她终于在我们这儿的小城落脚，躲避战火。

她那时十二三岁吧，家中实在太贫穷了，父母没办法，只得把她送出去。她只记得，那几天天空布满阴霾，时不时还刮起大风，好像就是这大风把她和父母吹散的。远处传来隆隆的炮火声，这更使她害怕，可是最终，她还是和父母分离了，成了别人家的童养媳。她哭过，也想过轻生，但终没有去做——她觉得那样不太对得起自己的父母。

那是几天里唯一天空放晴的日子，她去田野里劳作，忽然看到杂草丛中的石缝里开出了一朵紫红色的野花，好奇的她便探身下去看。她摘下这朵花，把它别在头上，她想：小花能从石缝中开出，还这么美丽，那么，我也能！

从那以后，她便乐观起来。那时正是五月，"田家少闲月，五月人倍忙。"她和那些大人们一同劳作，"晨兴理荒秽，带月荷锄归"。有时，她也会在空闲时分去田埂的那片池塘里摸螺蛳，她总会戴上一朵花。她脱下鞋子，走进池塘，伸手在泥缝里摸索。她也会在池塘边，和水里的鱼儿，和清风对话，也有时和树上的鸟儿嬉戏。玩够了，她唱着歌，笑着，带着一篮子螺蛳回家。那是她20岁时的景况。

不幸再一次降临。一日，她的丈夫出门，天空一声惊雷，他被吓得倒在地上，从此只躲在家里，不再出门。她很无奈，只得自己养起7个儿女。她仍会戴着一朵路边的野花。在那个特殊时期，她烧得一手好菜，手脚麻利，于是便去了食堂工作。每日吆喝一声，劳累的农民就走入食堂，有说有笑，她也和大家一同说笑，似乎忘记了家中的痛苦。

孙女的父母出去工作了，她陪着她；家里的钱不够了，她去卖菜；生活太艰苦了，她向一朵野花来倾诉。似乎无论发生什么，她都能从容应对。

这便是我的老太，而今她已是94岁的高龄。她视力不好，走路也跌跌撞撞，可她身体还很康健，买菜也可根据触觉来分辨。她仍是那么乐观，仍喜欢戴朵野花，也很乐意和家人分享自己的人生体验。

时间流逝着，老太的容貌有所改变，可她对生活的乐观态度一直没有变。她或许只是一朵野花，大字不识一个，但她的人生却开出了百花的色彩，牡丹的高贵！

情结难写，时间难绘。两篇习作，两个聪明的小作者，一个紧紧抓住球鞋拾级登高，一个紧紧扣住老太的乐观登高寻美，就像步步登塔一般，一边满足读者的好奇心，一边充实读者的审美感。

（七）层层环湖

层层环湖，是指由内而外，或由外而内，一层一层推进故事或画面的展开。

胡同的台阶

常州市金坛区华罗庚实验学校　九（3）班　王思博

看北京的中轴。

我站在景山脚下，看向山顶，漫长的台阶令我吃惊不小，但为了观北京之雄阔，我还是向上走着。青石板的台阶，踩在脚下发出"嗒嗒"的声音，一开始声调还算急促，渐渐地慢了下来。我气喘吁吁，只能望见前面是一片绿，不知还有多远，心里畏惧起来了。正月的风刮在身上，冷飕飕的，刮在脸上，好像刀割一般，身上又出了点儿汗，感觉有几分冻人。

终于到了山顶，一块不大的地方却挤满了人。他们或喧哗着，发出令人厌烦的声响，或不停地照着相，闪光灯一闪一闪刺着眼睛，还有些小孩子，追逐打闹，全然不顾危险。好容易能看到风景了，我却早已没了兴致，草草观了中轴线，微微扫了几眼故宫，略略想了想"欲穷千里目"，便下了山。仔细回想，在高大的台阶上，只有些许故宫的淡淡的轮廓，心里不免觉得空虚得很。

那么，去胡同看看吧！

拿一串糖葫芦，漫无目的地在胡同里走着，心情都是舒畅的。北京的胡同蜿蜒曲折，时而往左，时而向右，忽地又拐到另一条道上去了。"雨儿""冒儿""黑芝麻"，名字不同，却无一例外地安静着。眼前除去蓝蓝的天，只有灰黑的墙，灰黑的路。糖葫芦酸酸甜甜，吃在嘴里，甜在心头。

路两旁全是四合院，院门大多虚掩着，偶有老人坐于院门，泡一壶清茶，看来来往往的行人。门前的台阶也是青石板，却只有一两级，似乎这样，他们便可与路上的行人打招呼了——住在这里的大多是老人，他们过着朴素的生活，邻居之间时不时地串门，文雅的谈吐不会惊扰到任何人。偶尔传来"喵"的一声，声音又化入行经的微风中，消失不见了。

胡同深处有一家小小的咖啡店，我踏上台阶走了进去，点了一杯咖啡，坐在书桌前品着书。外面的人依旧稀少，似乎这样的地方才是润泽心灵之处。雪落下来了，也是无声。我知道，就在那不远处，繁华的街道上，它来不及停留，也不可能停留；只有在这样的地方，它才能悉心地装点万物，铺在瓦上，铺在院中，亦铺在门前的那一两级台阶上。这样寂静的日子，倾听雪落下的声音，心间充溢着的是淡淡的素，轻轻的雅。

忽然间明白了，景山上虽然台阶又高又多，但那是众人去追寻的，最多只能给人一点点虚无的影子；胡同里，即使台阶低矮，也在不经意间用纯粹的美给人韵致。

雪落着，我再次踏上胡同的台阶，走进一间屋子。屋暖，坐下，遥看深邃的巷子，远远延伸，又形成了四合的大院子。此时，耳边传来小猫轻轻的叫声……

《胡同的台阶》以景山为站点，俯瞰北京的中轴，环眺四周，层层缩小，最后定位在胡同，描写胡同中的台阶，细数其中的人物风情、故事细节，最后再回到四合的院子，一层层，一环环，画面清晰，意境迷人，妙极！

（八）前后圆融

前后圆融，是把中心事物作为起点，然后虚设一圈类似于环形的路线，作者牵引我们环湖而行，一路风景一路美，最后回到起点（也是终点），前后圆融。

为60天阳光起舞
常州市金坛区华罗庚实验学校　九（3）班　孙蕴之

60天的暑假，那是难熬的时光，一旦暑气蒸上来了，人便浑身难受，每一寸皮肤都像被烙铁按住了。我们会尽量避免把皮肤暴露在阳光下，觉得多暴露一会儿都会烤出个洞。我们也不爱出去了，满天白亮亮的光，刺得人睁不开眼。老师的办公室成了我们向往的天堂，不为别的，就为那里空调喷出的凉风。所以下课，哪怕老师那儿没什么事要我们做，我们也会跑到办公室里贪一丝凉气。

相比之下，蝉便十分奇异，整日用同一个调子在外面嘶鸣。蝉脾气急，有一次我看见一只蝉一边扭动身子脱壳，一边就急不可耐地叫开了。蝉多势众，蝉总爱聚在一起，一起叫一起停，默契得像一只蝉。异口同声嘛，声同口异，同中有异，总是能听出些不同来。这一只比那一只声音哑些，那一只比这一只声音亮些——但终究是很整齐的。睁开眼看，一树浓密的绿叶，闭着眼听，一树聒噪的蝉鸣。

人蜗居在家中，鸟在树荫下纳凉，唯有蝉，成天不知疲倦地嘶鸣。叫一会儿，停一会儿；停一会儿，又不歇气地叫下去。七月、八月的每个日子，都有这恼人的蝉鸣。

一次上生物课，讲完全变态动物，同学知道"变态"的特殊含义，哄堂大笑。我在一片笑声中，听见大多数人漏下的一句话：

蝉属不完全变态类昆虫，通常在土中待上几年甚至十几年，羽化后的幼蝉最长寿命可达60—70天。

恍然大悟。

蛰伏了那么久，看见太阳的时日却不过60天。60天！脱壳，求偶，交配，产卵，人类需要长达几十年做的事，蝉要在短短的60天中完成，它们每日声声叫唤，叫着太阳，叫着夏天，也是在叫着生命。我想起捉蝉时，它死死抠住树干不肯放，因为它懂得活着的重要，懂得阳光的美妙。它不可以随随便便、不明不白地再次遁入黑暗，它要活下去，它还有许许多多的事没有完成。我常想，虚度光阴的人，成天游手好闲、无所事事，这在蝉看来必是不可思议。生命短暂才知可贵，只有失去才会珍惜。蝉痴痴地爱着阳光，它闻着阳光温暖的香气破土而出。当所有生物对阳光避之不及，蝉在枝头高声咏唱，赞美阳光，赞美生命。这不是一只蝉的心血来潮，而是所有蝉的共识。蝉是惜时的代名词，是以追求阳光为目的的群体。蝉很渺小，也很伟大。

八月，伫立树下，耳贴伏树干，凝神谛听。蝉的嘶鸣，流动在树的身躯中，犹如奔流的血液。

这是60天以来，蝉最后的起舞。而我的60天暑假，似乎也没那么难熬了。

60天的暑假，因为蝉的60天的历练故事而变得不那么难熬；心底的真诚与欢喜，因为童心的欢悦与纯粹而保持。主题明确，前后圆融，一切刚刚好。

三、语言图式：言语是心灵的图画

当然，有了丰满的素材和科学的构思，仍需要优美的语言来承载，这样才能形成相对完整的文章。精读课内文本时，教师应时常提醒学生批画文中佳词妙句，积累特殊句式，形成自己的词汇库与句式库，并在自己的文章中适时呈现。

（一）对照句

10年前，我们搬进这座高层建筑时，还依稀可辨往日的荒芜；/如今，鳞次栉比的高楼和变幻莫测的霓虹灯已经把萋萋的荒草、幽幽的土路永远留给了昨天的记忆。

诚然，我们不可能重新回到农业社会自给自足的生活方式中去，/但是，我们能不能用心去贴近自然呢？

（杜卫东《明天不封阳台》）

（二）扩展句

人，本是自然界的一部分，但人们仿佛走进了一个怪圈，一个悖论。/一方面，人用自己的双手创造了辉煌的物质文明，//同时，因为物质文明的高度发达，又日渐与自然界相分离，于是，人们在精神上便有了一种失落感。

（杜卫东《明天不封阳台》）

它静默无声。/但在它飞舞的时候，我们似乎听见了千百万人马的呼号和脚步声，大海的汹涌的波涛声，森林的狂吼声，//有时又似乎听见了情人的窃窃的密语声，礼拜堂的平静的晚祷声，花园里的欢乐的鸟歌声……它所带来的是阴沉与严寒。/但在它的飞舞的姿态中，我们看见了慈善的母亲，柔和的情人，活泼的孩子，//微笑的花，温暖的太阳，静默的晚霞……

（鲁彦《雪》）

此外，还有浓缩句、排比句、类比句、转折句、因果句，等等。言语是心灵的图画，教师时常给学生句式的引导，并启发学生在写作文时运用这些句式，慢慢成为驾驭语言文字的高手，那么，丰厚的素材和巧妙的构思就有了优秀的载体，习作就会内容饱满，思路清晰，文采斐然。

形象的力量往往大于思想的力量。图式作文，正是要让作文的内容、构思、表达等变得可视化、可思化、可操作化，进而在写作者头脑中形成形象化的认知结构与具体化的思维框架，最终使写作文变成快乐的旅程。

第三节　千古文章意为先

立意是指一篇文章所确立的文意，它包括文章的思想内容、构思设想、写作意图等。立意产生于写作之前，区别于一般意义上所说的主题，是指作品的中心思想和文章的中心论点及基本观点。主题没有立意的全部特征，立意大于主题，包含主题思想，立意可以包含多重主题。

对学生习作来说，立意的要求主要有以下几个方面。

一、正确

正确是立意的基本要求。正确是指所确立的主题应反映自然的本质和规律，彰显生活的本质和主流，符合自然和社会的发展规律。

二、明确

立意是统摄全篇文章的总纲，必须单纯明确。所确立的主题要旗帜鲜明地表示爱什么，憎什么；赞成什么，反对什么。

三、深刻

深刻是指所确立的主题能反映生活的本质及内部规律，能揭示事物所包含的深刻的思想意义。

四、新颖

新颖是指所确立的主题是作者的新认识、新感受，能给人以新的启示。

当然，正确、明确、深刻、新颖的立意，必须借助于丰富的想象与合理的联想，附着在具体的人、事、物上才有意义。借用刘勰《文心雕龙》中的话，"登山则情满于山，观海则意溢于海，我才之多少，将与风云而并驱矣"，即登上高山，情思中就充溢着山间的景色；看到大海，情意中就出现了海涛汹涌澎湃的风光；想象的才能，好像飞鸟同风云一起并驾齐驱而无法计量。所谓"神用象通，情变所孕"，就是说借助于想象联想来传达深意！下面看几则学生习作。

奔走在积累的丛林之中

常州市金坛区华罗庚实验学校 九（3）班 王思博

有这样一幅漫画：一只小兔子拔萝卜，它拔了两根，都只是小萝卜，在拔第三根时，气喘吁吁却不放弃，因为它知道，自己之前拔的都是为这块"大家伙"而积累。我们也相信：经过努力，小兔子一定会收获满满！

积累是人生的财富。

积累知识。从古到今的那些著名学者，大多有着漫长的人生积淀，经过磨炼，才展示出自己的才华。福楼拜先生说过："才气就是长期的坚持不懈。"此话是不错的。司马迁广泛游历，经受酷刑，撰写《史记》；诸葛亮躬耕南阳，苟全性命，却心系苍生，名传千古；莫泊桑阳光开朗又认真细致，悉心描绘，方成短篇小说之王……积累，不是后退，而是沉浸于学，为之后而努力，当竞争真正开始时，早比那些狂妄自大之人超前甚远。

积累经验。在有了充分的知识储备之后，便要积累自己的生活经验了。而这经验，也不是一点半点就可以让人成熟的，自以为是的年轻人认为自己深谙处事之道，而当事情真正来临时却惊慌失措，总想着逃离。生活的经验也如学习一般，需要长期的积淀。苏轼的人生充满戏剧性，因而有着自己的人生体会。若他不被贬谪，又何以顿悟出自己的人生，又怎能有"大江东去，浪淘尽"的豪迈与"何夜无月？何处无竹柏？但少闲人如吾两人者耳"的豁达？由此看来，积累经验，也是从小流开始，慢慢汇聚，终成大洋。

积累圆满。人生有了知识，有了经验，基本也就圆满了。汪曾祺先生爱画，清丽的笔墨透着素雅；他亦爱写文，清秀的文笔吐露文雅。他的人生早已使他变得纯真。《葡萄月令》描写了葡萄的生长，而他一定就是其中酿成美酒的那一串，最为醇香。每个人都是有棱角、有个性的，学会磨平棱角，才可以更快、更好地走下去。的确，把棱角变成圆弧，自己才会有更多的积累，才可能以素心，归于平淡。

积累的丛林，漫长而曲折，按照自己的方式跑下去，别人永远也追不上。

那么，就这样吧，坚持下去——匀速奔跑，在积累的丛林里，向着美好进发！

积累的丛林，茫茫渺渺，谁人亲眼见过？聪明的小作者把丛林分解成知识、经验、圆满，从三个层面、多个角度，阐释并竭尽想象之能事，引领读者在积累的丛林间漫步、踏花、奔走，言近旨远。

好奇是一种态度
常州市金坛区华罗庚实验学校　九（3）班　王雯萱

我们从第一次开口说话起，最常说的就是"为什么"。伟大的化学家罗蒙诺索夫出身于一个渔民家庭，他从小跟随父亲到海上打鱼，他对大海边发生的所有自然现象都感兴趣。回到家里，他总要问父亲许多问题，"为什么夏季傍晚海面会出现光亮的水纹？""为什么冬夜天空会出现绚丽的北极光？""为什么海水每天两起两落？"……好奇是人类与生俱来的一种天赋，更是一种热爱生活的态度。

那么我们是不是只要有一颗好奇心就可以了呢？当然不是。

好奇贵在坚持。孩提时代的好奇心是自发幼稚的，这种自发幼稚的好奇心一般是不会长久的。爱因斯坦曾说过："纯真的好奇心的火光渐渐熄灭。"这种好奇心只会如电光火石一般，转瞬即逝。只有十年如一日地保持好奇心，不因年龄的增长失去童真，不被外界的繁华迷离双眼，始终保持一颗纯粹的心，对万物充满好奇，才最难能可贵。

好奇贵在探索。只拥有一颗好奇心是不够的，要不断地探索，寻求真相。我国地质学家李四光小时候常常一个人靠着家乡的一些来历不明的石头出奇地遐想，好奇地自问：为什么这里会出现这些孤零零的巨石？它们是借助什么力量来到这儿的呢？后来，李四光走遍了中国的山川河流，做了大量考察与研究，终于断定那些怪石是从遥远的秦岭被冰川带来的，是第四纪冰川的遗迹。不断地探索能使我们学习到许多知识，能让我们在好奇中探索，在探索中学习。

好奇贵在积累。科学家为什么能发明出这么多能给生活带来便利的发明，而我们却不能？科学家的好奇心是对新事物的敏感与探索，是以大量原有经验和知识为基础的。倘若没有知识作为坚强的后盾，那么那些灵感就只能如昙花一现，没有什么作用了。只有当我们的专业知识积累到一定程度，在产生新的想法时，我们才能在脑海中迅速勾勒出一个基本的框架模型，才能确立好要实行的方案，然后朝着这个方向不断努力。就好比大家都期望飞出地球，探索宇宙奥秘，但一般人造不出火箭来实现这个梦想，因为他们没有这方面的知识储备。所以，知识的积累对于好奇来说十分重要，否则只能天马行空地想象。

综上所述，好奇的本质是对生活的热爱，是对真理的追寻，是对世间万物的一种态度。只有拥有一颗好奇心，不断坚持，勇于探索，善于积累，才能把它变为发展的动力，不断前进。

文章的标题《好奇是一种态度》，本身就体现了作者的主要思想。好奇贵在探索、贵在坚持、贵在积累，小作者从不同的角度来充分阐释这一思想，而恰恰就是这三个分论点，充实了主要思想的内涵与意蕴。

大与小

常州市金坛区华罗庚实验学校　九（3）班　吴韦朴

《安徒生童话》自小便读，初读认为它只是童话，哄哄孩子而已。但是，当我最近翻开这落满灰尘的书时，竟然依旧兴致饱满地读了下去。

不得不说，安徒生是一位优秀的作家，看似简单的文笔，却将简单的动物写得活灵活现。而今再读这本书，真正觉得他一手妙笔。

书中的动物都是普通的，我们在生活中也能轻松见到，在安徒生笔下，它们都是积极向上的。丑小鸭没有因为丑陋而自卑，它不断努力，最终成了白天鹅。这看似荒谬，但在孩子看来，它是激励他们向上的力量，告诉他们努力都会有所收获。孩子们视之为宝，一生铭记着这个故事。这是好事，能让他们保持乐观的心态。

再读此书，感悟不止于此。安徒生是天才，有人说《安徒生童话》是一本讽刺大全，并未直接写明，却又似揭发了一切。卖火柴的小女孩孤苦无依，独自蜷缩在冰天雪地中，唯一给她温暖的是擦亮的火柴。她会在这忽明忽暗的火光中得到什么？是逝去的奶奶，还是一顿饱餐？只可惜什么也没有。她希望人们来买她的火柴，却无人驻足，她只能倚在墙角，在幻想美好的景象中死去。

这何尝不是安徒生自己想要的呢？在那灰暗的时代，安徒生经受的全是压迫、混乱，人们处于愚昧之中，安徒生也像这卖火柴的小女孩一般，渴望着安抚，文学便是他唯一的利器。他佯装不经意的言论，实则针砭时弊。那虚荣的统治者，为了自身利益不顾百姓生死；他自我感觉良好，就像穿着新衣的皇帝，不知遮蔽，而安徒生就像那个人群中的小孩，笑着他的蠢笨。安徒生记下这一切，只不过把统治者化作了狼，化作了鹿。他知道自己的作品会带来非议，但他不后悔，他把自己当孩童，静静地在窗口观望着一切。

荣誉与危险总是成正比的，就如"獐死于麝，鹿死于角"，但他挺住了，从默默无闻到闻名于世，他净化了灵魂，灰暗的天空也终究会放晴。

我也愿只做一个小小的孩童，放眼观望这大大的世界。

"大与小"，这样的二元话题并不好写，然而，小作者做了巧妙的处理，以《安徒生童话》为抓手，抓住其中的细节，是为小，揭示其中的主题思想、讽刺手法、创作动机，是为大。这样，大大小小，"我也愿只做一个小小的孩童，放眼观望这大大的世界"就有了张本，也有了落实！

第四节　适合的才是最美的

中学生作文，从模仿始，自创意出。模仿是练基础，选材、构思、立意、表达，四者一样也不能缺，四位一体，则文章才能四平八稳。创意是出新，选材新鲜、构思奇巧、立意深邃、表达灵秀，均是创意作文的诉求。

这里，仅从语言表达的层面来说说创意作文的一些做法。

一、文字有温度，表达要得体

不管是口头语还是书面语，表达得体是基本的追求。在叙事文本中，要使语言得体，就得想办法让文字变得有温度。让我们来看一则案例。

（一）读了再说

那是我带的第一届学生——

儿子：张五芳，你的名字可真俗气啊！

父亲：臭小子，老师的名字是给你叫的吗？还俗气？你才俗气呢！道歉！

儿子：（噘嘴）我、我，我说的是事实嘛……同学们都这么说……

父亲：你再说，看我不揍你嘛！（举起拳头，做揍打样）

老师：没事啦，名字本来就是给人叫的。至于俗气嘛……"五芳"，是五代同堂里的一朵小花——这样理解，就不俗气啦！

父子：（异口同声）老师，实在对不起啊，是我们太俗气了……

（1）阅读以上这段话（两名学生、老师演读），说说三个人物在语言表达上的特点。

儿子说话太直接，老气横秋；父亲说话太粗俗，火气太重；老师说话较得体，化解矛盾。

俗话说"良言一句三冬暖，恶言相向人心寒"，不管是口头语还是书面语，我们都应当做到"文字有温度，表达要得体"。

（2）让我们再来读一段文字。

那是我刚刚走上教师岗位时——

徒弟：邹老师（师傅），我要怎么上阅读课与写作课呀？

师傅：五芳啊，年轻人，不要急啊！你怎么阅读的，你就怎么教学生阅读；你是怎么写作的，你就教学生怎么写作……

徒弟：可是，可是，我不知道要怎么阅读，更不知道要怎么去写作啊……

师傅：所以说，不要急呀！老师自己先要学会阅读，你才能用阅读之法去指导学生阅读；老师自己先要学着写作，你才有经验去引导学生写作啊！

徒弟：那对于不同层次的学生，怎样做分层的引导呢？

师傅："深处种菱浅种稻，不深不浅种荷花"，你好好去揣摩啊！

请说说这段文字在语言表达上的特点。

徒弟，语言直白而迫切；师傅，语言通俗而适切。师徒的表达都做到了适当而得体。

什么样的对象，我们就选用与之相匹配的表达方式和语言体系，即"深处种菱浅种稻，不深不浅种荷花"。适合的表达，才是最好的表达；得体的，就是雅致的。

那么，什么是"不得体"呢？请看丰子恺的漫画《穿了爸爸的衣服》。

表达不得体——

（1）不忠实

（2）不顺眼

（3）老气横秋

（4）装模作样

今天，我们要抛开这些"不得体"，从"表达要得体"这个角度，来尝试创作习作。

我们知道，初中作文常见的文体有四种：记叙文、说明文、议论文、应用文。这节课，我们主要从记叙文的角度，来训练得体语言的表达。

（二）读了再理

（1）首先，让我们来看作文题。

对于世间劳动者来说，有一个摊位摊出油滋滋的鸡蛋饼，有一座瓜棚堆放圆滚滚的绿皮瓜，有一方工地搭建坚挺挺的脚手架……那就是最大的满足与幸福。

请以《世间劳动者》为题，写一篇550字左右的记叙文。

要求：表达得体，形象突出。

①审读题目的组成（题干、题目、要求）；

②判断其中的关键信息（劳动对象、关键事件）；

③梳理作文要求：记叙文、表达得体、形象突出、550字。关键信息是表达得体、形象突出（表达得体了，形象自然就突出了）。

（2）先请同学们选择一名或几名都市劳动者作为本次作文的对象，并梳理表达得体的标准与表达层次。

选择对象：摊鸡蛋饼的妇女、建筑工人、鞋匠、瓜贩、花农、教师、医生、律师……

> 表达得体的基本标准——得其所
>
> 考虑写作对象：适合的，才是最好的。
>
> 考虑读者对象：自然的，才是晓畅的。
>
> 考虑作者身份：真切的，才是灵动的。
>
> ——我手写我心，忌老气横秋

表达层次：一人一事、一人多事、多人一事、多人多事……

（三）读了再写

（1）先来看一篇《摊鸡蛋饼的妇女》，说说它在语言表达上的特点。

油在刺刺地呼喊，铛里的一摊面浆像滑冰运动员，飞快地滑出一个近乎完美的圆。黄灿灿的鸡蛋金牌一样毫不犹豫地扑上去，兴奋地翻一个身，立刻就被鲜花般的酱料和胡椒包围了。成功了，那个妇女为自己的演出赢得了一枚镍币，一个人的早餐大功告成。

这是一个普通的劳动者，就像一只鸡蛋饼跟另一只鸡蛋饼没有什么两样。我感到惊奇的是，有多少这样的摊鸡蛋饼的妇女，默默喂养了城市一个早晨的精、气、神。

她们在锅里烙着城里人热腾腾的生活，什么时候，自己的生活也能如此热辣、劲道？

——殷涛《摊鸡蛋饼的妇女》

这则材料的语言表达与人物形象及个性相吻合，文字有温度，表达较得体。例如，"油在刺刺地呼喊""毫不犹豫地扑上去""兴奋地翻一个身""被鲜花般的酱料和胡椒包围了""呼喊""扑""翻身""包围"，有条理地展现摊鸡蛋饼的过程的完整与成熟；"刺刺""毫不犹豫""兴奋""被鲜花般的酱料和胡椒"，有温度地呈现摊鸡蛋饼的动作的娴熟与老到；加上"一个人的早餐大功告成"，合理而饱满地呈现了一个妇女劳作的最美镜头。这不过是一件街头俗事，然而表达得体而适切，我们仿佛亲眼见到了这一幕。原来，离大地最近的就是这些无名的小花啊！

（2）请你也提起笔来，用合适的语言，描摹你选择的一名或一群世间劳动者的形象。记住，适合的，才是得体的。

（3）学生代表阅读自己所写的片段。

（4）现场点评与诊断。诊断标准——

① 得体："深处种菱浅种稻，不深不浅种荷花"，擅长叙事的就在描写上着力，逻辑严密的就在议论中出彩；心思细密的就深情些，个性活泼的就洒脱些……——忌"这个妹妹在哪里见过"。

② 不装："水浒"不装斯文，"三国"不装信史，"红楼"不装无情，"金瓶"不装圣人，以取回正经为要务的"西游"，也不大装正经。五大门派华山论剑，各展其才，各尽其学，各臻其极，各归神位，各有千秋。——记"适合的才是最好的"。

（四）写了再改

（1）让我们读一读以下两则材料，再修改自己刚刚写的片段，力求合理、得体。

建筑工地上的男人

左肩挑着太阳，右肩担着月亮，汗珠子摔八瓣，泪珠子往肚里咽。除了汗水，他们实在拿不出别的什么。除了钞票，城市实在比家乡好不了什么。

像候鸟一样穿梭在家乡和城市之间。城市沿着你们的目光和双手一天天长高。一些倒霉的兄弟，在某一个清晨像鸟一样摔下来，就永远也爬不上去了。摔碎的，还有每年十五的月亮，和几个圆圆的梦。

他们搭出了城市的骨架，却很少有人看重他们骨头的分量。当汗珠子换不来等价的钞票，他们有时也爬上铁架，为尊严讨一份合理的价格。

建筑工啊，我为此向你们深深鞠躬。

瓜 农

一辆车载着他们绿色的希望。在城市热闹的中心，他们像蝉一样不停地叫卖着清凉与甘甜。甘甜的瓜永远不懂汗水的苦涩，就像城里人永远不懂瓜农的辛酸。

没有人比他们更关心天气。他们汗流浃背，喜形于色。心忧瓜贱愿天热，越是日头毒辣，越是叫喊有劲！

在一个梦里，这些逐日的夸父，赶着这些绿色的小太阳，自信笃笃地走进自己的家园，像幸福一样络绎不绝。

（2）创意的最初，很多时候恰恰来自模仿。请仿照以上两则短文，着重从动词定位、修饰语选用等层面修改自己的片段，力求做到表达合理、得体、顺眼。

（3）改了再读：学生代表朗读修改后的片段。

很显然，改文与原文相比，表达顺畅、合理、得体多了，真可谓"种瓜得瓜，种豆得豆"啊。记住，当我们以《世间劳动者》为题写完整的文章时，可以一人一事、一人多事、多人一事、多人多事……

（五）改了作结

作文的法则千千万，表达得体的基本准则只有合适、不装。不装，就是让自己的文字撒开脚丫子，多说自己的话，多抒自己的情。"明月松间照，清泉石上流。""掬水月在手，弄花香满衣。"字字去斟酌，句句来表意，文字有温度，表达求得体。

体验水平的高低决定创作源泉的荣枯。在习作的道路上，那些善于捕捉生活、敏于想象、匀速奔跑的人，永远值得你追寻。巴金先生说过："写吧，只有写，你才会写。"做个匀速写作（坚持表达）的人，"深处种菱浅种稻，不深不浅种荷花"（阮元），你的文字才会有温度，表达才会更得体。

世间劳动者

常州市金坛区华罗庚实验学校　九（3）班　陈琛源

深灰的门面，大气而朴实，上面是四个白色的隶书大字：上古面道。这是我最爱去的一家面馆。

店不大，但很整洁，一进门就闻到一股面条的香气。墙也漆成深灰，与门面呼应。里面只有五张小木桌，显得十分精致。

老板约莫三十多岁，胡子刮得干干净净，穿着花格子围裙，戴着眼镜，脸上挂着笑，看上去滑稽又可亲。他站起来热情招呼："吃什么面？"声音略有些沙哑。我站在门口将所有的类目浏览一遍，名称刚报一半，只听一声"好的"，他便走入了厨房。

他洗完手，又将锅冲洗一遍，开始煮水。水沸腾了，他抓了一把面，投入水中，水面顿时泛出了一层白沫，他用长长的筷子搅拌几下，撒了些佐料，然后将锅盖上了。接着，他不紧不慢地做起面的浇头来。食材在锅里被猛烈地翻炒着，他挥动铲子的样子就像一位舞枪弄棒的将军。墙上换气用的风扇极缓地转动着，灯光下，阳光产生了一个极淡的影子，这影子随着风扇时钟般的旋转有规律地变换着长短，如同在跳动。他手仍未停，锅与铲碰撞发出金属的脆响，一次又一次地刺激着我的味蕾。那熟悉的气味充满了厨房，慢慢地漫出来，逐渐充满了整个小店。火在舔食着锅底，煮面的锅沿似乎隐隐有白雾溢出。他打开了锅盖，水汽一下子就冲了出来，向上升腾，久久盘旋。尤其是在冬天，小小的室内溢满了氤氲的水雾和面的香气。他用长长的筷子将面捞出，将浇头与之搅拌，然后用双手摇了摇，将大碗稳稳地端来。"嘭"，低沉而微小的一声，面摆在了桌子上。他的鼻尖、额头上闪着光，他用袖子一抹，笑了。

当我双手触碰到滚烫的碗时，浑身战栗了一下，那是温暖涌遍全身的感觉。白色的面条从面汤中露了出来，还有深绿的菜叶和切成小块的肉——我最爱的"酸菜牛肉面"。我将一些面条提出水面，热气和面条就连成了一根长长的、延伸至屋顶的白柱子。待温度适宜，我将面条放入口中，然后吮吸，面条顺着嘴唇向里滑动，一咬，很筋道。酸、辣、鲜美的味道让我早已陶醉其中。

抬头看一眼，他又像我刚来时那样，悠闲地坐着，看起了报纸。煮面与坐着，毫无缝隙地衔接在一起，连贯而平和。

我吃完面，将钱递给他，他找了钱，朝我挥挥手："慢走啊。"语调那么自然，毫无一点修饰，那是发自内心地对自己职业的热爱。

我也朝他挥挥手。明天见。

二、文辞有亮度，表达要优美

文辞的亮度，建立在语言表达有温度的基础上，它是对语言优美度的追求。具体体现为用词的精妙、句式的适切。

（一）用词精妙

1. 妙用叠词

学习了贾平凹的《月迹》片段，学生也尝试用叠词来描绘写作对象：

信步走在校园中，一排排的香樟树洒下幽幽的绿荫。草坪是我未曾见过的，不像我们那里的假草坪或是稀稀疏疏、灰蒙蒙的真草坪，这里的才能称作真正的绿茵场。有着身后大山的滋养，阳光的眷顾，即便没有下过雨，草叶也绿莹莹地散发着迷幻的光泽。各式叫不出名的野花在路边静静地绽放。一切都与这周围的群山浑然一体，天然而纯粹，一切都是淡淡的。没有绚丽的色彩让人眼花缭乱，没有喧嚣的音乐使人头昏脑涨，这才是一个学校应该具备的淡雅之风。宁静悠然的环境才能培养出博大纯粹的胸怀。

（王子衿《淡》）

叠词一出，校园那淡淡的、雅致的风味就呈现出来了。

2. 准用动词

紧挨着大伯的是满满的两筐玉米。每当他无事可做时，总会抱起一根粗壮的玉米棒，掂量一下轻重，小心地从玉米的顶部揭开外衣，露出颗颗透亮而金黄的果实。大伯会擦尽玉米身上的灰尘，将它们按一定的顺序排开放在地上铺好的报纸上。有时阳光恰巧照到地面的玉米堆上，金灿灿的，大伯黝黑的皮肤也显现出幸福而满足的光泽……

有时放学回家，微黄的路灯夹杂着黄昏时分天边慵懒的橘红，我总会看见大伯只身一人清扫好所有的杂物，为自己点上一根烟，静静欣赏起房屋空隙间的暮色。头顶的白色烟雾，袅袅的，似在吐露他心底浅浅的苦涩。

（吴子竞《世间劳动者》）

这些动词，看似清浅，实则厚重，恰到好处地写出了卖玉米大伯的艰辛、用心与情趣。

我端着热腾腾的海蛎煎走在居民楼之间，这些民宅静悄悄的，是清一色的红砖红瓦小尖顶，栅栏上爬满了蔷薇花、凌霄花。它们大多是20世纪的西洋建筑，在阳光的涂抹下像一幅幅油画，充满了神秘的故事感。

（季子禾《旅痕》）

即便是写一趟小小的旅行，小作者的动词选用也精准秀美，恰如其分。

3. 巧用形容词

迎着阳光望去，远处蓝的，白的，红的，黄的……各式各样的小屋子错落有致地点缀在碧水蓝天之下，精致得如积木玩具拼搭出来的一样。几棵椰子树毫不突兀地耸立着，油绿色的宽大树叶在阳光下一闪一闪，像白日里的星光。

沿街向前走，我们去寻找住处，青石铺成的路走起来还有些磕磕绊绊，身后的行李箱发出有节奏的颠簸声，和路旁小贩叫卖热带水果的吆喝声融为一体，听起来竟觉得动听悦耳。

（季子禾《旅痕》）

这一组形容词先从视觉角度描摹小小屋子在暖暖阳光下的多彩有致，宽大椰叶的灵动闪光；再从听觉角度，凸显旅客脚踏青石板的独特体验及小贩们吆喝声的热切。

（二）句式适切

适合描写对象的句式，才是真正优美的句式，我们可以从范例开始，寻找适合自己表达的句式。名著《西游记》中有大量优美的句式，例如，对偶句与排比句，扩展句与浓缩句，口语化与书面化……值得我们研读仿用。

势镇汪洋，威宁瑶海。/势镇汪洋，潮涌银山鱼入穴；威宁瑶海，波翻雪浪蜃离渊。水火方隅高积土，东海之处耸崇巅。丹崖怪石，削壁奇峰。/丹崖上，彩凤双鸣；削壁前，麒麟独卧。峰头时听锦鸡鸣，石窟每观龙出入。林中有寿鹿仙狐，树上有灵禽玄鹤。瑶草奇花不谢，青松翠柏长春。仙桃常结果，修竹每留云。一条涧壑藤萝密，四面原堤草色新。正是百川会处擎天柱，万劫无移大地根。

（第一回）

金丸珠弹，红绽黄肥。/金丸珠弹腊樱桃，色真甘美；红绽黄肥熟梅子，味果香酸。鲜龙眼，肉甜皮薄；火荔枝，核小囊红。林檎碧实连枝献，枇杷缃苞带叶擎。兔头梨子鸡心枣，消渴除烦更解酲。香桃烂杏，美甘甘似玉液琼浆；脆李杨梅，酸荫荫如脂酥膏酪。红囊黑子熟西瓜，四瓣黄皮大柿子。石榴裂破，丹砂粒现火晶珠；芋栗剖开，坚硬肉团金玛瑙。胡桃银杏可传茶，椰子葡萄能做酒。榛松榧柰满盘盛，桔蔗柑橙盈案摆。熟煨山药，烂煮黄精。捣碎茯苓并薏苡，石锅微火漫炊羹。//人间纵有珍馐味，怎比山猴乐更宁！

（第一回）

师：请提取两首诗中的特殊句式，并欣赏其语言特点。

生：出现了大量的对偶句，如"峰头时听锦鸡鸣，石窟每观龙出入""红囊黑子熟西瓜，四瓣黄皮大柿子"，语言整齐，读来朗朗上口。

生：铺陈句。把大量的对偶句加以堆叠，铺陈排比，场面壮观，气势蔚然。

师：判断准确。看看还有什么特殊句式。

生：还有"势镇汪洋，威宁瑶海。势镇汪洋，潮涌银山鱼入穴；威宁瑶海，波翻雪浪蜃离渊"这样的句子，感觉很特别，不清楚它是什么句式。

师：这个句子由两部分组成，"势镇汪洋，威宁瑶海"是主句，起着引领后一句的作用。"势镇汪洋，潮涌银山鱼入穴；威宁瑶海，波翻雪浪蜃离渊"是分句，具体描述前一句的内容。合起来，我们称之为"扩展句"。这样的句式在两首诗中还有，不妨找出来读读。

生："丹崖怪石，削壁奇峰。丹崖上，彩凤双鸣；削壁前，麒麟独卧。""金丸珠弹，红绽黄肥。金丸珠弹腊樱桃，色真甘美；红绽黄肥熟梅子，味果香酸。"

师：扩展句，前总后分，就像一株树枝上的两朵并蒂之花，煞是好看，也为小说营造了生机盎然的氛围。小说中，还有很多写山的诗词，待之后得空研读。

师：小说中的河、洞也写得别具特色。读一读，从句式角度赏一赏它们的语言特色。

东连沙碛，西抵诸番，南达乌戈，北通鞑靼。径过有八百里遥，上下有千万里远。水流一似地翻身，浪滚却如山耸背。洋洋浩浩，漠漠茫茫，/十里遥闻万丈洪。仙槎难到此，莲叶莫能浮。衰草斜阳流曲浦，黄云影日暗长堤。那里得客商来往？何曾有渔叟依栖？平沙无雁落，远岸有猿啼。只是红蓼花繁知景色，白蘋香细任依依。

（第八回）

翠藓堆蓝，白云浮玉，/光摇片片烟霞。虚窗静室，滑凳板生花。乳窟龙珠倚挂，萦回满地奇葩。锅灶傍崖存火迹，樽罍靠案见肴渣。石座石床真可爱，石盆石碗更堪夸。又见那一竿两竿修竹，三点五点梅花。几树青松常带雨，浑然象个人家。

（第一回）

生：排比句"东连沙碛，西抵诸番，南达乌戈，北通鞑靼"，从东西南北四个角度展现流沙河的庞大与辽阔。

生：比喻句"水流一似地翻身，浪滚却如山耸背"生动形象地写出水流翻滚汹涌的情形。

生：反问句"那里得客商来往？何曾有渔叟依栖？"亲切问话，从侧面肯定了流沙河的凶险。

生：老师，还有"洋洋浩浩，漠漠茫茫，十里遥闻万丈洪"，不知道这是什么句式。

师：这句话，先分述两种情况，再总述前两句的内容，我们称之为"浓缩句"。"浓缩句"正好是"扩展句"的反向。

师：总体来说，山水洞天，意象缤纷；花果灵禽，笔走精魂；宇宙洪荒，诗词人生；对偶铺陈，句式丰盈。所有山水洞天诗词的描绘，都为人神鬼怪的出场铺设了恰当的平台，营造了适合的氛围。

师：小说中，还有很多写人物外貌的句子，同学们看这一段，说说描写的是谁。

跳树攀枝，采花觅果；抛弹子，邷么儿，跑沙窝，砌宝塔；赶蜻蜓，扑蚂蜡；参老天，拜菩萨；扯葛藤，编草帴；捉虱子，咬圪蚤；理毛衣，剔指甲；挨的挨，擦的擦；推的推，压的压；扯的扯，拉的拉，青松林下任他顽，绿水涧边随洗濯。

（第一回）

生：花果山小猴。

师：从哪里判断出这是写的小猴？

生：一连串的动作描写，体现了小猴的活泼欢悦。

生：三字语对偶、排比，突出小猴的欢脱灵动。

生：口语化、浅白化的用词，凸显出小猴的洒脱自由。

凛凛威颜多雅秀，佛衣可体如裁就。辉光艳艳满乾坤，结彩纷纷凝宇宙。
朗朗明珠上下排，层层金线穿前后。兜罗四面锦沿边，万样稀奇铺绮绣。
八宝妆花缚钮丝，金环束领攀绒扣。佛天大小列高低，星象尊卑分左右。
玄奘法师大有缘，现前此物堪承受。浑如极乐活罗汉，赛过西方真觉秀。
锡杖叮当斗九环，毗卢帽映多丰厚。诚为佛子不虚传，胜似菩提无诈谬。

（第十二回）

生：唐三藏。

师：与"花果山小猴"相比，这首诗的语言具有什么特点？

生：这首诗七字一句，句式整齐，符合唐三藏端正的样貌、周正的性格。

师：从中可以看出唐三藏的形象特点是什么？

生：慈悲善良、举止文雅、诚心向佛、顽固执着、坚韧不拔。

学生在诵读这些优美的句式后，在自己的习作中试着学用这些句式，美化文本的语言。

悠扬的笛声，裹着平静的湖水，点染着江南的水乡。

最静不过清晨湖面。/游于长荡湖，早晨七八点钟，湖边几乎是听不见声响的。只是偶尔几叶扁舟驶过湖面，船桨轻点湖水，划开一条水纹而产生由大到小的水声。与其说是水声，倒不如说是船桨与水的耳语，被人们听了个只言片语。只是偶尔感觉到微风抚在脸上，湖水那头的芦苇林，缓缓地摇曳着身子而产生沙沙作响的树叶声。与其说是树叶声，倒不如说是芦苇邀请湖水一起晨练，被人们瞥见而害羞的模样。只是偶尔从水中探出一个脑袋，一只野鸭甩了甩身上的湖水，水滴洒落在湖面上，而产生"叮咚"的水声、一朵朵的涟漪。与其说是水声，倒不如说是湖水和野鸭嬉戏，被人们发现而故作淡定。

最炫不过晌午百花。/游于愚池湾，正午是太阳最盛的时候。春天，油菜花抢着映入眼帘，金黄的一片，看得人直花了眼。可配上绿色的枝，反倒多了些清新亮丽的感觉，再邀几只蝴蝶点缀，一汪清水流淌其间，怎么拍都是画卷。

夏天，荷花总是不急不忙，仿佛要等你赏够了百花再来吸引你。墨绿色的荷叶把水面撑得没有一点空隙，荷花苞从绿叶中挣脱出来，即使是绽放，花瓣也要略带些白色，似乎为了与荷叶呼应。荷花亭亭玉立，少不了一两滴露珠滚在其间，那露珠晃晃悠悠，最后消失在荷叶下的河水里。/晌午的太阳，直射入水中，反射出耀眼的金色光芒。哦，波光粼粼，一如灿灿银花。

……

悠扬的笛声，裹着平静的池水，点燃着曼妙的水乡江南。

（吴子竞《江南水乡》）

三、文句有梯度，表达要连贯

语言表达除了要得体、优美外，还要有连贯的追求。连贯的标准有：

话题统一、句序合理、衔接自然、呼应巧妙……

我们来看一则作文题：

日子有苦有甜，生活有满有空，收获有大有小……

请以《甜》为题目，写一篇叙事完整、语言连贯的作文。

先看下面一则范文《满》。

那时候，母亲总在家里，父亲总在家外。（中心话题）（前呼）

父亲就像一个熟悉的客人，前来"拜访"我们的时候，总会带着礼物。

（与话题统一）

他从不知名的远方挑回的担子里有圆滚滚的卷心菜，红白相间的猪肉块，一块撒满碎花儿的土布，一个快要装满彩色圆球糖的玻璃瓶，轻轻摇动一下，就会发出让我口舌生津的可爱声响……

有一次，父亲拉着满满当当的木板车过来，我一看，像是一个打了胜仗的"大王"，身后还多了一群呐喊助威的"大兵小将"。他欣然地卸下一张桌子，说让我写字用；又搬下一条高凳子，凳子下面竟然有个小抽屉，带锁，说可以搬到学校坐，周围无数双眼睛都被它镀亮……那一刻，我无比自豪。（句序合理）

可有时候，他也会两手空空，像打了败仗的士兵，手无寸铁。（衔接自然）

他眼睛里的火光熄灭了，叹息着，灰头灰脸，嘴唇起了白皮儿，他肯定又饥又渴，脸上什么也没少，但就是让人觉得差了什么东西。他的腰身弯如无箭

112

可射的猎弓；疲累得好似一件等待浆洗的脏衣服。

这一天，他做生意亏了本儿，一路风餐露宿，空空荡荡地走回来了；他个子越是高大，越显得臂怀里的空旷冷清。

母亲看到他，不说话，也不笑，她的个子原本有些矮，这时候却像变得更矮。她神色平静，目光柔和，窸窸窣窣地小步快走，从厨房里捧出满满一碗凉开水放到他面前。他"咕嘟咕嘟"一饮而尽，母亲拿走碗，盛来满满一碗饭放到他面前。在我的记忆里，这情景不止一次，这饭有时是面食，有时是白米盖着菜，有时竟是只有节日里才有的大块萝卜炖小块骨头，好像她提前知道他要空着肚子空着手回来似的。当然有时母亲还会特意为他斟上一碗热热的黄酒……看他吃饱喝足、心满意足，我有些不解：母亲怎么像是在犒劳凯旋的将军？（句序合理）

父亲并没有上床休息，而是无牵无挂地枯坐着，看母亲从井水中捞出洗净的衣服，拧干，一件接一件地晾晒到院子里的绳子上。还有摊开的被单，母亲将其搭到绳子上，被单慢慢滴出水，水拉着被单，起初还显得紧致，慢慢地灌满了风，吸足了阳光，它们就如巨大的翅膀般，扑扇着发出富有节奏的、鼓舞人心的"鼓点"，那声音灌满了我们的耳朵。那些红的、绿的、青的、蓝的、白的土布啊，在风中扑扇出阳光的温煦芬芳，挂满了院子。我们这些孩子在这个快乐的"迷宫"里穿梭、奔跑、喊叫、躲藏，惊吓他人，最后以甜美的笑声收场。这时候，父亲的眼中似乎也有了光芒，有了奇迹，有了满足，有了激动。

父亲看着看着就笑了，然后躺到床上，当一块做梦的"石头"，发出惊天动地的呼噜声。

再后来，父亲放下了担子，也放下了木板车，和母亲一样，总在家里，总在庄稼地里，总想着将家填得更满些，更满些。（后应）可是屋子里总是这里还缺一个柜子，那里还少一台收音机，另外一个地方又需要一辆自行车……终于有一天，他们都说："我们老了，那些空着的地方，你们去填满吧……"

我们会的，会把所有需要填满的地方填满，还有他们心里、梦里空着的地方。

但是我又懂得，在那些有他们的地方，其实一直是满满当当的，我们最需要的东西，那里一直不缺不空。（呼应巧妙）

（《满》孙君飞）

从范文中我们可以看出，语言表达连贯的标准具体就是——

话题统一：紧扣标题、紧扣对象、紧扣主题……

句序合理：时间合理、空间合理、逻辑合理……

衔接自然：起承转合、过渡流转、承上启下……

呼应巧妙：伏笔照应、暗示悬念、前后圆融……

以下是一名学生以《甜》为题写的作文。让我们来看看他语言表达连贯的具体表现。

初三的生活，很紧张，也很疲倦，日复一日地在家与学校之间两点一线地往返，在纸笔之间绞尽脑汁。但这样的日常也不乏快乐，一碗白米饭就能给我许多慰藉。

早晨离家后的第十二个小时，我又站在了熟悉的门口，掏出钥匙，插进锁孔，"咔嚓"一转，门"嘎吱"开了，一股浓郁的香味便扑面而来。换鞋，放下书包，洗手，"砰"，陶瓷与玻璃桌面相碰——一碗热腾腾的米饭摆在了桌上。**（句序合理——时间序列）**

碗里堆得鼓鼓的，像个小山包，白色的热气从中源源不断地飘出，弥散在餐桌边不大的空间里，使灯光都有些模糊起来。米吸足了水和热，粒粒圆润饱满，还泛着温暖的光泽。碗很烫手，指尖触及时，一种酥酥麻麻的感觉顿时向上漫延开去，流进血管，流遍全身。我双手捂着碗，瓷碗的弧度与手恰到好处地贴合，让我感到很安全，整个身体都放松下来。**（句序合理——五官序列）**

拿起筷子，挖起一些，送入口中，大米醇厚的香立刻包裹了我。没有任何修饰，这是一种质朴的、富有人情味的味道。7000年前，中国人就开始种植水稻了；7000年后，烹饪方式已经发生了天翻地覆的变化，唯独这碗米饭，从未改变，它平静，却包罗万象。

初入口时，米饭很淡，但咀嚼几下后，一股甜味便散发出来。不同于糖果的甜，米饭的甜如它的外表一般朴素、平和，又能在一瞬间充盈口腔。喉咙上的凸起一动，米饭便向胃中滑去。它从五脏六腑的旁边经过，使我的每个部位都暖起来。**（句序合理——空间序列）**

这是家的甜蜜和温暖。几千年前的人类开始了定居的农耕生活，于是产生了"家"的概念。他们在长江流域种植水稻，米饭，几乎是与"家"一起产生的。千年之后的今天，各种食物层出不穷，"吃饭"的范畴越来越广，但我仍最享受吃"饭"带给我的放松和暖意。**（句序合理——时间序列）**

我身体后仰，靠在椅背上，再将头身后仰，看见妈妈正走过来。灯光下，她的脸如同甘甜的米粒一般，闪着幸福的光亮。（**句序合理——逻辑序列**）

（《甜》陈琛源）

我们看到，句序的合理又可以分为时间合理、空间合理、逻辑合理等。再回观全文可以发现，作者的语言因灵秀而充满了温暖之感。

四、文章有三度，表达要和美

温度、梯度、亮度，这是中学生创意作文语言表达的三级追求。如果能把三者组合在一起，那必将是句群和美的组合。和美的句群，必定是文字合宜有温度，文辞秀美有亮度，文句流畅有梯度的典范。让我们来看几组和美的语篇。

给蜡梅飘香的时间
常州市金坛区华罗庚实验学校　八（9）班　季子禾

近期新型冠状病毒闹得人心惶惶，街上行人寥寥，小区的大门也被封了起来，天色昏昏。（**妙用叠词，语韵丰美**）

受不了家中的沉寂安静与铺天盖地的作业，我溜出了小区外，在旁边的南洲里公园中，漫无目的地游荡。口罩蒙着我的脸，眼前是由于呼吸而爬上眼镜片的雾。

忽然，一抹亮黄色闯入我的眼帘，眼前的雾气锐减了那黄色的明艳，晕出淡黄色的光圈，像圣母头顶上的光环。我静静伫立在风雨桥旁，等待镜片上的雾慢慢散去。眼前之景变得明晰了起来，我眯起眼，是三株蜡梅。沿着花坛绕过去，它们身后还有两株蜡梅，只不过更高大些，花多一些，令人眼前一亮。这两株好似前面三株的父母。我凑近了细看，却发现这些蜡梅都还只是一个一个的小花骨朵，虽多，但都卷在一块儿，似乎是因为害怕这病毒，身子缩着，香味儿也捂在怀里，一丝不漏。我摘了口罩细闻，却未曾闻得半点梅香，我只好闷闷地转过身去。那明黄色没了香气的衬托，显得格外虚无缥缈。又想起前些天听到的一首歌，叫《梅香如故》，如此想来，哪是"如故"，竟是"不复"！嘴里嘟囔着，顶着眼前一片雾，看那黄色，竟也渐渐淡了。（**散文，可以尝试尽可能多地运用叠词，增添行文的情趣、美趣与妙趣，也展现语言的张力与魅力**）

一天过去，又是一天，如此循环。我们家那株从楼下摘回的蜡梅已经完全打开了，呼吸了几天新鲜空气，便隔三岔五地掉下一朵，"噗"的一声，好像它是心甘情愿的。那颜色也渐渐淡了，像暗黄的糊窗纸，比不得那样秋香色的软烟罗了。我看它垂头丧气，我也垂头丧气，因而又萌生出去访那片蜡梅的想法来。又循迹而去，远远望见古色古香的风雨桥边染着点点金黄，像烟花炸出来的火星。

从水道宫后边绕出来，空气中便如游蛇一般游出那香气来。我要学贾宝玉跌足大笑："好了，好了，这回却是'梅香如故'了！"我访得蜡梅香估计不亚于贾宝玉寻得美人妆。走近细看，朵朵小花晶莹剔透，想来我文笔拙劣，此刻实在是想不出该用何词何句描写这蜡梅的美丽，脑子中只有麝月给宝玉、彩霞给贾环剪出来的蜡花。蜡花什么样没见过，但我猜它也就是这蜡梅花的样子吧。这香气用汪曾祺先生的话讲，就是"香得掸都掸不开"，有花的娇艳香甜，更有梅的清寒孤傲，这香，是时间的沉淀。（**揭示标题的内蕴**）有的花，香味是一点一点酝酿开来的，而有的花，譬如这样的蜡梅，却似乎是一种爆发，"啪"一声，打翻了装满香气的花瓣，而那小小的花瓣也浸没在这香甜之中，被时间一层层地镀色，亮得像太阳的光辉，点亮了昏暗的天空。（**细节，彰显蜡梅飘香的与众不同**）

整个天空都是金黄色的呀，一闪一闪的蜡梅香啊，撑破了凝固着的空气，赶走了我眼前的雾气。

给蜡梅飘香的时间，缥缈尘埃，芬芳整个世界。（**动词要选用适合文章语境的词**）

寻访、想象、探秘，一路走，一路赏，也正好有了结识蜡梅的时机，更给了蜡梅飘香的时间，内容与构思的处理甚妙！

给大蒜休息的时间

常州市金坛区华罗庚实验学校　九（9）班　周庄文

一天，妈妈下班回家时带了几颗大蒜种子，随手插在土中（**看似不经意，实则有深意**），过了几天，那大蒜便长出来了。

大蒜很快便派上了用场。妈妈每天中午烧饭时，都会用剪刀麻利地剪一把大蒜叶子带到厨房里，忙了一阵后，一桌饭菜便被摆出来了。大蒜被撒在热气腾腾的各式菜肴上当作点缀，使得饭菜别有风味。**（相信这种感觉，也仿佛看到飘香的大蒜）** 妈妈每天都要到大蒜那儿光顾一次，剪下大蒜便一头钻进厨房，打开抽油烟机，在她的灶台上，上下翻飞她的锅铲，"创作"各种佳肴。这些佳肴中，必然少不了那一味大蒜。那些大蒜也十分争气，长得十分旺盛，剪一茬长一茬，根茎粗壮，绿油油的，个个昂首挺胸，仿佛有着无穷的生机。**（细节描写，有情有味）**

就这样过了好久，忽然有一天，妈妈中午回来又准备剪大蒜时，却发现平日里疯长的大蒜竟然不长了。我也走过去一瞧，果然，刚被剪过一茬的大蒜仿佛没有了动力，短短的，还耷拉着脑袋，一副大罢工的样子。妈妈也没有想到，一下子怔住了。最后，她慢慢踱走，去了厨房，脚步也没有以往那样匆忙了。由于大蒜的罢工，大蒜炒羊肉也做不成了。妈妈也久违般地歇了下来，一改以往的忙碌。**（事情发生了转折，写出了妈妈"被迫"得到了一段休闲时光——这也正是题中之义）**

过了几天，妈妈仿佛适应了大蒜的罢工。令我惊讶的是，随着大蒜的罢工，妈妈也仿佛变了一个人。以前她干什么事都是火急火燎的，走路快得像闪电，十分忙碌，没有休息的时候，而现在，她脚步放缓了，经常坐在沙发上歇息，没有了以往的忙碌，脾气也变得温和了。**（对比，通过样子、脚步、脾气来描述休闲中妈妈的变化）** 大蒜刚停长时，她每天都要去检查，看到大蒜仍保持原样时，便一副痛心疾首的样子，但是现在，她已不常去大蒜那儿了。我在心中默默想，这不仅是给了大蒜休息的机会，也给了妈妈一个休息的机会啊。**（直接点题，恰到好处）** 也是，妈妈一年到头都十分忙，白天在单位忙，晚上在家里忙，已经很久没有休息过了，大蒜的罢工也算给她强行放假了。

就这样，又过了一阵，一天，我放学回家，正换鞋时，发现妈妈又迈着以前那熟悉的急促而又短暂的脚步 **（这样的脚步，正是终日忙碌的妈妈的剪影）** 走了过来，对我说："换鞋快点，太慢了！"我一抬头，发现妈妈的手中正握着一把刚剪的大蒜，还没等我反应过来，她便一头钻进了她可爱的厨房……**（情境作结，提升主题。再次点题，休息只是暂时的，忙碌才是妈妈永恒的、最美的姿态）**

从全文来看，这篇习作选点不俗，选材新鲜，紧紧抓住绿绿的大蒜与急促的脚步来写妈妈的忙碌与投入，可谓选点小、学问深。文中的多处细节描写，体现出了描写的功力，语言自然也清新灵动。足见，这篇习作文字选用得体而有温度，文辞选用优美而有亮度，句式选用连贯而有梯度。

学习是一种生活方式，表达是一种生活习惯。中学生创意作文的语言表达，尤其要把文字、文辞、文句的历练当成写作的一种习惯，匀速追求它温度的适切、梯度的合理、亮度的秀美。

第四章

自育式阅读教学

自育式阅读，是从学生层面考量他们的最近发展区，结合他们的阅读需求及阅读兴趣而展开的阅读研究与梯级训练。而从教师层面来说，怎样训练学生阅读思维的深度、科学并艺术地解读文本、有序推进自育式阅读教学，是当前语文教学的重中之重。

自育式阅读教学的践行，首先要研究阅读思维的培养方式与教学策略，其次，可以结合不同的体裁，做别样的思维训练与深度阅读引导。

第一节　阅读思维与教学

《义务教育语文课程标准（2011年版）》在"课程目标与内容"部分指出："具有独立阅读的能力，学会运用多种阅读方法。有较为丰富的积累和良好的语感，注重情感体验，发展感受和理解的能力。……九年课外阅读总量应在400万字以上。"

在"实施建议"部分又强调："要重视培养学生广泛的阅读兴趣，扩大阅读面，增加阅读量，提高阅读品位。提倡少做题，多读书，好读书，读好书，读整本的书。"

以上两点，早就成为语文教师的共识，但对整本书阅读的教学设计、方法指导、思维训练，很少有系统的方法与策略的指导。针对此，我们开展了整本书阅读教学的系列研究，努力从课堂、课题、课程三个方面，来培养学生的形象思维、系统思维、立体思维，进而提升学生综合思维能力。

一、课堂论——形象思维（imaginal thinking）的培养

在课堂中开展整本书的阅读教学，对于语文教师来说，是一项很大的挑战，因为教师要做大量的前期准备工作，要先浏览整本书，了解整本书的框架体系，做好内容导读，努力运用形象思维构架整本书的关键内容与类属，然后才能对学生进行形象思维的培养与发展。

形象思维是利用直观形象和表象解决问题的一种思维方式，它是人的一种本能思维，人一出生就会无师自通地以形象思维考虑问题。

我们为七至九年级的学生每周开设一节阅读课，努力从以下几个方面来进一步培养学生的形象思维。

（一）阅读是阳光——阅读内容的选择

阅读是每位学生开始学习的源头，尤其是整本书阅读，它就像阳光，可以普照后续各门功课的学习。阅读课开始之前，我们为七至九年级的学生开列了一学年要阅读的书目，主要选择了以下五类书籍。（表4-1-1）

表4-1-1　七至九年级整本书阅读推荐书目

类别 年级	小说	散文	诗词	名人	科普
七年级	《毕淑敏小说》 （毕淑敏）	《有美一朵，向晚生香》 （丁立梅）	《飞鸟集》 （泰戈尔）	《你只是看起来很努力》 （李尚龙）	《科学画报》
七年级	《一朵一朵的阳光》 （周海亮）	《林泉》 （林清玄）	《我是人间惆怅客：听杨雨讲纳兰》（杨雨）	《金戈铁马辛弃疾》 （赵晓岚）	《少儿百科全书1》
八年级	《汪曾祺短篇小说选》 （汪曾祺）	《发芽的心情》 （林清玄）	《草堂咏怀：杜甫诗歌欣赏》	《康震评说苏东坡》 （康震）	《科学探索》
八年级	《冯骥才中短篇小说集》 （冯骥才）	《百年百人经典散文赏析》 （张秀枫）	《重温最美古诗词》 于丹	《苏东坡传》 （林语堂）	《少儿百科全书2》
九年级	《分钟与千年》 （周海亮）	《中国最美的散文 世界最美的散文》	《浔阳江头琵琶行》（白居易诗歌欣赏）	《竹林七贤》 （刘强）	《科技博览》
九年级	《大师》 （聂鑫森）	《冯骥才散文精选》 （冯骥才）	《蒋勋说宋词》 （蒋勋）	《曾国藩家训》 （上）（下）	《少儿百科全书3》

　　以上每一类别都推荐了两本书，原则上春季、秋季各一本。以上推荐的书目，仅从名字上来看就形象可感，如《一朵一朵的阳光》《分钟与千年》《有美一朵，向晚生香》《林泉》等，这些书名容易引起学生丰富而直观的想象。以丁立梅的《有美一朵，向晚生香》为例，该书共六辑，共收录了作品90篇。（图4-1-1）

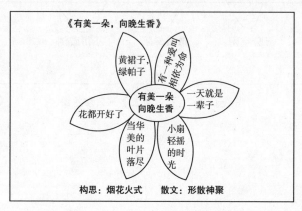

图4-1-1　《有美一朵，向晚生香》

单看这六辑的名字就可知，都是以形象为抓手，每一个形象背后都有一朵思想的火花在闪烁。

再从单篇来看，《黄裙子，绿帕子》以黄裙子、绿帕子为主线索来展现一名女教师的温婉可人与聪明睿智；《四月》则仅仅抓住四月的主打花朵，桃花、海棠花、油菜花，蓬勃地续写，恣肆地描绘，张扬地宣泄，读之，感觉四月扑面而来，芬芳裹挟而至，留在学生心头的，是形象的画面，动感的情愫，轻灵的笔触。

从整书，到一辑，到单篇，篇篇都像生动的诗，页页都像形象的画，学生是不可能不被其中的语言文字打动的。所谓形象的力量往往大于思想的力量，大概就是这个意思吧！

（二）阅读是桥梁——阅读方法的选用

1. 为每一本书勾画阅读导图

形象思维是学生阅读的起点。每次学生拿到一本新书，我们都会给他们先画出整本书的框架示意图，以此激发他们的兴趣，烙印整书的体系，吸引学生耐着性子读下去。（图4-1-2、图4-1-3）

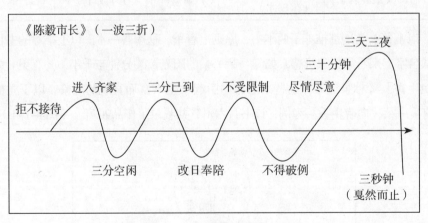

图4-1-2 《陈毅市长》框架示意图

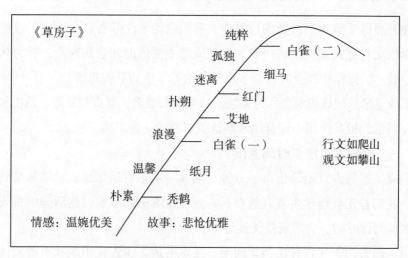

图4-1-3　《草房子》框架示意图

这样，一本书画一份示意图，有的再分解到每个章节，细化图例，把故事情节与情感流淌外在化、显性化，从而激发学生的阅读兴趣，撩拨他们的形象思维，进而把整本书的阅读向前推进。

（三）阅读是动力——阅读功能的达成

在课堂展开整本书的阅读教学，还需要借助一些规定动作，以达到以下五项标准，这样阅读才会更有意味与效果。（表4-1-2）

表4-1-2　整本书阅读的课堂功能

动作	功能	表现	标准
观图	兴趣	关注、喜爱、欣赏	持久
概述	信息	选用、处理、加工	准确
解读	直觉	感觉、敏悟、顿悟	灵敏
提问	质疑	疑惑、提问、反思	思辨
判断	智慧	智性、理性、德性	明确

从课堂论的角度看，借助观图、概述、解读、提问、判断等规定阅读动作，才能将训练学生形象性、想象性、灵敏性的形象思维落到实处。

二、课题论——系统思维（system thinking）的建立

在开展课堂整本书阅读的过程中，我们启动了江苏省"十二五"重点课题《中学语文自育式阅读策略研究》。该课题主要借助元认知理论，努力从逻辑上、经验上、操作中，全方位、多层次地培养学生的系统思维。

系统思维是把认识对象作为系统，从系统和要素、要素和要素、系统和环境的相互联系、相互作用中综合地考察认识对象的一种思维方法。

（一）逻辑上，培养时间意识

完成工作的方式是珍惜每一分钟，阅读一本书更是如此。所以每拿到一本新书，我们首先会请学生翻到版权页，查找这本书的字数，然后分解每天的阅读字数与阅读时间，合理安排阅读计划。

以《西游记》（吉林出版集团）、《水浒传》（人民出版社）的阅读为例（表4-1-3），学生在教师的指导下对传统名著的阅读进行了合理的时间安排和速度规定，使每天的阅读落到实处。

表4-1-3　整本书阅读时间监控

年级	书目名	总字数	章回数	阅读字数/天	阅读字数/分	阅读时间/天	阅读天数
七	《西游记》	80万	100回	8000字	400字	20分钟	100天
八	《水浒传》	90万	100回	9000字	500字	18分钟	100天

此外，我们还建设了"尚悦"电子图书馆，第一年供书22万册，第二年起，每年增加4万册新书，免费供全体师生及家长阅览。该阅读平台设置了每名学生当日阅读情况的跟踪系统，具体到阅读时间、长度、速度、质量（读后感、欣赏文），平台上都有数据显示。每名学生可以根据自己的相关数据适当调整阅读速度、方向及内容。这些显性化的数据，切中肯綮地抓住了学生形象思维的命脉，使其沿着阅读兴趣坚持向前读下去。

（二）经验上，借助监控策略

学生过往的阅读经验基本都是单线条、浅层次的，尤其是对自己阅读的心理、行为、过程等没有意识。要想让学生在阅读过程中产生形象思维，最好的途径是借助理解监控策略。

理解监控是自育式阅读整本书的核心环节。它是指学生为了达到理解的目

的，采取有效的策略，不断地对当前的阅读理解活动进行控制和调节的过程。如阅读《水浒传》的第一回——

（1）明确阅读目的，理解外显的和内隐的任务要求。

外显任务：抄佳词、摘妙句、概述故事、分析人物个性、鉴赏诗歌的妙用等；

内隐任务：自读自悟。

（2）对第一回中所包含的重要信息进行分类。

（3）分清第一回中的主要内容和次要内容，将理解监控集中于主要内容上。

（4）对当前的阅读活动不断地进行调节。

许多学生打开第一回，一开始就被其中的五首诗歌"吓"住了，这时，我们适当引导，建议他们跳开这些诗歌，先读文本的主体部分，待对故事情节有了全方位的了解之后，再回读这些诗歌，同时让学生先从语言的角度欣赏文本的句式美，这样，学生读之就充满兴趣了。

（5）随时采取修正的策略。当学生遇到阅读困难时，我们都会让学生先放一放，然后调整思路，换一条路线来展开新的阅读。

学生在反复阅读中，不断试着运用理解监控策略来调整自己的阅读方向，形象思维也从模糊走向清晰。

（三）操作中，运用批注方法

形象思维外显化的最佳渠道还是传统的抄记之法，这种方法可以达成兴趣的保持、时间的调控、记忆的锤炼、底蕴的厚积。

（1）一日一记：日记、日志、分条陈述——留下阅读的痕迹；

（2）一周一诵：熟读、朗诵、记忆背诵——储备表达的库存；

（3）一月一累：回顾、梳理、学以致用——累积文学的仓库；

（4）一年一理：整体、系统、归类打包——建立精神的银行。

一年期限到后，我们举行阅读日记展示会、诗歌大赛、读书报告、阅读笔记评比等活动，广泛呈现学生的阅读成果，真正使阅读成为可视性的行为，也使学生在阅读中慢慢体会运用系统思维带来的种种好处。

三、课程论——立体思维（stereoscopic thinking）的展开

"立体思维"也称"多元思维""整体思维"或"多维型思维"，是指跳出点、线、面的限制，能从上下左右、四面八方去思考问题的思维方式，也就

是"立起来思考"。

2015年，我们以江苏省"十二五"规划立项课题《中小学"立体阅读"项目的建设与研究》为抓手，启动了江苏省"立体阅读"课程基地。在该基地的建设中，我们围绕整本书的阅读，提炼并形成了初中三个年级的阅读模式。

（一）素读——赏读——演读（七年级）

素读，即原初的阅读，不带任何任务、任何偏见的阅读。赏读，是在教师的指导下，有目标、有序列地开展美点追踪与欣赏。演读则是在此基础上对整本书中的精彩章节或细腻之处做表演性的展示阅读。

（二）慎读——汇读——助读（八年级）

"慎读"取自"慎独"，即在没有教师、家长的监督下，独自完成阅读。读到一知半解时，开始第二阶段"汇读"。"汇读"是指学生带着"慎读"的成果，集体汇报、互相学习和交流阅读经验。"汇读"会带来太多的意外或陌生观点，这就有了教师的"助读"，教师帮助学生利用阅读"前经验"来解决陌生的阅读现象。

（三）点线读——平面读——立体读（九年级）

点线读、平面读、立体读，前文已经详述，这里不再赘述。

以上三种模式是基于"立基——立体——立魂"这一主导阅读模式提出来的。其中，"立基"是积累，大阅读带来大积累；"立体"是方法，大阅读必有大体系；"立魂"是目标，大阅读赢得大胸怀（立语感、立心魂、立言立心）。在主导模式的引领下，三种模式也可以在七至九年级交织运用，使学生形成自然有机的立体阅读思维，并随着年级的升高螺旋提升思维的品质。立体阅读思维的展开，主要有以下三种方式。

1. 以点带面

八年级，学生精读完苏轼的心情日记《记承天寺夜游》后，对这位儒释道兼通的文化名人有了探究的欲望。于是，我们用"以点带面"的方式，选择了涉及苏轼的生活、诗词、散文、故事、传记五个层面的五本书籍，供学生进行为期两个月的"立体阅读"，鼓励学生努力从点、线、面、体多维度深度阅读文化大家的波折人生与精彩故事，从中获得人生的教益，同时，我们开展不同形式的阅读展示，锤炼学生的立体阅读思维。（表4-1-4）

表4-1-4 整本书阅读之苏轼系列

作 者	整书篇名	故事类型	阅读展示	能力要求
朴 月	《来如春梦去似云》	生活故事	故事比赛	语言流畅、重点突出
康 震	《康震评说苏东坡》	诗词故事	诗词大会	量质丰盈、记忆敏锐
赵丽宏	《小品和大师——漫谈苏东坡的小品》	散文故事	诵读竞赛	口齿清晰、语音明晰
刘小川	《品中国文人2》（苏东坡）	文化故事	文化讲演	制作展板、分班展演
林语堂	《苏东坡传》	综合故事	东坡小剧	搭建舞台、年度汇报

2. 多篇一本

中考复习时，我们提到柳宗元的《小石潭记》、苏轼的《记承天寺夜游》，学生在教师的点拨下发现这两篇古代散文有着太多的相似之处：作者都是被贬文人；手法都是借景抒情、借物自喻；主旨都是孤芳自赏、自我排遣。

以此为契机，我们组织学生自己动手，选择唐宋被贬文人的一组诗文，汇编成《唐宋被贬文人的山水情怀》的小书，以此达到复习、新学、迁移的效果，学生的立体阅读思维在悄然中得到历练。（表4-1-5）

表4-1-5 整本书阅读之被贬文人系列

诗歌	意象意蕴	散文（课内）	意象意蕴	散文（课外）	意象意蕴
《江雪》		《小石潭记》		《钴鉧潭西小丘记》	
《画眉鸟》		《醉翁亭记》		《丰乐亭记》	
《水调歌头》		《记承天寺夜游》		《超然台记》	

一名学生编完小书后写下了这样的后记：唐宋文人被贬之多，多过牛毛。王维失意唱阳关，韩愈被贬走秦岭，白居易左迁浔阳江头作《琵琶行》……底层的生活丰富了他们的阅历，贬官的生涯锤炼了他们的意志。一批又一批忧国忧民的文人，跋山涉水、泛舟踏月、把酒临风、且行且吟，他们的山水情怀凝结成唐风宋雪。文品如人品，品唐宋被贬文人之诗文，品出的是一个个散发着独特香气的灵魂（精神的贵族）。孤独使他们厚重，宁静使他们美丽。

3. 同类多部

在学完散文《幽径悲剧》后，学生对季羡林老先生产生了兴趣，我们推荐他们阅读《季羡林传》。之后，有同学又吵着要老师再推荐一些名人传记，供他们在课外阅读。基于此，我们引领学生以自我收集、选择、编辑、评写名人的方式，开启又一波"立体阅读"。

（1）我选名人

中国唐宋被贬文人：李白、杜甫、韩愈、刘禹锡、柳宗元、范仲淹、苏轼等。

中国现代著名画家：齐白石、徐悲鸿、黎雄才、吴青霞、吴砚耕、任率英、张安治、徐邦达、梁树年、林建同、黄养辉、关山月等。

为了使阅读扎实有效，我们要求学生选出22位中国近代的成功百岁老人，进一步分层阅读，他们是秦含章、周有光、晏济元、梁披云、蔡尚思、邵逸夫等。

（2）我读名人

还是以阅读上述22位近代的成功百岁老人传记为例。在成果交流课上，我要求学生按以下五个问题梯级展现自己的阅读结果：

①复述你最喜欢的一位百岁老人的一则动人故事；

②为每一位老人的传记拟写一个贴切的标题；

③小组合作，探寻中国百岁老人的成长规律及长寿的奥秘；

④说一说百岁老人的成功经验给我们什么样的启迪；

⑤提炼名人传记的写作艺术。

学生对百岁老人的小故事津津乐道，讲述的内容也精彩纷呈。在提炼名人传记的写作艺术环节，学生纷纷表达自己的看法：用实事求是的态度来写人记事；叙事流程要符合人物发展规律；对关键细节可做精美的描摹；可适量加入作者本人的主观感情；在不经意的叙事中，传达该人物的精神魅力与人格力量等。

（3）我评名人

我们更关注的是学生深度阅读名人传记后的效果。在读完常州百岁名人《周有光小传》之后，我们给学生布置了写作读后感言的任务。

有学生借用名家手笔做出评述：

光泽嫩肤何需妆，有吃有住富思想。周围名利皆自然，百岁青年文话芳。老天糊涂把我忘，电脑代笔敲文章。汉字拼音英语藏，参与创造与推广。妻逝五年九十三，大地四岁走路康。不烟不酒乐观新，不计小失不生气。医生求问长寿诀，笑谈长寿问医生。

有学生自创小诗自我激励：

字字皆文章，语语传人情。笔笔绘锦绣，音音诵赞歌。

我今抬头学，处处学有光。时时赋新篇，年年织华章。

（4）我写名人

第四个环节：为你家中最年长的老人写一篇千字小传，要求：题目自拟，故事自选，叙事流畅；人物个性鲜明，主题明确突出。九（6）班李晶雯同学写的自己的太公——《健康老人行——我的太公张百鸣》。

四、文化论——综合思维（comprehensive thinking）的运用

课堂、课题、课程的三级管理，不是线性展开，而是立体展开的，我们在整本书阅读指导与建设中，同时展开这三类研究，创新驱动，循序渐进。同时，我们对学生开展形象思维、系统思维、立体思维的序列培养，这些思维能力在综合思维的指引下螺旋上升，从而真正使学生在阅读中遇到远方的自己，并把自己的阅读兴趣发展成情趣、志趣或乐趣。

课堂、课题、课程的三级管理研究还给我们带来了开放的课程文化胸襟、系统的课程文化结构、鲜活的课程文化生命、自在的课程文化心理。

当我们问，阅读究竟是什么；学生马上会说，阅读是求知、开智、立德、审美的过程。

喜欢阅读，是一种态度，善于阅读，才是一种能力。在整本书阅读的过程中，学生收获的不仅是各类思维能力的提升，而且是美丽灵魂的铸成。

第二节　文言阅读与教学

文言文的阅读教学，从句读始，到理解终。这里，理解的意思是指诠释。诠释是一门学问，诠释学（解释学）是一种实践的思维方式，是"面向自身存在"的思维方式。当我们以"诠释学"的语言想象教学的时候，教学可生成多种理解的过程，是一种"在场"和"机遇"，是存在于世界的一种方式。教学的价值不仅是"认识自己"，还是"改变自己"。教学意义的丰富性、多层性为人的个性全面发展提供了可能。诠释学是关于"理解"的探讨历程，彰显了"理解"的教学内涵：教学的领域，即理解的领域。在一般意义上，教学即对理解的自觉追求；在终极意义上，教学即理解！

这里，以部编初中语文教材上的几篇课文为例，来诠释文言文的理解教学的设计与教学。

《陋室铭》教学设计

【学习目标】

（1）品读语韵，疏通文意。

（2）精读文韵，赏析情愫。

（3）借助背景，品评人物。

【教学过程】

在唐代文坛，有这样一对生死朋友，他们诗文俱佳，趣味相投；他们同朝为官，一起共事；他们共同参与"永贞革新"，双双因此被一贬再贬。他们是谁呢？

他们就是一代文宗柳宗元、一代诗豪刘禹锡，他们同声相应、同气相求，史称"刘柳"。

比柳宗元大一岁的刘禹锡（772—842），字梦得，河南洛阳人，自称"家本荥上，籍占洛阳"，其先祖为中山靖王刘胜，又自言系出中山，文学家、哲学家，有"诗豪"之称。刘禹锡虽然因为参加政治革新活动与柳宗元一样遭到深重的打击，但是心理承受力比柳宗元强多了。刘禹锡求异心理很强，做什么都想与众不同，不肯人云亦云。"自古逢秋悲寂寥，我言秋日胜春朝。晴空一鹤排云上，便引诗情到碧霄。"（《秋词》）就是最好的明证。

相传刘禹锡被贬安徽和州时，本应住在县衙里，但和州知县给他安排住在郊外的三间房中。刘禹锡一时兴起，写了对联"面对大江观白帆，身在和州争思辨"贴在门上。知县气极，觉得自己受到了侮辱，于是把他的房子改为一间半。刘禹锡提起毛笔，写下"杨柳青青江水平，人在历阳心在京"的对联贴于门上。刘禹锡满心的清高气，知县气急败坏，于是把他的房子改为背江的一间房，刘禹锡又感慨良多，直书《陋室铭》一篇，并将其刻在门前的石碑上，以此自戒，知县只能咬牙无语。

细读《陋室铭》一文，无处不体现出刘禹锡作为一代文豪的才情以及他作为特立独行者的傲气。

（一）铭文之韵味

作为铭文，首先要讲究韵味，《陋室铭》的韵味主要体现在哪里呢？

1. 语韵

我们诵读全文就会发现，每个偶句末字押韵、句式两两相对。

"山不在高，有仙则名。水不在深，有龙则灵。斯是陋室，惟吾德馨。苔痕上阶绿，草色入帘青。谈笑有鸿儒，往来无白丁。可以调素琴，阅金经。无丝竹之乱耳，无案牍之劳形。南阳诸葛庐，西蜀子云亭。孔子云：何陋之有？"

重读这些韵脚及两两相对的句子，读之有珠玉之韵，唇齿间不觉生香许多。

2. 文韵

"铭"除了在语言上韵味十足，每个文字的背后也深藏意蕴。用现代汉语来解释其中的每一个句子，句句充满生活气息与哲思。

"山不一定要很高，有了仙人居住就出名了。水不一定要很深，有了龙就灵验了。"一起头就出手不凡，为下文写陋室不陋张了本。"苔藓碧绿，长到台阶上；草色青青葱葱，映入竹帘里。在这里与我谈笑的都是渊博的大学者，交往的没有知识浅薄的人。（闲时）可以弹奏不加装饰的古琴，阅读泥金书写的佛经。没有奏乐的声音扰乱双耳，没有官府的公文使身体劳累。"这几句，描述了自己的生存环境、交友情况及生活情趣，在短短几句之间，由外而内，由形到神，彰显了作者的生活意趣与精神追求。

"南阳有诸葛亮的草庐，西蜀有扬子云的亭子。孔子说：有什么简陋的呢？"两句，在看似委婉实则张扬的意绪中，我们看到虽身居陋室，但依然昂起高贵的头颅的作者本人。

诵读全文，语之韵与文之韵相交辉，铭之形与文之蕴相交织，意象缤纷，意绪饱满。

（二）铭文之情愫

铭文，主要是用来赞美某种思想与情结的，正如作者所说"斯是陋室，惟吾德馨"，而行之文尾，又直接抛出"何陋之有"之问，足见"陋室不陋"！那么，文章是从哪些角度来体现"陋室不陋"的呢？读之越深，我们越会发现：

"苔痕上阶绿，草色入帘青"描摹陋室自然环境的清雅；"谈笑有鸿儒，往来无白丁"突出朋友交往的儒雅；"可以调素琴，阅金经"突显生活情趣的高雅；"无丝竹之乱耳，无案牍之劳形"则从反面展现生活姿态的优雅。

以上四个角度的描写，就像四幅图画，苔绿草青，既有淡雅之色，又有生机勃勃之景，既能弄琴读经，又能谈笑鸿儒。这正是该篇铭文的情感因素，也是作者美感的生发点！

（三）铭文之警戒

作者一方面用《陋室铭》这样的铭文与势利小人抗争，另一方面也借此不断警诫自己，提醒自己不要同流合污，要始终保持清高自洁。作者是从哪些层面来警戒自己的呢？

先是用两个类比句"山不在高，有仙则名。水不在深，有龙则灵"，借"名、灵；仙、龙；山、水"来类比"馨、德、陋室"，暗示自己就像那深潜于不名山水中的仙、龙，因为名与灵，品德自然也就馨香久远了。所以，虽然"我"所处是陋室，也不觉其陋了。

而后，在文尾用烘托句与反问句，"南阳诸葛庐，西蜀子云亭。孔子云：何陋之有？"借"诸葛庐""子云亭""孔子云"来渲染烘托"陋室不陋"。以诸葛亮、扬雄自比，说明自己的才华、陋室也不亚于他俩的才情与居所；又借"孔子云"自况，陋室不俗啊。其间的自得、自傲，可见一斑。

纵观整篇铭文，开头以山水起兴，仙、龙一经点出，陋室主人情趣即显，读者则已入佳境。随之而来，苔绿草青，是淡雅之色，又是生机勃勃之景；弄琴读经，从容之态可掬，闲逸之致堪羡；诸葛庐、子云亭，深含着引古代高士为同道的自豪；以孔子云作结，则体现着对最高道德规范着意追求的坚定信念。文中有对比，有烘托，有譬喻，有白描，有隐喻，有用典，句句如金石掷地，又自然流畅，一气呵成，曲虽终而余音不绝，意蕴绵远，使人感到不只是写了陋室，连陋室主人遇变不惊、处危不屈、坚持节操的形象也隐隐现出。

如此，作者借《陋室铭》来自我激励、自我打气、自我升华，从而达到铭文自我警戒、自我砥砺的目的。在唐朝那个时代，这无疑是一个思想先锋，也是对和州知县的一个深重打击。

看到他痛快淋漓地写出的《陋室铭》，我们会自然地想到"前度刘郎"的故事。故事来源于两首与玄都观有关的诗。

《玄都观桃花》：紫陌红尘拂面来，无人不道看花回。玄都观里桃千树，尽是刘郎去后栽。

《再游玄都观》：百亩庭中半是苔，桃花净尽菜花开。种桃道士归何处，前度刘郎今又来。

刘禹锡为什么称自己是"刘郎"？让我们来看一段史料：

贞元九年，刘禹锡擢进士第，登博学宏词科，从事淮南幕府，入为监察御史。王叔文用事，引入禁中，与之图议，言无不从。转屯田员外郎，判度支盐铁案。刘禹锡在贞元末，与柳宗元、陈谏、韩晔等结交于王叔文，形成了一个以王叔文为首的政治集团。后历任朗州司马、连州刺史、夔州刺史、和州刺史、主客郎中、礼部郎中、苏州刺史等职。会昌时，加检校礼部尚书。卒年七十，赠户部尚书。

《再游玄都观》中的"刘郎"，应该是指"屯田员外郎"，刘禹锡自称"刘郎"，多半是带着自豪之情的。两首诗歌中都以桃花比喻新贵，对当时的人物和事件加以讽刺，寄托了被一贬再贬的落寞之情，然而又有失之淡然、得之坦然、争其必然、顺其自然的随性与坦荡。

可见，刘禹锡是一个随遇而安、淡泊明志、安贫乐道、高洁傲岸、耿介清正的文人与高士。有人称刘禹锡"一身硬骨头"，我们觉得他是"一身傲骨笑桃花，满心得意铭陋室"。

就是这样一个一身傲骨的刘禹锡，内心也有柔软的地方。让我们来看一看他与同样被贬的柳宗元的友情。

永贞革新失败后，刘、柳二人同时遭贬，一人贬官朗州（初为连州），一人贬官永州（初为邵州）。他们忍受着事业上的失败和空间上的分离，不断地以诗文往来，互相促进。

十年后，当他们先后结束贬官生涯聚会长安之时，真是感慨万千，悲喜交加。一个人一生的黄金时间能有几个十年啊！

然而，十年的分别只换来短暂的相聚，很快，他们又双双被贬。柳宗元被贬柳州，刘禹锡被贬到远在贵州的播州。柳宗元虽然对自己的境遇非常失望，但考虑到刘禹锡有八十岁的老母亲需要随身奉养，几次上书朝廷，要求和刘禹锡对换，后经友人帮助，刘禹锡才被改贬连州。

柳宗元于离别的船上作《重别梦得》，感慨万千：

二十年来万事同，今朝歧路忽西东。皇恩若许归田去，晚岁当为邻舍翁。

刘禹锡内心亦是同样悲苦，却对柳宗元只是进行了劝解与宽慰：

弱冠同怀长者忧，临岐回想尽悠悠。耦耕若便遗身老，黄发相看万事休。

长期贬谪生活的打击和艰苦环境的摧残，使柳宗元的身体受到很大的损害，健康状况非常不妙。元和十四年（819年），皇帝准备召回柳宗元，但当年11月28日，柳宗元在柳州病逝，年仅46岁，身后四个孩子都还未成年。柳宗元临死前遗书刘禹锡，并将自己的全部遗稿留给他。

这时，刘禹锡年近九十的母亲刚刚去世，护送灵柩路过衡阳的他，听到柳宗元去世的噩耗，悲痛万分，伤心欲绝。他立即停下来为柳宗元料理后事，写了一首《重至衡阳伤柳仪曹》以寄托哀思，后又两次写《祭柳员外文》，并为其整理遗稿，编纂成集，同时介绍他的生平和成就。柳宗元的一个儿子也由刘禹锡收养。

有诗赞曰：自古文人常相轻，患难与共结深情。生前诗文相唱和，身后山水留美名。

真正的友谊是什么？是由衷的信任，是永远的无私，是发自内心的理解、从不撒谎的诚实以及不求回报的奉献，是如刘禹锡与柳宗元这般，至真至挚。

由此我们可以看出，刘禹锡的一生，对敌对友，是非明确，爱憎分明。

总之，做人是要有一些倔劲儿的。刘禹锡以其一间陋室、一身傲骨、一段文坛友情佳话、一颗高贵的灵魂，滋润着后来人的审美快感。让我们永远铭记他带给我们的积极昂扬的人生教益，牢牢记住《陋室铭》的精神滋养！

《三峡》教学设计

【学习目标】

（1）诵读课文，翻译课文内容。

（2）精读课文，赏析山水特点。

（3）研读课文，品读作者其人。

【教学过程】

（一）观赏图片，导入新课学习

长江三峡西起重庆奉节白帝城，东至湖北宜昌南津关，由雄伟壮观的瞿塘峡、幽深秀丽的巫峡和滩多水急的西陵峡组成。瞿塘峡以"雄"著称，巫峡以"秀"著称，西陵峡以"险"著称。

让我们观看一组三峡风光图片（略），说说你看到了哪些景象。

（天、山、水、瀑、林、壁、船……）

如此多的景象组合成壮美秀丽的三峡，如果要用文字来描述，我们又当从何写起呢？让我们一起来看看地理学家郦道元带来的《三峡》。

（二）朗读课文，梳理行文内容

（1）一读课文，读准字音与节奏。——默读

（2）二读课文，读出节奏与语感。——齐读

（3）三读课文，对照注释解释句中画线词的意义或作用。——默读

自三峡七百里中，

两岸连山，略无阙处。

重岩叠嶂，隐天蔽日，

自非亭午夜分，不见曦月。

至于夏水襄陵，沿溯阻绝。

或王命急宣，有时朝发白帝，暮到江陵，

135

其间千二百里，

虽乘奔御风，不以疾也。

春冬之时，则素湍绿潭，回清倒影，

绝巘多生怪柏，悬泉瀑布，飞漱其间，

清荣峻茂，良多趣味。

每至晴初霜旦，林寒涧肃，

常有高猿长啸，属引凄异，空谷传响，哀转久绝。

故渔者歌曰："巴东三峡巫峡长，猿鸣三声泪沾裳。"

（4）四读课文，借助注释翻译文中关键句子。——小声读

两岸连山，略无阙处。

重岩叠嶂，隐天蔽日，

自非亭午夜分，不见曦月。

至于夏水襄陵，沿溯阻绝。

或王命急宣，有时朝发白帝，暮到江陵，

虽乘奔御风，不以疾也。

则素湍绿潭，回清倒影，

绝巘多生怪柏，悬泉瀑布，飞漱其间，

清荣峻茂，良多趣味。

每至晴初霜旦，林寒涧肃。

常有高猿长啸，属引凄异，

空谷传响，哀转久绝。

翻译：

两岸都是相连的高山，中间没有空缺的地方。

重重叠叠的山峰像屏障一样，遮住了天空和太阳，

如果不是正午或半夜，就看不到太阳和月亮。

到了夏天江水漫上两岸丘陵时，顺流而下和逆流而上的船只都被阻隔了。

如有时皇上的命令要紧急传达，早晨就从白帝城出发，晚上到江陵，

即使骑着奔驰的快马，驾着长风，也不如船行得快啊。

白色的急流回旋着清波，碧绿的潭水映出了倒影，

高山生长着许多奇形怪状的柏树，悬着的瀑布冲荡在岩石山涧中。

水清、树荣、山高、草盛，实在是有许多趣味。

每到秋雨初晴、降霜的时候，树林山涧一片清凉寂静。

经常有猿猴在高处长啸，叫声不断，声音凄凉怪异。

空荡的山谷里传来了回声，悲哀婉转，很长时间才消失。

（5）五读课文，体悟文段主要内容。——齐读

（三）精读课文，赏析山水特点

回看标题，让我们来看看"峡"的意思。"峡"是两山夹水之处，写"峡"，必定会写山、写水。

（1）请找出文中带"山"字旁的字，说说三峡之山的特征。

岩、嶂（高）；巘、峻（险）；峡、陵（陡）。

（2）请找出文中带"水"字旁的字，说说三峡之水的特征。

沿、溯（疾）；湍、潭、瀑、泉（清）；涧、霜、泪、沾（长）。

（3）回读课文，看作者描绘山水的这些特征时，分别是从哪些角度来写的。

①空间角度

俯瞰三峡：自三峡七百里中，两岸连山，略无阙处/素湍绿潭，回清倒影

仰观三峡：重岩叠嶂，隐天蔽日，自非亭午夜分，不见曦月/绝巘多生怪柏，悬泉瀑布，飞漱其间，清荣峻茂

②时间角度

春夏秋冬四季之水。（见板书）

（4）小结：看来，作者从大处着笔，仰观天日明月，俯瞰江流碧影；又于小处收笔，听高猿长啸，闻渔歌悲鸣。大大小小，尽收笔底。可谓驾驭语言文字的高手。

（四）研读课文，品赏作者人品

郦道元不仅是驾驭语言文字的高手，他还是著名的地理学家。请看一则资料：

郦道元（约466—527），字善长，范阳涿州（今河北涿州）人，南北朝时期北魏官员、地理学家、散文家。

郦道元年少时博览奇书，幼时曾随父亲到山东访求水道，后又游历秦岭、淮河以北和长城以南的广大地区，考察河道沟渠，收集有关的风土民情、历史故事、神话传说，撰《水经注》四十卷。其文笔隽永，描写生动，既是一部内

137

容丰富多彩的地理著作，也是一部优美的山水散文汇集，可称为我国游记文学的开创者，对后世游记散文的发展影响颇大。

郦道元四处游历，遍访名水，访谈当地居民，收集一手资料，从多角度全方位地介绍水流的特征，这一点，在《三峡》中也有极好的体现。

（1）请男生朗读每一段的第一句，女生朗读第二句。——分角色朗读

（2）请女生代表说说，作者除了从时空角度来描写三峡山水，还从哪些角度来写山水特征的。

① 想象一下，每一段的最后一句话可能是谁说的。

山民说：自非亭午夜分，不见曦月。

官员说：虽乘奔御风，不以疾也。

作者说：清荣峻茂，良多趣味。

渔民说："巴东三峡巫峡长，猿鸣三声泪沾裳。"

② 体会这其中分别体现了不同人的什么心情，与山水又有何关联。

山民——叹——山高、山连

官员——急——水疾、水猛

作者——趣——水清、水荣

渔民——哀——水连、水长

（3）由此，你觉得作者郦道元是一个怎样的人？

① 作为地理学家——

专业：做了各个层面的采访工作；

敬业：做了很好的收集整理工作；

乐业：乐在其中，不知疲累。

一名专业、敬业、乐业的高度负责任的地理学家。

② 作为文学家——

正面落笔、侧面烘托；粗线勾勒、工笔细描；明言直写、隐喻暗示；绘形写貌、模声拟音。

驾驭语言文字的高手。

③ 作为哲学家——

大处着笔，仰观天日明月，俯瞰江流碧影；又于小处收笔，听高猿长啸，闻渔歌悲鸣。大大小小，尽收笔底。

天人合一，物我同化，胸怀悲悯之人。

（4）再读课文，体悟情韵——分角色：女生读前一句，男生读后一句。

（五）诵读名句，结束授课

著名学者余秋雨在《三峡》一文中说："顺长江而下，三峡的起点是白帝城。……当我真的坐船经过白帝城的时候，依然虔诚地抬着头，寻找着银袍与彩霞。……猛地，山水、历史、童年的幻想、生命的潜藏，全都涌成一团，把人震傻。"这就是三峡给我们起的头，让我们集体背诵李白的《早发白帝城》收束今天的课，"朝辞白帝彩云间，千里江陵一日还。两岸猿声啼不住，轻舟已过万重山。"（**集体背诵**）

三峡，只是我们探索未知的一个起点。远方，有一方更优雅的风景，有一个更美好的自己，在等着你，与你会面……

【板书设计】

《三峡》教学设计表

季节	山	水	人	情
夏季	岩、嶂（高）	沿、溯（疾）	山民	叹
			官员	急
春冬	巘、峻（险）	湍、潭 瀑、泉（清）	作者	趣
秋季	峡、陵（陡）	涧、霜 泪、沾（长）	渔民	哀

《记承天寺夜游》教学设计

【学习目标】

（1）反复诵读，疏通文意；

（2）精读文本，赏析心境；

（3）借助背景，赏评人物。

【教学过程】

（一）猜谜解题，导入新课

1. 猜谜

在北宋文坛，流传着这样一句话："苏文熟，吃羊肉；苏文生，吃菜羹。"这个写苏文的人是谁呢？（苏轼）

可就是这个才气横溢的苏轼，说了太多的话，写了太多的诗文（2400多篇），最终给自己惹来了麻烦。

让我们看一段视频：苏轼被贬黄州！

《记承天寺夜游》正是苏轼贬居黄州（今湖北黄冈）时创作的一篇散文，让我们通过解读文本来看看苏轼是一个怎样的人物。

2. 解题

首先，让我们来看看标题透露给我们的信息。

记：文体；承天寺：地点；夜：时间；游：事件。

让我们走进文本，看看在这样的时间、这样的夜晚，发生了什么事情，通过文章，品评作者。

（二）反复诵读，疏通文意

1. 朗读课文

（1）自读：读准字音；

（2）齐读：读出节奏；

（3）范读：听出情感；

（4）齐读：读出情味。

2. 翻译课文

（1）与同桌合作，用自己的话说说课文的意思；

（2）解释一组加点字的含义；

（3）翻译几个重点句子；

（4）为课文视频配一段"画外音"。

3. 概述内容

借助标题中的关键词，用一句话概述全文的主要内容。

（苏轼在一个夜晚到承天寺邀张怀民共赏明月。）

（三）品读，揣摩人物心境

1. 解题

在这样的地点，这样的夜晚，赏游者的感觉与心境分别是怎样的？

（静、闲、乐）

2. 品文

（1）静

①"静"的具体体现是什么？（夜、月色入户、承天寺寻张怀民、庭下如积水空明，水中藻、荇交横，盖竹柏影也。）

②"静"的力量。（有恬静的心灵，就等于把握住心灵的全部；有稳定的精神，就等于能指挥自己。宁静是人生最美的姿态。）

"静"既是整个承天寺的氛围，全文的抒情基调，也是作者当时因看到欣然入户的月色，心情由烦躁、苦闷转向平静、欣喜的写照。"静"的氛围与心境，也为下文"闲人"的解读张本。

（2）闲

①"闲"的具体表现是什么？（解衣欲睡；欣然起行；念无与为乐者，遂至承天寺寻张怀民；怀民亦未寝，相与步于中庭；但少闲人如吾两人者耳——足见苏轼就是一个戴罪的犯官，无权无钱，有的就是一点闲时光。）

②探究：苏轼真是一个"闲人"吗？（自笑平生为口忙。）

（3）乐

①"乐"从何而起？

②怎样寻到"乐"的？（寻友、赏月）

③重点赏析颂月的名句。

比喻点缀："积水空明"喻庭中月色的清澈透明；"藻、荇交横"喻竹柏倒影的交叉错杂。

动静结合：前者有一池秋水的静谧之感，后者有水草摇曳的动态之美。

烘云托月：写积水是为了烘托藻、荇，写藻、荇是为了带出竹柏，写竹柏是为了突出月色的透明。

虚实相生：积水空明——实写月光皎洁；藻、荇交横——实写月色清雅；竹柏影也——实写月影朦胧。

（四）谈月说竹，归结人物形象

（1）被月色笼罩的苏轼，由此生出了什么感慨？

① 明月：为何别人没有发现？

② 竹柏：淡定、从容的君子。

（2）由此可见，苏轼是一个什么样的人物？

心怀明月、超凡脱俗、风流倜傥、潇潇洒洒的一代文宗。

（五）结语，收束授课

苏轼最终客死常州，他的三个儿子苏迈、苏迨、苏过吸取父亲的教训，泯然众人，留居常州。其后裔在常州创建了东坡公园、东坡大酒店。我的外婆就是他的31代孙，我所有的文学滋养也是从他那儿开始汲取的。

同学们，夜夜有月，处处有竹柏。只要心存宁静，心存美丽，我们就能拥月入怀，拥自然入怀，成为胸襟开阔、乐观自在的人！

《湖心亭看雪》教学设计

【学习目标】

（1）诵读全文，疏通文意。

（2）抓住细节，赏析情愫。

（3）借助背景，品评人物。

【教学过程】

（一）激情导入

我们先来朗读一段话，说说你们从中得到的关键信息。

西湖之胜，晴湖不如雨湖，雨湖不如月湖，月湖不如雪湖……能真正领略山水之绝者，尘世有几人哉！

——（明）汪珂玉《西子湖拾翠余谈》

参考：最美西湖，在于雪湖！

让我们一起来读一读张岱的《湖心亭看雪》，看看雪天之下的西湖盛景。

（二）诵读课文，释词解意

（1）大声朗读课文两遍，对照页下注释，读准字音，读清节奏。

湖心亭看雪

崇祯五年十二月，余住西湖。大雪三日，湖中人鸟声俱绝。是日更定矣，余拏一小舟，拥毳衣炉火，独往湖心亭看雪。雾凇沆砀，天与云与山与水，上下一白。湖上影子，惟长堤一痕，湖心亭一点，与余舟一芥，舟中人两三粒而已。

到亭上，有两人铺毡对坐，一童子烧酒，炉正沸。见余大惊喜，曰："湖中焉得更有此人！"拉余同饮。余强饮三大白而别。问其姓氏，是金陵人，客此。及下船，舟子喃喃曰："莫说相公痴，更有痴似相公者！"

——（明）张岱

（2）齐读全文，注意读出重音与节奏。

（3）对照页下注释，借助工具书，解释下列画横线词在文中的意义或作用。

①湖中人鸟声俱绝　　　　　　（　　　）

②余拏一小舟，拥毳衣炉火　　（　　　）

③雾凇 沆砀　　　　　　　　　（　　　）（　　　）

④惟长堤一痕，湖心亭一点　　（　　　）

⑤与余舟一芥，舟中人两三粒 而已（　　）（　　）（　　　）

⑥湖中焉得更有此人！　　　　（　　　）

⑦余强饮三大白而别　　　　　（　　　）（　　　）

⑧问其姓氏，是金陵人，客此　（　　　）

⑨及下船，舟子喃喃曰："莫说相公痴，更有痴似相公者！"（　　　）
（　　　）（　　　）（　　　）

（4）再读课文，对比解释下列画线词在文中的含义。

①余拏一小舟（一叶）　　　　　　上下一白（全）

②是日更定矣（这）　　　　　　　是金陵人（是）

③上下一白（白色）　　　　　　　强饮三大白（杯）

④是日更定矣（古时夜间计时单位）　更有此人（竟然）

（5）用现代汉语翻译全文的大意。

崇祯五年十二月，我住在西湖。接连下了三天的大雪，湖中行人、飞鸟的声音都消失了。这一天晚上8点后，我撑着一叶扁舟，裹着裘皮衣服，围着火炉，独自前往湖心亭看雪。冰花周围弥漫着白汽，天与云与山与水，浑然一体，白茫茫一片。湖上（比较清晰的）影子，只有（淡淡的）一道长堤的痕迹，一点湖心亭的轮廓，和我的一叶小舟，舟中的两三个人影罢了。

到了亭子上，看见有两个人已铺好了毡子，相对而坐，一个童子正把酒炉里的酒烧得滚沸。（他们）看见我，非常高兴地说："在湖中怎么还能碰上（您）这样（有闲情雅致）的人呢！"（他们）拉着我一同饮酒。我痛饮了三大杯，然后（和他们）道别。问他们的姓氏，得知他们是金陵人，在此地客居。等到（回来时）下了船，船夫喃哝道："不要说相公您痴，还有像您一样痴的人呢！"

特别提醒，"湖上影子，惟长堤一痕，湖心亭一点，与余舟一芥，舟中人两三粒而已"一句的翻译：

湖上（比较清晰的）影子，只有（淡淡的）一道长堤的痕迹，一点湖心亭的轮廓，和我的一叶小舟，舟中的两三个人影罢了。

（6）对照原文，逐句再翻译一遍。

（三）品读课文，内涵解析

（1）当张岱看着这"湖上影子，惟长堤一痕，湖心亭一点，与余舟一芥，舟中人两三粒而已"的情形，内心是怎么想的？大家推测一下。

参考：作者张岱就坐在小小的一叶扁舟之上，孤独难耐，顺着自己的视角，远远望去，湖心亭甚小，长堤一痕，都被茫茫渺渺的雪天雪地包裹着。在偌大的雪之宇宙中，作者感觉自己的孤独感如山一般压下来，觉得仿佛要窒息过去，压抑难耐！（图4-2-1）

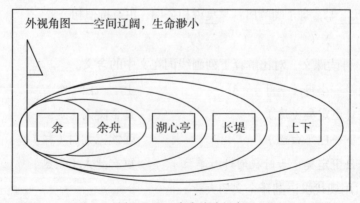

图4-2-1 张岱的外视角

（2）最后一句——及下船，舟子喃喃曰："莫说相公痴，更有痴似相公者！"——仔细读来，仿佛又可以让我们洞见作者的另一番心绪。

参考：此处的"痴"，在舟子看来是呆傻、愚笨，在作者看来，却是转换视角，向心瞭望的又一趟心理旅程。这一次，作者感觉雪天雪地如此微小渺茫，一痕长堤、一点湖心亭、一芥小舟、两三个舟中人是如此微小，唯有自己的内心是如此辽远空阔。他把自己内心的那座孤独之山，一点一点释放，并稀释到自己痴迷的雪天雪地里，终于放松了心情，释然回家。（图4-2-2）

因而，在作者眼中，"痴"是痴迷，是执着，是迷恋，是自己排解孤独与压抑的最佳方式。

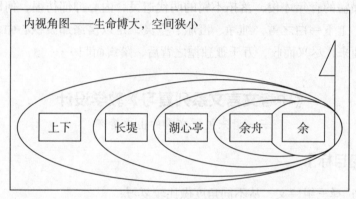

图4-2-2　张岱的内视角

（四）追溯源头，品读作者

（1）那么，究竟是什么原因使张岱背负如此厚重的孤独之山，不得不于雪天去西湖寻求排解呢？让我们来看两则资料：

少为纨绔子弟，极爱繁华，好精舍，好美婢，好娈童，好鲜衣，好美食，好骏马，好华灯，好烟火，好梨园，好鼓吹，好古董，好花鸟。

——张岱《自为墓志铭》

与前辈小品文作家不同，年届知命的张岱经历了天地巨变：改朝换代，社稷倾覆，民生涂炭，家道破败。

——百度百科

（2）轻轻读，细细品，比较以上两段文字，你们有什么发现？

用我们现代人的眼光来看，张岱用一种"自黑"的方式，为自己写了这一段墓志铭，看似极尽奢华，无一是处，细读之，实有调侃之意，可以看出他是一个兴趣广泛、激情饱满、才华横溢的少年。

百度百科给了张岱中肯的评价："经历了天地巨变：改朝换代，社稷倾覆，民生涂炭，家道破败"。这样的巨变，带给张岱的不仅仅是生活的变迁，心灵的创痛，更是灵魂的孤独。

因此，张岱——

看雪成痴，痴态凝雪。

性情中来，冰清玉洁。

物我同化，天人合一。

不知何为雪，何为我也！

才华横溢的青年才俊，落拓不羁的明代遗民，内心抑郁彷徨，何以解忧，唯有湖雪。上下一白之雪，纯净、澄澈、空灵，足以荡涤那淤积心中多年的沉疴，率性而来，尽兴而收，万千孤独抛之背后，踏雪而归……

《中考文言文系列复习》教学设计
——唐宋被贬文人的山水情怀

【学习目标】

（1）选择三组诗文，从不同角度做比较复习；

（2）整合课内外资源，温故、知新、拓展。

【教学过程】

（一）温故导入复习

唐宋文人被贬之多，多过牛毛。王维失意唱阳关，韩愈被贬走秦岭，白居易左迁浔阳江头作《琵琶行》，刘禹锡谪迁巴山楚水吟《陋室铭》，苏东坡谪居湖北黄州唱大江东去……

底层的生活丰富了他们的阅历，贬官的生涯锤炼了他们的意志。一批又一批忧国忧民的文人，跋山涉水、泛舟踏月、把酒临风、且行且吟，他们的山水情怀，凝结成唐风宋雪，蔚然成诗、成文、成画、成音、成品。

今天，我们来看一组唐宋被贬文人的诗文，看看他们情何以堪，情何以载！

（二）观画品诗

1.观看"独钓寒江雪"图（略），复习《江雪》

（1）朗读《江雪》，说说该诗的意象有哪些，中心意象是什么。

意象：孤舟、千山、江雪等；中心意象：孤舟。

（2）诗人要表达的主要情感是什么？

"孤"：孤单（无生命的）——孤独（有生命的）——孤傲（有张力的）。

（3）诗人当时是什么形象？他外观世界、内视心灵，分别看到了什么？

内视角：生命博大，空间局促。

外视角：空间辽远，生命局促。

小结：可见，诗人身在孤舟，却心怀江雪（宇宙），冷眼看世界，孤傲守清寒。情以舟载，江雪化之。

（4）背诵小诗。

2. 观图，诵读《画眉鸟》《水调歌头》

（1）诵读《画眉鸟》《水调歌头》，捕捉两首诗的动情点，分析它们承载情感的载体及妙处。（表4-2-1）

表4-2-1　《江雪》《画眉鸟》《水调歌头》对比阅读

篇名	诗人形象	意象		意境	意蕴	主旨
《江雪》	蓑笠翁	孤舟　千山	万径　江雪	寒	孤	冷眼看世界 孤傲守清寒
《画眉鸟》	画眉鸟	山花　杂树	金笼　林间	红、紫	随意 自在	随遇而安 自适旷达
《水调歌头》	清、影	明月　宫阙	琼楼　玉宇	清寒	共婵娟	酒后轻狂 醒来乐观

（2）小结：不管你是独坐船头还是静卧船舱，不管是独钓寒江雪，画船听鱼眠，还是起舞弄清影，只需一杯清茶，一盏薄酒，人便如天地一沙鸥。这瞬间，所有的喧嚣与烦恼都会渐渐离你远去，唯剩下能包裹天地般辽阔澄净的心魂与情怀。情何以堪，情何以载？唯有"江船、山水与风月"而已。

这种情怀在以下三位作者的散文作品中，有着更充分的体现。

（三）读人品文

1. 朗读《小石潭记》《醉翁亭记》《记承天寺夜游》三文，判断：

（1）三人在文中分别是什么形象？

（2）提取三文中出现的相同的情感词。

2. 比较鉴赏

（1）三种"乐"分别借助于哪些不同的意象（载体）来承载的？

《小石潭记》：潭水、石底、青树、翠蔓、小鱼、石岸等。（潭水荡涤"我"原本浮躁的心灵，凄清之境包裹了"我"，使"我"沉静、安宁）

《醉翁亭记》：山峰、酿泉、野芳、佳木、肥鱼、洌酒等。（酿泉滋润了琅琊山，养育了滁州人，也陶醉了"我"原本衰老的心魂，今朝有酒今朝醉）

《记承天寺夜游》：明月、积水、藻荇、竹柏等。（如水的月华，皎洁、透明、纯粹，包容了"我"，也净化了"我"）

足见，山水是稀释被贬文人万千孤独的最好容器。

表4-2-2　《小石潭记》《醉翁亭记》《记承天寺夜游》对比阅读

篇名	作者形象	意象		意境	意蕴	主旨
《小石潭记》	游客	潭水　石底 青树　翠蔓 小鱼　石岸		过清	乐	心与潭合 与境同清
《醉翁亭记》	醉翁	山峰　酿泉 野芳　佳木 肥鱼　洌酒		深秀 繁阴 阴翳	乐	心与亭融 与民同乐
《记承天寺夜游》	闲人	明月　积水 藻荇　竹柏		空明	乐	心与月化 与友同乐

（2）这三种"乐"的实质一样吗？分别为什么而乐？

《小石潭记》：闻水声而乐、观游鱼而乐——乐中藏哀，凄清之乐（保持孤傲之骨）。

《醉翁亭记》：闻水声而欢欣、赏亭子而欢乐、饮酿泉而快乐——乐在物丰民安，乐在民风和谐，乐在禽鸟自在，乐在与民同欢。

《记承天寺夜游》：见月色而欣然、寻怀民而悦然、赏明月而释然——乐在与友共话之逸趣，乐在心怀明月之闲趣。

3. 小结整合：说说三篇散文不同的主旨

《小石潭记》：开掘小石潭，物我同化；发现小石潭，发现自己。

《醉翁亭记》：建造醉翁亭，人人合一；发现醉翁亭，发现自己。

《记承天寺夜游》：心中怀明月，天人合一；发现明月，发现自己。

（四）读文品人

1. 探寻被贬文人作品抒情达意的载体

（1）通过一组古诗与一组散文的复习，你们有没有发现被贬文人内心的苦闷、彷徨、抑郁、不平之情？以何堪，以何载？

以"山、水、舟、月、酒、乐"等为抒情载体，承载被贬的苦楚、郁闷、压抑、无奈。

（2）让我们引入三位作家的另外三篇散文（节选），通过比较阅读，捕捉文章潜藏的作者情怀及情感载体的特点。（表4-2-3）

表4-2-3　不同作家同类作品之情怀比较表

篇名	作者形象	意象	意境	意蕴	主旨
《钴鉧潭西小丘记》				乐	心与天合
《丰乐亭记》				乐	心与民欢
《超然台记》				乐	心超物外

（3）让我们再来看看同一作家在不同的作品中的情感宣泄方式（表4-2-4）。结合三文，说说如果以此为素材，可能拟写什么话题的作文。

表4-2-4　同一作家（苏轼）不同作品之情怀比较表

篇名	作者形象	意象	意境	意蕴	作文话题
《水调歌头》					圆与缺 分与合
《记承天寺夜游》					忙与闲 苦与乐
《超然台记》					外与内 虚与实

这些话题，大多较为抽象，聪明的作者总能借助于合适的载体来诠释心中情感，被贬文人更是如此。

2. 这给我们未来写作记叙文什么样的启示？

（1）艺术起于细微，真情起于细节。

（2）真情实感需要借助于形象的载体（意象、意境等）来承载，因为形象的力量往往大于思想的力量。

3. 由文品人

（1）看了三组诗文，你们觉得柳宗元、欧阳修、苏轼分别是什么样的人？（略）

（2）回读《江雪》一诗我们发现，它还是一首藏头诗，四句话的开头四个字连起来，就是"千万孤独"。这种孤独不是柳宗元的"专利"，它也是被贬文人欧阳修、苏轼共有的情愫。但这种"孤独"相比于生命之舟之重、生命之流之长，又算得了什么呢？也许，正是这份沉重的孤独，洗涤了这些被贬文人原本不平与烦躁的心性，灵魂向宁静走去，心胸放宽，与天地同大，心藏江雪、怀抱明月、超然物外、恬然自适，宁静成为他们生命的最美姿态。

（五）布置作业，收束授课

（1）课后，请按照今天的方式复习，完成以下两张表格（表4-2-5、表4-2-6）。

表4-2-5　同一作家（柳宗元）不同作品之情怀比较表

篇名	作者形象	意象	意境	意蕴	主旨
《江雪》					
《小石潭记》					
《钴鉧潭西小丘记》					

表4-2-6　同一作家（欧阳修）不同作品之情怀比较表

篇名	作者形象	意象	意境	意蕴	主旨
《画眉鸟》					
《醉翁亭记》					
《丰乐亭记》					

（2）结束的话。

文品如人品。品唐宋被贬文人之诗文，品出的是一个个散发着独特香气的灵魂（精神的贵族）。孤独使他们厚重，宁静使他们美丽。

再翻开那些历代被贬文人的逸事，眼前似乎又浮现出那空明如积水的月华，伴着孤独的船桨声，一批批行色匆匆、心绪悠远的过客，轻轻敲开一扇扇门扉。这不是梦幻，这是历史，这是真实。这些优秀的被贬文人，永未离去，他们带着闪光的文品与人品，永远活在我们心间……

第三节 名著阅读与教学

部编初中语文教材的阅读体系是讲读课文、自读课文、课外阅读。其中，课外阅读又分为必读名著与推荐阅读名著两部分。这里，主要以必读名著为例，探讨名著阅读的自我教育功能。

赏诗词 话西游
——名著《西游记》阅读欣赏教学实录

一、读一首诗歌

师：同学们，我们一起来朗读一首诗，《一轮明月满乾坤》。

生：（朗读）

十里长亭无客走，九重天上现星辰。八河船只皆收港，七千州县尽关门。

六宫五府回官宰，四海三江罢钓纶。两座楼头钟鼓响，一轮明月满乾坤。

师：你们发现了什么？

生：这是一首数字诗，且数字从十排到一，次序井然。

师：它的描写对象有哪些？从中你们有什么发现？

生：长亭、九重天、星辰、船只、州县、宫府、江海、楼头、钟鼓、明月。我发现，这些对象来自天地江海。

师：还有什么发现？

生：这些对象有大有小，有动有静。

师：有理。诗人的笔触，上至高天，下至江海，大大小小，宇宙乾坤，全被统之于明月之下。足以见出，诗人思接千载，视通万里，笔力深厚，意境辽远。

师：这首诗，你们曾经读过吗？作诗者是谁？

生：没读过。不清楚。

二、看一场好梦

师：这首诗出自《西游记》第三十六回，作者是吴承恩。吴承恩出身于商人家庭，从小好学，聪颖勤奋，一目十行，过目成诵，在家乡文才出众，小有名气。据《天启淮安府志》记载，吴承恩"性敏而多慧，博极群书，为诗文下笔立成"。

师：吴承恩一生的梦想是通过读书作诗获得一官半职，改变从商经历。然而——

生：（朗读）吴承恩一生有三大爱好：一是爱读《百怪录》《酉阳杂俎》之类的非主流小说，为写作《西游记》积累了素材；二是喜欢下围棋，平时以棋为乐；三是爱好收藏名家法帖、诗词优文。

师：吴承恩的兴趣爱好及其放浪不羁的个性，决定了他在官场难以生存。于是，在现实中不能实现的目标，他寄托于笔下，转而用小说的方式来完成自己遥远的梦想。

三、赏一组诗词

师：阅读古典名著的方式有很多种，从诗词下手赏读《西游记》不失为一种较好的方式。诗词是古代中国文化的精华和结晶，曾经属于俗文化范畴的小说为向高雅靠拢，会在具体创作中穿插大量诗词，作为中国古典四大名著之一的《西游记》也不例外。让我们先来读一读《西游记》开篇的诗。

生：（朗读）

混沌未分天地乱，茫茫渺渺无人见。自从盘古破鸿蒙，开辟从兹清浊辨。

覆载群生仰至仁，发明万物皆成善。欲知造化会元功，须看西游释厄传。

师：开篇之诗，选材、写法上分别具有什么特点？其作用是什么？

生：这首诗空间辽阔，时间长远；写法上运用了想象、联想、譬喻、夸张。这首开篇诗起到总领全书的作用。

师：说得没错。《西游记》这部小说就从这首开篇诗启动，用一系列诗词串联起九九八十一难，诗词是整部小说的有机组成部分。小说中的诗词，有描绘山水洞天的，有描摹人物外貌的，有摹写人物打斗的，有想象佛国仙境的……今天，我们主要以其中的山水、人物、打斗三类诗词作为研读对象，从新的角度再赏《西游记》。

（一）第一波：山水诗词

师：我们先来朗读两首有关花果山的诗词。

生：（朗读）

花果山（1）

势镇汪洋，威宁瑶海。/势镇汪洋，潮涌银山鱼入穴；威宁瑶海，波翻雪浪蜃离渊。水火方隅高积土，东海之处耸崇巅。丹崖怪石，削壁奇峰。/丹崖上，彩凤双鸣；削壁前，麒麟独卧。峰头时听锦鸡鸣，石窟每观龙出入。林中有寿鹿仙狐，树上有灵禽玄鹤。瑶草奇花不谢，青松翠柏长春。仙桃常结果，修竹每留云。一条涧壑藤萝密，四面原堤草色新。正是百川会处擎天柱，万劫无移大地根。

（第一回）

花果山（2）

金丸珠弹，红绽黄肥。/金丸珠弹腊樱桃，色真甘美；红绽黄肥熟梅子，味果香酸。鲜龙眼，肉甜皮薄；火荔枝，核小囊红。林檎碧实连枝献，枇杷缃苞带叶擎。兔头梨子鸡心枣，消渴除烦更解酲。香桃烂杏，美甘甘似玉液琼浆；脆李杨梅，酸荫荫如脂酥膏酪。红囊黑子熟西瓜，四瓣黄皮大柿子。石榴裂破，丹砂粒现火晶珠；芋栗剖开，坚硬肉团金玛瑙。胡桃银杏可传茶，椰子葡萄能做酒。榛松榧柰满盘盛，桔蔗柑橙盈案摆。熟煨山药，烂煮黄精。捣碎茯苓并薏苡，石锅微火漫炊羹。//人间纵有珍馐味，怎比山猴乐更宁！

（第一回）

师：请提取两首诗中的特殊句式，并欣赏其语言特点。

生：文中出现了大量的对偶句，如"峰头时听锦鸡鸣，石窟每观龙出入"，"红囊黑子熟西瓜，四瓣黄皮大柿子"，语言整齐，读来朗朗上口。

生：铺陈句。把大量的对偶句加以堆叠，铺陈排比，场面壮观，气势蔚然。

师：判断准确。看看还有什么特殊句式。

生：还有"势镇汪洋，威宁瑶海。势镇汪洋，潮涌银山鱼入穴；威宁瑶海，波翻雪浪蜃离渊"这样的句子，感觉很特别，不清楚它是什么句式。

师：这个句子由两部分组成，"势镇汪洋，威宁瑶海"是主句，起着引领后一句的作用。"势镇汪洋，潮涌银山鱼入穴；威宁瑶海，波翻雪浪蜃离渊"是分句，具体描述前一句的内容。合起来，我们称之为"扩展句"。这样的句式在两首诗中还有，找出来读读。

生："丹崖怪石，削壁奇峰。丹崖上，彩凤双鸣；削壁前，麒麟独卧。""金丸珠弹，红绽黄肥。金丸珠弹腊樱桃，色真甘美；红绽黄肥熟梅子，味果香酸。"

师：扩展句，前总后分，就像一株树枝上的两朵并蒂之花，煞是好看。也为小说营造了生机盎然的氛围。小说中还有以下写山的诗词，待同学们课后研读。

（1）黑风山（第十七回：孙行者大闹黑风山　观世音收伏熊罴怪）

（2）幽冥背阴山（第十回：二将军宫门镇鬼　唐太宗地府还魂）

（3）平顶山（第三十二回：平顶山功曹传信　莲花洞木母逢灾）

（4）盱眙山（第六十六回：诸神遭毒手　弥勒缚妖魔）

（5）竹节山（第九十回：师狮授受同归一　盗道缠禅静九灵）

（6）豹头山（第八十九回：黄狮精虚设钉钯会　金木土计闹豹头山）

（7）解阳山（第五十三回：禅主吞餐怀鬼孕　黄婆运水解邪胎）

（8）隐雾山（第八十六回：木母助威征怪物　金公施法灭妖邪）

（9）积雷山（第六十回：牛魔王罢战赴华筵　孙行者二调芭蕉扇）

师：小说中的河、洞，也写得别具特色，读一读，从句式角度赏一赏它们的语言特色。

流沙河

东连沙碛，西抵诸番，南达乌戈，北通鞑靼。径过有八百里遥，上下有千万里远。水流一似地翻身，浪滚却如山耸背。洋洋浩浩，漠漠茫茫，/十里遥闻万丈洪。仙槎难到此，莲叶莫能浮。衰草斜阳流曲浦，黄云影日暗长堤。那里得客商来往？何曾有渔叟依栖？平沙无雁落，远岸有猿啼。只是红蓼花蘩知景色，白蘋香细任依依。

（第八回）

水帘洞

翠藓堆蓝，白云浮玉，/光摇片片烟霞。虚窗静室，滑凳板生花。乳窟龙珠倚挂，萦回满地奇葩。锅灶傍崖存火迹，樽罍靠案见肴渣。石座石床真可爱，石盆石碗更堪夸。又见那<u>一竿两竿修竹，三点五点梅花</u>。几树青松常带雨，浑然象个人家。

（第一回）

生：排比句"东连沙碛，西抵诸番，南达乌戈，北通鞑靼"，从东、西、南、北四个角度展现流沙河的庞大与辽阔。

生：比喻句"水流一似地翻身，浪滚却如山耸背"生动形象地写出水流翻滚汹涌的情形。

生：反问句"那里得客商来往？何曾有渔叟依栖？"亲切问话，从侧面肯定流沙河的凶险。

生：老师，还有"洋洋浩浩，漠漠茫茫，十里遥闻万丈洪"，不知道这是什么句式。

师：这句话，先分述两种情况，再总述前两句的内容，我们称之为"浓缩句"。"浓缩句"正好是"扩展句"的反向。

师：总体来说，山水洞天，意象缤纷；花果灵禽，笔走精魂；宇宙洪荒，诗词人生；对偶铺陈，句式丰盈。所有山水洞天诗词的描绘，都为人神鬼怪的出场，铺设了恰当的平台，营造了适合的氛围。

（二）第二波：人物诗词

师：读一读下面四首诗词，猜猜他们分别是谁。先看第一首。

跳树攀枝，采花觅果；抛弹子，邷么儿，跑沙窝，砌宝塔；赶蜻蜓，扑妈蜡；参老天，拜菩萨，扯葛藤，编草帓；捉虱子，咬圪蚤；理毛衣，剔指甲；挨的挨，擦的擦；推的推，压的压；扯的扯，拉的拉，青松林下任他顽，绿水涧边随洗濯。

生：花果山小猴。

师：从哪里判断出这是写的小猴？

生：一连串的动作描写，体现了小猴的活泼欢悦。

生：三字语的对偶、排比，突出小猴的欢脱灵动。

生：口语化、浅白化的用词，突出小猴的洒脱自由。

师：再读读下面三首诗词，猜猜分别写的是谁。

生：（朗读）面如傅粉三分白，唇若涂朱一表才。鬓挽青云欺靛染，眉分新月似刀裁。战裙巧绣盘龙凤，形比哪吒更富胎。双手绰枪威凛冽，祥光

155

护体出门来。喝声响若春雷吼，暴眼明如掣电乖。要识此魔真姓氏，名扬千古唤红孩。

（红孩儿）

冰肌藏玉骨，衫领露酥胸。柳眉积翠黛，杏眼闪银星。月样容仪俏，天然性格清。体似燕藏柳，声如莺啭林。半放海棠笼晓日，才开芍药弄春晴。

（白骨精）

头裹团花手帕，身穿纳锦云袍。腰间双束虎筋绦，微露绣裙偏绡。凤嘴弓鞋三寸，龙须藤裤金销。手提宝剑怒声高，凶比月婆容貌。

（铁扇公主）

师：判断准确无误。我们再来读一组人物诗词。先看下面一首，猜猜这个人物是谁。

凛凛威颜多雅秀，佛衣可体如裁就。辉光艳艳满乾坤，结彩纷纷凝宇宙。
朗朗明珠上下排，层层金线穿前后。兜罗四面锦沿边，万样稀奇铺绮绣。
八宝妆花缚钮丝，金环束领攀绒扣。佛天大小列高低，星象尊卑分左右。
玄奘法师大有缘，现前此物堪承受。浑如极乐活罗汉，赛过西方真觉秀。
锡杖叮当斗九环，毗卢帽映多丰厚。诚为佛子不虚传，胜似菩提无诈谬。

生：唐三藏。

师：与"花果山小猴"相比，这首诗的语言具有什么特点？

生：这首诗七字一句，句式整齐，符合唐三藏端正的样貌、周正的性格。

师：从中可以看出唐三藏的形象特点是什么？

生：慈悲善良、举止文雅、诚心向佛、顽固执着、坚韧不拔。

师：我们再来读一读下面三首诗歌，从中推断三个人物的个性特征。

火眼金睛识善恶，却有紧箍受折磨。虽有上天入地能，无奈唐僧做婆婆。
悟空特能闹天庭，玉帝无奈封大圣。谁知蟠桃会无缘，不如猴王水帘洞。
一根金箍愁鬼神，金规玉律不束身。众神之中能齐列，玉帝面前称老孙。
本是白骨骷髅堆，摇身一变柳叶眉。八戒无能迷心窍，还亏悟空辨真伪。
木筏飘流战邪风，学得钻天入地能。若非七周火熬煎，哪得火眼和金睛？

（孙悟空）

自小生来心性拙，贪闲爱懒无休歇。
忽然闲里遇真仙，就把寒温坐下说。劝我回心莫堕凡，伤生造下无边孽。

朗然足下彩云生，身轻体健朝金阙。玉皇设宴会群仙，各分品级排班列。

敕封元帅管天河，总督水兵称宪节。只因王母会蟠桃，开宴瑶池邀众客。

那时酒醉意昏沉，东倒西歪乱撒泼。逞雄撞入广寒宫，风流仙子来相接。

见他容貌挟人魂，旧日凡心难得灭。全无上下失尊卑，扯住嫦娥要陪歇。

再三再四不依从，东躲西藏心不悦。

放生遭贬出天关，福陵山下图家业。我因有罪错投胎，俗名唤做猪刚鬣。

（猪八戒）

自小生来神气壮，乾坤万里曾游荡。万国九州任我行，五湖四海从吾撞。

常年衣钵谨随身，每日心神不可放。玉皇大帝便加升，亲口封为卷帘将。

南天门里我为尊，灵霄殿前吾称上。腰间悬挂虎头牌，手中执定降妖杖。

只因王母降蟠桃，设宴瑶池邀众将。失手打破玉玻璃，天神个个魂飞丧。

玉皇即便怒生嗔，却令掌朝左辅相。饶死回生不典刑，遭贬流沙东岸上。

饱时困卧此山中，饿去翻波寻食饷。樵子逢吾命不存，渔翁见我身皆丧。

（沙悟净）

（有删节）

生：孙悟空——天性聪慧、性情急躁、信念坚定、责任感强、勇敢果断、重情重义。

生：猪八戒——憨厚单纯、好吃懒做、贪财好色、言听计从、对师父忠心耿耿。

生：沙悟净——勤劳稳重、任劳任怨、心地善良、踏实诚恳、坚持不懈。

师：我们来做个小游戏——

如果大师兄不在，我们……

如果二师兄不在，我们……

如果沙师弟不在，我们……

如果师父不在，我们……

请同学们自选一个话题，想象一下当时其他三位会怎么想、怎么做。

生：如果大师兄不在，我们一定要守在原地，耐心等待，用坚定的意念等待大师兄归来。

生：如果二师兄不在，我们一定不要走远，二师兄肯定是去帮我们找水要饭了，再等等……

生：如果沙师弟不在，我们一定要想办法把他找回来，这么多行李在地上，他一定会回来的。

生：如果师父不在，我们仁必须更加团结一致，合力想办法解救出师父，共同完成取经的任务。

师：从中你们得到什么启发？

生：每个个体都是一个独立的存在，都是团队中不可缺少的一员。

师：观看图片，从中你们还得到什么启示？

生：每一个优秀的个体都来自一个优秀的群体，我们永远都要在一起。

（三）第三波：打斗诗词

师：《西游记》中还有一组人物打斗诗，让我们来看看其中的写作艺术。（图4-3-1）

生：（朗读）

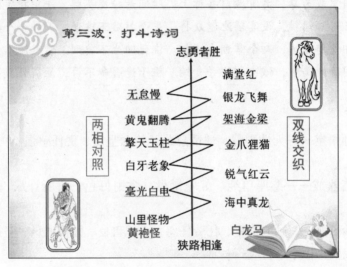

图4-3-1 《西游记》人物打斗诗歌中的对照艺术

白龙马对阵黄袍怪

那一个是碗子山生成的怪物，这一个是西洋海罚下的真龙。一个放毫光，如喷白电；一个生锐气，如迸红云。一个好似白牙老象走人间，一个就如金爪狸猫飞下界。一个是擎天玉柱，一个是架海金梁。银龙飞舞，黄鬼翻腾。左右宝刀无怠慢，往来不歇满堂红。

师：我们以"白龙马对阵黄袍怪"为例，看看吴承恩是怎样写打斗场面的，突出了人物怎样的个性。

生：一句话写黄袍怪，一句话写白龙马，左右交织。

生：两两对照，黄袍怪凶，白龙马猛，打斗精彩至极。

生：双线交织，突出白龙马的机智、锐气、英武。

师：由此可见，狭路相逢，志勇者胜。纵观所有的打斗诗，无不体现弱者诈，强者智的本色。而且，由于作者采用双线交织的构思艺术，使得行文笔触经济节约，行文内容丰富饱满。

师：我们再来看一看结尾的诗。

生：（朗读）

圣僧努力取经编，西宇周流十四年。苦历程途遭患难，多经山水受迍邅。

功完八九还加九，行满三千及大千。大觉妙文回上国，至今东土永留传。

师：结尾的诗与开篇的诗相呼应，前后圆融，功德圆满。

四、读懂一部书

师：我们选读了小说中的部分诗词，可以发现，作为一个共同体的成员，需要有一些标准，你们知道是什么标准吗？

生：公益之心、水平相当。

师：再补充一点——个体饱满，社会认可。优秀的团队，就像一个交响乐队，一个也不能缺，我们要在一起……

师：纵观整部小说，行文如涉水，一波三折；观文如攀山，越陟越险。而作者，就像一名船工或樵者，带领我们跋山涉水，完美地实现了自己的人生理想——在小说中驾驭人神鬼怪的社会人生。（图4-3-2）

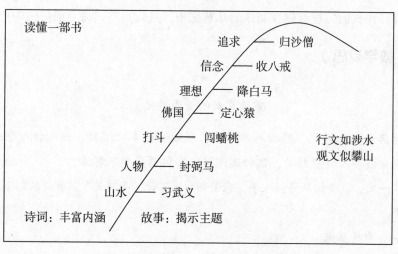

图4-3-2 《西游记》整本书思路结构

五、感谢一个人

师：当然，有这样优秀的作品，我们要好好感谢吴承恩这个人。

《天启淮安府志》：性敏而多慧，博极群书，为诗文下笔立成，清雅流丽，有秦少游之风，复善谐谑，所著杂记几种，名震一时。

《长兴县志》：性耽风雅，作为诗，缘情体物，习气悉除。其旨博而深，其辞微而显，张文潜后殆无其伦。

李维祯：吴承恩的诗文"率自胸臆出之"，不事雕琢，他的诗和唐代的钱起、刘禹锡、元稹、白居易相上下，他的古文与宋朝的欧阳修、曾巩相出入。

生：这些记载，从一个侧面反映了吴承恩的博学与才华，他将之化而为诗，成为《西游记》中的珍珠，贯串全书，熠熠闪光。

师：诗词的本质，就是生命独到的发现与表达，它体现的是诗人自我独立人格的追求。诗词，时常会触动我们的内在生活经验，阅读诗词的过程，就是找寻自己的过程。

六、发现一个我

师：读诗读词读神魔，读山读水读灵怪，最终不过是读自己。

生：阅读，是为了遇见远方的自己；阅读，是为了塑造美好的自己；阅读，是为了凝练自由的自己。

师：让我们匀速奔跑在阅读的丛林之中，且行且吟，诗意前行……

【教学反思】

常读常新的《西游记》

对名著《西游记》的推荐与导读，我做过很多次试验，如人物形象分析、课本剧表演、人神魔较量、儒释道演绎……但总感觉不甚满意。

这一次，我尝试从诗词入手，来带领学生赏读《西游记》。赏析从以下三个层面展开。

一、中啃玉米

课堂开始，从小说第三十六回中选取《一轮明月满乾坤》，为后续诗词的欣赏拉开帷幕。这种"中啃玉米"的方法利于学生回首开卷，开启后部。且《一轮明月满乾坤》营造了上至高天，下至江海，大大小小，宇宙乾坤的辽远意境，让学生初识吴承恩的诗情与才华。

二、精雕细琢

课堂的主体部分，按诗词的内容分为三类。

（一）山水诗：为人物出场搭建舞台

欣赏山水洞天诗词，着重从研读句式着手。小说中的山水诗有大量的对偶、排比、扩展、浓缩句，极尽铺陈渲染之能事，使人物的出场有了适合的舞台。这些舞台，或风景秀美，或环境险恶，或稀奇古怪，或平平坦坦，也使人物瞬间有了生命与活力。

（二）外貌诗：为人物个性彰显风采

对小说中的一组外貌诗词，我采用猜读的方法，让学生通过语言文字，去触摸人物的外部特征与内部个性。学生在边读边猜的过程中，一边惊奇着，一边雀跃着，满涨着的求知与猎奇心理，也被慢慢地填满充实。

（三）打斗诗：为情节开展推波助澜

小说中的一系列打斗诗词更是写得活灵活现。我们用提取关键动作行为、两相比较的方式，捕捉人物较量的基本写法：两两对照、双线交织，经济丰满地突出人物的个性。这种写法也成为学生构思习作的参考。

山水诗、外貌诗、打斗诗，贯串整部小说，就像三条彩珠，自然推动情节发展，又使九九八十一难增添了神秘新鲜的色彩。

三、前后圆融

引入小说结尾的诗词，一方面呼应开篇的诗，使课堂本身前后圆融起来，同时启迪学生在平时习作中学会运用系统之法，写好重点，顾及两头，这样文章才会丰富饱满。

课堂的结尾处，我启示学生：诗词的本质，就是生命独到的发现与表达，它体现的是诗人自我独立人格的追求。诗词，时常会触动我们的内在生活经验，阅读诗词的过程，就是找寻自己的过程。所以说，读诗读词读神魔，读山读水读灵怪，最终不过是读自己。

课上完了，回首，依然有太多的缺憾。

例如，对小说中大量的优美句式，没有训练仿用的过程，感觉错失了一大资源。因而在名著的后续学习中，我做了补偿性的教学——《文字有亮度，表达要优美》，请学生用《西游记》诗词中的扩展句、浓缩句等美化自己的作文语言。

再比如，对小说中人物的精神风貌，由于资源过多，解读还只是停留在表面。未来的教学，我将增加《学习共同体——西游记人物欣赏》环节，把《西游记》的赏读引向现在，挖掘它的时尚因素与时代价值。

当然，《西游记》是一部大书，永远也不可能真正读完，我们当前能做的，唯有常读常新……

有梦，就去追
——《昆虫记》导读教学设计

【学习目标】

（1）了解《昆虫记》框架体系及主要内容；

（2）尝试从一种昆虫的角度来解读它的习性与特征；

（3）尝试从不同角度来解读法布尔的理性与情趣。

【教学流程】

（一）精神的家园（故乡）

每个人都有自己的精神家园。我女儿的精神家园是我单位的小草丛，老师我的精神家园是外婆家的小竹林，鲁迅的精神家园是百草园……

那么，法布尔的精神家园在哪儿呢？在荒石园。

（二）迷人的荒石园

认一认：

（1）让我们走进荒石园，一起去看一看，园子里有些什么。（读文提取信息）

（2）把这些事物分成三类，并辨认。

①植物：三齿长柄叉、犬齿草、矢车菊（两年生矢车菊、蒺藜矢车菊、丘陵矢车菊、苦涩矢车菊）、西班牙刺柊、伊利大刺蓟、恶蓟、染黑蓟、披针蓟、刺柊、大翅蓟、百里香、薰衣草、黄杏、柏树、碎皮头、稻草麦秆、梧桐

树、丁香树……

②昆虫：沙泥蜂、石泥蜂、切叶蜂、黄斑蜂、壁蜂、大头蜂、长须蜂、毛斑蜂、石蜂、大唇泥蜂、朗格多克飞蝗泥蜂、蛛蜂、蚂蚁、灯芯草蟾蜍、雨蛙、白边飞蝗泥蜂、黑胡蜂……

③其他实物：废墟、断墙残垣、沙堆、池塘、小山……

（3）在法布尔看来，荒石园是一个怎样的存在？你认为荒石园真正的主人是谁？

在法布尔看来，荒石园是钟情宝地、昆虫的实验室、美丽迷人的伊甸园、天堂……

显然，荒石园美丽迷人，是植物与昆虫的园地，也是昆虫学爱好者法布尔的天堂。

荒石园真正的主人是昆虫，因为"膜翅目昆虫简直无法无天，竟然把我的隐居之所也给侵占了"。

（三）可爱的园主人

1. 辨一辨

翻看目录，逐一辨认昆虫。

2. 赞一赞

看到这么多可爱的来自荒石园的昆虫，你们认为《昆虫记》是一部怎样的书籍？法布尔是一个怎样的人？

参考：《昆虫记》被誉为"昆虫的史诗"。

鲁迅曾把《昆虫记》称为"讲昆虫生活"的楷模。

书评：一个由人类杰出的代表法布尔与自然界众多的平凡子民——昆虫，共同谱写的一部生命的乐章，一部永远解读不尽的书。

（四）智慧的法布尔

让我们沿着这本读之不尽的大书，走近法布尔，去看一看他智慧的具体体现。

法国戏剧家罗斯丹这样评说法布尔及其《昆虫记》："《昆虫记》使我熟悉了法布尔这位感情细腻、思想深刻的天才，这个大科学家像哲学家一般地想，美术家一般地看，文学家一般地写……"

从罗斯丹的评说中我们可以看出，法布尔首先是科学家，同时是美术家、文学家、哲学家。四个"大家"集于一身，足见法布尔的智慧。

1. 演一演

小组合作，自选一个身份（科学家、美术家、文学家、哲学家），借用原文中的相关话语来诠释这种身份。

提示：

科学家（表述）：客观真实、严谨全面地记录昆虫的外貌、习性、生殖、繁衍等。

美术家（视觉）：根据亲自观察得来的大量第一手资料，细腻生动地写出了昆虫的生活，使一个个生动活泼的形象跃然纸上。

文学家（感觉）：行文生动活泼，语调轻松诙谐，充满了盎然的情趣，既是优秀的科普著作，又是公认的文学经典。

哲学家（思想）：除了真实地记录社会生活外，还通过昆虫世界折射社会人生。

（1）法布尔习惯于从A.探索追问、B.科学探索、C.科学表达三个层面来体现自己科学家的身份。请阅读下列语段，选择合适的选项填写在括号中。

① 夫妻双方在那么多的同类中间还能相互认出对方来吗？它俩之间存在着海誓山盟吗？各家比邻而居，收集粮食回来的丈夫归来时会不会摸错了门，闯进别人家中去呢？它外出寻食时，会不会在路上碰见一位待字闺中的女子，于是忘了妻子的恩爱，准备离婚呢？这些带有气味的散发物是由什么成分构成的呢？那么，这对夫妻在家中是怎样分工的呢？（ A ）

② 失望一直在等待着我。五月来临，这个气候变化无常的月份把我的心血化为乌有，使我痛心疾首，愁苦不堪……说话间又到了冬季……我这一年的心血算是白费了。唉！这种实验真难呀，它受到季节变化快慢和反复无常的制约！……我又开始进行第三次实验。（ C ）

③ 我每天都要去察看一番我那人口稠密的昆虫小镇。我在太阳地里，坐在板凳上，弓着腰，双臂支膝，一动不动地观察着，直到吃午饭时为止。我们一共有四个人，蹲在地上用手把洞里挖出的土过筛，让土从手指缝中慢慢地筛下去。一个人检查完了，另一个人再重新检查一遍，然后第三个人、第四个人再进行两次复检……我躺在地上，目不转睛，仔细察看被挖开的洞穴的安排布置。（ B ）

④ 唉！我年岁大了，可怜的关节都生锈了！幸好我有一个帮手，他就是我的儿子保尔。他身轻体健，臂膀有力，帮了我的大忙。我动脑，他动手。包括孩子们的妈妈，都非常积极地挖坑，越挖越深，帮我收集资源。（ B ）

（2）阅读下列科学说明的语段，按要求进行选择。

① 采用打比方、分类别说明方法的分别是（ C ）（ D ）。

A. 蟋蟀卵呈淡黄色，两端圆圆的，长约3毫米。卵一个一个地垂直排列于土里，每次产卵的数目不等，有多有少，我估计一只母蟋蟀一次产卵有五六百个。

B. 我是八月下旬开始在路边的干草堆中看到成年螳螂的……在两个星期里，我惊讶地看到一只螳螂竟然接受了七次求婚……九月初的一天傍晚，我饲养的一只雌螳螂终于决定产卵了……第二年六月中旬的上午，阳光明媚，螳螂卵孵化的时刻到了……

C. 有时候，面包揉得很细，从头到尾全都十分均匀；更多的时候这圆柱形面团像一种牛皮糖，里面有一些疙疙瘩瘩的东西。

D. 在这些美味之中，大灰蝗虫个头儿要比吃它的螳螂大得多；白额螽斯的大颚有力，我们的指头都怕被它咬伤；蚱蜢怪模怪样，扣着金字塔形的帽子；葡萄树距螽音钹声嘎嘎响，圆乎乎的肚腹上还长有一把大刀。

② 采用作描摹说明方法的两项分别是（ B ）（ D ）。

A. 前面所说的大头黑步甲是个巨人，相比之下，现在所提到的同是这片河边的主人的抛光金龟就是个侏儒了。它们体形相同，同样乌黑贼亮，同样身披甲胄，同样以打家劫舍为生。但是，相比之下算是侏儒的抛光金龟，虽然远不如其巨人同类的火力强，但它并不懂得装死这个诡计。

B. 我的女囚美丽极了，一身呈波纹状的褐色天鹅绒华服，上部翅膀尖端有胭脂红斑点，四只大眼睛，宛如同心月牙，黑色、白色、红色和赭石色混在一起。

C. 原来，螳螂那些密密麻麻的小卵，只有很少一部分用来繁衍后代，其他都将进入大自然的食物链，为了开始而结束，为了新生而死亡。

D. 在我家乡的灌木丛中，在百里香和薰衣草盛开之时，蟋蟀不乏其应和者：百灵鸟飞向蓝天，绽放歌喉，从云端把其美妙的歌声传到人间；地上的蟋蟀虽歌声单调，缺乏艺术修养，但其淳朴的声音与万象更新的质朴欢快又是多么和谐呀!

③下列科学说明的语段中,作比较手法不同于其他三项的是(D)。

A.吃白食者停工休整,隧蜂和平地劳作。

B.七月里,隧蜂要第二次生育。而双翅目的小飞蝇只生育一次,其后代此时尚处于蛹的状态,来年会变成成虫。

C.在针管昆虫属中,其他任何蜂类都没有这种新颖独特的滑动槽沟。这是隧蜂的明显标记,是隧蜂家族的族徽。

D.它们是一些酿蜜工匠,体形一般较为纤细,比我们蜂箱中养的蜜蜂更加修长。它们成群地生活在一起,身材和体色各种多样。有的比一般的胡蜂个头儿要大,有的与家养的蜜蜂大小相同,甚至还要小些。

④ 下列科学说明的语段中,作比较手法不同于其他三项的是(A)。

A.四年黑暗的苦工,一个月日光中的享乐,这就是蝉的生活。我们不应厌恶它歌声中的烦吵浮夸,因为它掘土四年,现在忽然穿起漂亮的衣服,长起与飞鸟可以匹敌的翅膀,在温暖的日光中沐浴着。那种钹的声音能高到足以歌颂它的快乐,如此难得,而又如此短暂。

B.如果说其他的蝴蝶是快乐的美食家,在花丛间飞来飞去,展开其吻管的螺旋形器官,插入甜蜜的花冠的话,那么大孔雀蝶可是个没人可比的禁食者,完全不受其胃的驱使,无须进食即可恢复体力。

C.这侏儒与巨人的情况怎么这么不同呀?巨人只要一被弄得仰面朝天,它就静止不动了,非要装死一个钟头之后才翻身逃走。强大的巨人采取的是懦夫的做法,而弱小的侏儒则是采取立即逃跑的做法,二者反差极大。

D.巨大的宽宏大量的隧蜂只要自己愿意,就可以用其利爪把这个毁其家园的小强盗给开膛破肚了,可以用其大颚压碎它,用其螫针扎透它,但隧蜂压根儿就没这么干,却任由那个小强盗一动不动地待在旁边。

(3)法布尔还习惯于从A.文学描述、B.美术感觉、C.哲学思考等层面来展现他对昆虫的关注与倾情,请选择相应的选项填入括号中。

①你(菜豆)是神圣的豆子,是穷人的慰藉,你价格低廉,你让劳动者,让从来得不到好运的善良而又有才的人食以果腹;敦厚的豆子,加上两三滴油和一点点醋,你曾是我青少年时代的美味佳肴。现在我已年迈,可你仍然是我那粗茶淡饭中最受欢迎的蔬菜。让我们直到我生命的终结都是好朋友吧。(A)

② 这位运土小工（米诺多蒂菲爸爸）又变成了粮食寻觅者，到处去收集粮食，为孩子们准备吃的东西。为了减轻妻子剥皮、分拣、装料的工作，它又当上了磨工。它英勇不屈地尽了自己作为父亲的职责，它为家人过得幸福而做出了无私的奉献。而米诺多蒂菲妈妈也一心扑在这个家上，它把面团揉成圆柱形，把卵产在面团里，从此便守护着自己这些宝贝，直到孩子们独立离去为止。当金风送爽时，模范妈妈终于又回到地面上来，孩子们簇拥着它。（ A ）

③ 我在我的荒石园里漫步思索，一棵樱桃树吸引了我的视线，它在池塘畔舒枝展叶，春天繁花如雪，现在则挂满了鲜艳欲滴的红樱桃。成群的麻雀叽叽喳喳地坐在树枝上大吃特吃，胡蜂咬破薄薄的果皮，小口吮吸着甜汁，花金龟美滋滋地吃饱睡熟了，小飞蝇醉倒在流淌着果浆的饭桌旁……樱桃核掉在树下，一直眼巴巴看着的地面居民们立刻行动起来，蚂蚁、蛞蝓把果核上的残肉一点点啃净，田鼠们忙着把光溜溜的果核搬回洞里储存，冬天它们会咬开硬壳，吃里面的果仁。（ B ）

④ 好人无人知晓，恶人声名远扬。耐心的人，最终会碰到机会的。你们在探究死亡，而我在探寻生命。好运总是要先捉弄人一番，然后才向着坚韧不拔者微笑。幸运垂青耐心的人，我的孜孜不倦终于有了报偿。我们应当不是把生命当作一种享乐，一种磨难，而是当作一种义务，一种只要最后期限未到我们就必须全力以赴的义务。（ C ）

小结：作为科学家的法布尔，启迪我们：科学是我们，探究共同规律；作为文学家的法布尔，启示我们：文学是我，彰显个性色彩；作为美术家的法布尔，感染我们：美术是唯美，以形传神；作为哲学家的法布尔，告诉我们：哲学是思索，启迪人生，哲学的思考与表达，驱动一个人的精神的成长。

2. 评一评

现在，分别假设你是法布尔、你是昆虫、你是你自己，请说说你对法布尔的看法。

A. 法布尔看自己——梦想有一块属于自己的园地，可以真正地研究昆虫。他是一个痴迷的观察家和一丝不苟的务实派。

B. 昆虫看法布尔——昆虫之父、平易近"虫"、心怀坦荡、热情温暖……

C. 学生看法布尔——耐心、专一、执着、迷恋、热情、向上、坚持不懈……

D. 老师看法布尔——匀速奔跑在探索昆虫奥秘之路上的西方愚公；专注、执着、迷恋是他最美的工作姿态……

如果说《昆虫记》是一部融合了科学理性与文学趣味的书，那么，法布尔本身就是一本融科学理与悲悯情怀的巨著，他本人就是一本永远也读不尽的大书……

（五）译介的三兄弟

当我们品赏着这科学家般严谨、美术家般优美、文学家般神妙、哲学家般深邃之书时，我们有必要问一问：是谁为我们带来这样一部优秀的巨著？

中国最早介绍法布尔和《昆虫记》的是鲁迅和周作人兄弟俩。鲁迅从1924年到生命的最后一年一直在购买《昆虫记》的各种版本，包括日译本、英译本和德译本，计划与三弟周建人合译出来。虽然计划并未完成，但是鲁迅在文章中多次提及法布尔及《昆虫记》，其杂文《春末闲谈》即围绕细腰蜂展开，文中基本知识就来自法布尔的《昆虫记》。

《昆虫记》法文原名《昆虫学回忆录》，1923年周作人撰文介绍此书时，将其译成《昆虫记》，法布尔的名字也是周作人的首译。周作人不仅最早向中国人介绍《昆虫记》，还亲自译出几篇，是《昆虫记》最早的中文译者。

也许，仨兄弟除了在百草园中能找到他们童年的欢唱，在《昆虫记》中一样能找到他们的精神家园吧。

作为后来人，作为少年读者，我们有必要虔诚地说一声：谢谢您！

（六）闪光的荒石园

（1）让我们再次来到荒石园，跟着法布尔的步伐，朗读以下两个片段：

第一段：我称它为美丽迷人的伊甸园，看来我这么说还是恰如其分的。这块没人看得上眼的荒地，可能没有一个人会往上面撒一把萝卜籽的，但是，对于膜翅目昆虫来说，它可是个天堂。荒地上那茁壮成长的荆棘蓟类植物和矢车菊，把周围的膜翅目昆虫全都吸引了来。我以前在野外捕捉昆虫时，从未遇到过任何一个地方像这个荒石园那样，聚集着如此之多的昆虫，可以说，各行各业的所有的膜翅目昆虫全都聚集到这里来了。它们当中，有专以捕食活物为生的"捕猎者"，有以湿土造房的"筑窝者"，有梳理绒絮的"整理工"，有在花叶和花蕾中修剪材料备用的"备料工"，有以碎纸片建造纸板屋的"建筑师"，有搅拌泥土的"泥瓦工"，有为木头钻眼的"木工"，有在地下挖掘坑道的"矿工",有加工羊肠薄膜的"技工"……还有不少干什么的,我也记不清了。

第二段: 这是干什么的呀?它是一只黄斑蜂。它在两年生矢车菊那蛛网般的茎上刮来刮去,刮出一个小绒球来,然后,它便得意扬扬地把这个小绒球衔在大颚间,弄到地下,制造一个棉絮袋子来装它的蛋和卵。那些你争我斗、互不相让的家伙是干什么的呀?那是一些切叶蜂,腹部下方有一个花粉刷,刷子颜色各异,有的呈黑色,有的呈白色,有的则是火红火红的颜色。它们还要飞离蓟类植物丛,跑到附近的灌木丛中,从灌木的叶子上剪下一些椭圆形的小叶片,把它们组装成容器,来装它们的收获物——花粉。你再看,那些一身黑绒衣服的,都是干什么的呀?它们是石泥蜂,专门加工水泥和卵石的。我们可以在荒石园中的石头上,很容易地看到它们所建造起来的房屋。还有那些突然飞起,左冲右突,大声嗡鸣的,是干什么的呀?它们是沙泥蜂,它们把自己的家安在破旧墙壁和附近向阳物体的斜面上。

(2)漫步在闪光的荒石园,与长眠于此的法布尔低语,与活蹦乱跳的昆虫们吟唱,你们在思想、灵魂层面,得到怎样的启迪?

美,是大自然最大的奥秘!

有梦,就要大胆去追。

迷恋,是向上的动力。

宁静,是至高规格的品质。

耐心是一种天赋,是观察者的优秀品质。

那些匀速奔跑的人,你永远都追不上。

每一个不曾起舞的日子,都是对生命的辜负。

坚持,是区分平庸与精彩的分界线。

(3)老师想说:读一部书,就是在读一个人。

有一种艰辛,你没有经历过,你就不知道它的快乐;有一种快乐,你没有品尝过,你就不知道它的充实;有一种充实,你没有体验过,你就不知道它的幸福。致敬了,法布尔。

让我们跟着法布尔的步伐,匀速奔跑在阅读与学习的道路上,有梦就去追……

第四节　课外阅读与教学

课外阅读与教学，是语文教师无法回避的一个任务。我们可以借用阅读课、自习课的时间，给学生做课外阅读的示范，用"批注八字诀"等，指引学生在家中进行真正的课外阅读，并借此锤炼学生自我教育的能力。

《看山老爹》教学设计

【学习目标】

（1）梳理行文脉络，捕捉构思艺术；

（2）解读表现艺术，品评人物形象；

（3）展开写作指导，归结行文主旨。

【教学过程】

（一）读标题导入新课

同学们，今天我们来学一篇新课文，请大家齐读标题。

参考：看（kān kàn）

通过之前的预览，我们能不能推测，"看"在这里究竟应该读什么音？说明理由。

参考：看（kān），看护山林是老爹的工作职责。

我觉得同学们讲得有道理，让我们暂且以看（kān）山为准，进入文本，一起去看看老爹如何看山，看山的结果如何。

（二）梳理行文脉络，捕捉构思艺术

1. 朗读课文，说说文章主要从哪几个时间段描写老爹看山的情形的，尝试用四字词语概括其看山的内容（图4-4-1）。

参考：

一天：太阳醒了、黎明、白天、晚风、月夜……

一年：春风、夏风、秋风、冬雪……

一生：同一万个昨天一样、量一次生活的周长、终生、毕生的汗水

2. 由板书推断文章在构思上有何特点？

（1）作者是怎样把老爹在一天与一年中看山的内容组合起来的？

参考：

黄绿相间的层次美：一天一年，一年一生。

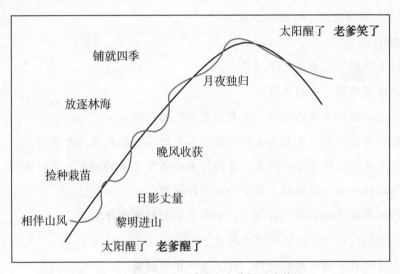

图4-4-1 《看山老爹》思路简图

（2）作者是怎样把一天、一年、一生这三部分的内容组合在一起的？

参考：

前后圆融的回环美：天天轮回、四季轮回、生命轮回。

3. 小结：文章结构的回环、前后圆融的构思与四季轮回、生命轮回是一致的。美就是遵循自然规律。

那么，在这种轮回中，是不是一切就真的一成不变呢？

参考：看山的勇气不变，丈量生活的周长不变。

四季的风景变幻，大山景物变化：松柏洋槐——贫瘠与荒漠——捡种栽苗——山的血脉，血的灵魂——林海——郁郁葱葱的绿色王国。

老爹醒了——老爹笑了。

在看似一成不变的轮回中，藏着的是纷繁芜杂的变化：大山由贫瘠变得丰腴，由干枯变得苍翠；老爹由伤心变得开心，由苦涩转而甜蜜。变就藏在不变之中，所以老爹笑了。

（三）解读表现艺术，品评人物形象

过渡：在这三种轮回中，一位如山的老人被凸显出来。

1.作者是借助什么样的语言形式来摹写看山老爹的形象特征的？

参考：从用词、用句、修辞手法等角度进行分析。

（1）小组合作，自选角度，品评鉴赏。

（2）大班交流，分角度欣赏。

对句：

① 太阳醒了。看山老爹醒了。

② 温则为雨，寒则为雪。

③ 没有视线不及的远方，没有步履不及的山峰。

④ 黎明的起点就是看山老爹的家，落日的尽头就是看山老爹的家。

⑤ 无量的绿色无量的财富，曾经给看山老爹无量的满足无量的欣慰。

⑥ 捡拾一粒一粒树种，栽下一棵一棵树苗。

⑦ 他用落叶擦去手上的泥土，牵起衣衫揩脸上的汗水。

⑧ 他相信人心，也坚信自己的双手。

⑨ 当他种下的一粒粒树种，栽下的一棵棵幼苗……

⑩ 终于长成山的血脉，山的灵魂……

⑪ 看山老爹就以终生放逐林海为福气，以每天梳理绿色阳光为乐趣，为享受。

⑫ 他的心很广阔，装得下整座大山和那些松柏洋槐。他的心又很窄小，只装着绿色，只装着染着绿色的阳光。

句式相对整齐，与其他句子整散结合，形成节奏感与音律美，扩展和丰富行文内容，增加行文内涵。

赋句：

① 他从炕上爬起来，不吃不喝，头一件事是撕掉一页日历，然后揣两个冷馍，背上水壶，踏上那条山间小路。当他经过山涧流下来的那股泉水时，猫下腰，洗几把脸，再掬几捧清凉的泉水，咕咕地喝下，顿时觉得一阵透心的爽快。

② 孤零的身影，叠进脚下那些松柏和洋槐的日影里，相伴山风，铺就生命的四季。

③ 春风如酒，扑面微寒；夏风如茶，香飘山峦；秋风如烟，落叶飞天。

④ 晚风习习，他抬起身，提了提大半口袋树籽儿，里面沉甸甸地满装着看山老爹的希冀与喜悦。

⑤ 夕阳西下，他默默饮进几许孤独，望穿夜幕下山的梦境，倾听林海中不尽的涛声。

⑥ 太阳醒了。大山绿了。看山老爹笑了。

铺排动作行为，展现劳作情景，彰显人物执着与坚韧的个性。

渲染环境气氛，奠定抒情基调，烘托看山老爹奉献与博爱的精神。

通感：（指文学艺术创作和鉴赏中各种感觉器官间的互相沟通。如说"光亮"，也说"响亮"，仿佛视觉和听觉相通；如"热闹"和"冷静"，感觉和听觉相通。用现代心理学或语言学的术语来说，这些都是"通感"。）

① 春风如酒，扑面微寒；夏风如茶，香飘山峦；秋风如烟，落叶飞天。

② 他那双千针细纳的布鞋，不知踏落了多少个夕阳。

③ 不眠的目光，于皎洁的宁静中，寻觅少得可怜的树影。

④ 提了提大半口袋树籽儿，里面沉甸甸地满装着看山老爹的希冀与喜悦。

⑤ 夕阳西下，他默默饮进几许孤独，望穿夜幕下山的梦境，倾听林海中不尽的涛声。

化抽象为形象，把劳作的经历外化为一幅幅具体而灵动的画面，为全文点染上唯美的意境，可见劳动者是美丽的。

小结：对句、赋句、通感的运用，为全文铺上浓郁的、诗意的抒情基调，又从全方位摹写了老爹的看山经历，使他的形象也熠熠生辉——如山般沉稳、安详、执着、坚韧。

2.那么，在这一天、一年、一生的劳作中，看山老爹的内心活动是什么呢？

参考：

"他的心很广阔，装得下整座大山和那些松柏洋槐。他的心又很窄小，只装着绿色，只装着染着绿色的阳光。""透过淡淡的月光，老人仿佛看见了一个更加郁郁葱葱的绿色王国……"

可见，老爹虽然形象渺小，但是灵魂博大——心有多大，舞台就有多大。人是世界上唯一一把翅膀长在心灵里的动物。（东山魁夷）

可见，老爹心系一处，满心装着的都是单纯的绿色，满眼看到的都是大山的绿意。

3. 请同学们以"老人仿佛看见了一个更加郁郁葱葱的绿色王国……"为开头，尝试用想象与联想之法，借助对句或赋句或通感，描写一段有关绿色王国的文字。

参考句式：

他看到，满山的绿色之光，……

他听到，满山的绿色之音，……

他闻到，满山的绿色之味，……

他摸到，满山的绿色之肤，……

参考答案：

老人仿佛看见了一个更加郁郁葱葱的绿色王国……

他看到，满山的绿色之光，那是闪闪烁烁的绿叶之光，片片绿叶浓淡深浅，团团绿影风姿绰约。

他听到，满山的绿色之音，那是扑扑落落的露珠之音，粒粒露珠滚圆滴翠，颗颗绿珠通透凝碧。

他闻到，满山的绿色之味，那是隐隐约约的青草之味，株株小草风中摇曳，茫茫绿海波澜起伏。

他摸到，满山的绿色之肤，那是厚厚实实的泥土之肤，寸寸泥土饱满盈实，田田绿野草香花浓。

……

太阳醒了，大山绿了，看山老爹笑了。

点评：诗化的语言，优美的句式，又为老爹的绿色王国平添了几分迷离的色彩。

由此可见，看山老爹边看（kān）山，边看（kàn）山，用他的眼、耳、鼻、手、心来感受山，触摸山。在此，伟大与渺小、生命之苦与生命之甜、生命之轻与生命之重都完美地统一起来。老爹，作为一名大自然之子，在他的绿色王国里，物我同化，天人合一。

（四）展开写作指导，归结行文主旨

如果你是命题者，你觉得这篇文章是什么话题下的作品？请用一句话说明理由。

　　参考：劳动——劳动者是美丽的。

　　　　　执着——执着是生命走向成功的阶梯。

　　　　　迷恋——迷恋是超越的原动力。

　　　　　时间——完成工作的方式是珍惜每一分钟。

　　　　　信念——信念是力量，单纯是幸福。

　　　　　梦想——谁能在梦想中领先，谁就能在现实中领先。

　　　　　专一——目标专一，心系一处，是取得成功的必然要素。

　　　　　简单——把一件简单的事情做到极致，就能成就伟大。

　　　　　伟大——伟大寓于平凡之中。

　　　　　宁静——宁静是人生至高规格的品质。

　　　　　博大——心有多大，舞台就有多大。

（五）归结主旨，收束授课

生命是一个谜语，也是一个奇迹。

当我们——

朝着理想的太阳出发，

带着美好的灵魂行走时，

迷恋带给我们超越的动力，

坚守带给我们创新的冲动，

喜悦成为我们生命的黄金，

宁静成为人生的最佳姿态。

同学们，让我们也成为自己人生这座大山的看山者，记住，边看山，边看山。慢慢走，慢慢欣赏啊！

【教学反思】

教学内容与教学形式的哲学意义
——《看山老爹》教学反思

课堂是学生获取知识、习得方法的主阵地，真正优质的课堂应该是和谐而哲学的。无论是度的把握、量的控制，还是点的平衡，都应力求恰到好处，又充满哲学理趣。

一、教学内容的哲学化

（一）教学素材的选择（如何引进资源的问题）

教学内容永远比教学形式重要得多。选择《看山老爹》作为本次上课的素材，是受到苏教版九年级（上）第六单元的启迪。此单元编排了散文《绿》，记叙文《囚绿记》，说明文《环球城市　风行绿墙》，纪实文学《一双手》，现代诗歌《绿》。这是以"绿"为主题的系列作品。上周，我引进了散文《染绿的声音》，重点学习了通感与博喻的修辞艺术，引导学生感受并体验了绿的生命长度，意在引出朱自清的《绿》。本次，我引进《看山老爹》，旨在引出《一双手》，一个是绿色的守望者，一个是绿色的栽培者。他们都把"绿"当作生命的最圣洁的领地，天天、月月、年年，在走着一条朝圣的路。这个内容充满了生命美学的意义，值得玩味。

（二）教学内容的选择（解决教什么的问题）

通过精读文本，我把老爹在不同时间段的看山内容、多角度描写老爹的方法以及自拟话题作为本堂课的主要教学内容。

第一块内容揭示了老爹一天、一年、一生的看山经历，小处引大，大中含小，短歌长调，不变中藏万变，引出老爹哲学的一生。此内容耐读耐品，值得回味！

第二块内容借助描写角度的比对，想象联想的拓展，对句赋句的点染，为人物的活动铺上浓郁的抒情基调。

第三块内容则借助自拟话题的方式，捕捉深藏于文中的哲理美学。

此三者，分别体现文本结构形式的美、语言手段的美、思想内涵的美。

二、教学结构的简约化

这篇千字文内涵丰富，主旨多元，怎样在45分钟内使学生既完成读的敏悟，又得到写的提升，需要我厘清头绪，简约环节。我的环节很简单——

（1）什么时段什么内容？

（2）构思有什么特点？

（3）用什么语言形式？

（4）什么话题或主题？

这样，怎么读、写什么、怎么写、谁来写的问题，就在一堂课内经济地融为一体了，同时，课堂方向也努力朝读写自然链接的目标迈进！

当然，环节的简化，不应以伤害整体性与艺术性为代价。文本本身在结构上是前后圆融的，我的课堂设计在导语与结语部分也力求前呼后应。看山老爹为了心中的那片绿色，那片圣洁，一直在走着一条朝圣的路，他是大自然之子。

这样，教学环节简化了，教学资源的功能最大化了。

三、语文训练的有序化

本堂课的重点目标，就是读写链接。

第一问，一方面解决文本写的什么的问题，另一方面也为第二问捕捉构思艺术做了铺垫。

第二问则从两个角度提炼了文本的构思艺术，这就是在给学生创作的启发：对叙事写人类的作品，我们在选材时可以"笼天地于形内，挫万物与笔端"；在构建思路时，则可三线交织，前后圆融，层层递进，形成行文的层次美。但这一练对构思能力的培养只是停留在口头上。

第三问，看似欣赏文本写作艺术，实则在为后面的片段写作张本！如此优美诗意的语言形式，无非要体现老爹一颗至善的内心（至善使之至美）。这样的语言风格，是站在老爹的立场来描摹他想象中的绿色王国，这样，训练就落到了手上，"我手写我心"，自然顺畅多了。

第四问，又回归文本本身，反向命题，让学生尝试从命题者的角度来自拟话题，并说明理由。这样安排有两个原因：一是本文主旨多元，二是以此来训练学生归结文本主题思想的能力，实则也是对学生进行构思立意的写作训练。从学生的回答来看，其中有一元、二元话题，有精彩的点评性文字，并巧妙地提升了主题思想。

这样，四个环节，由读、析、品、悟到说、写、思、感，完美地把读写融合起来，尽量做到了语言训练的有序化、梯度化。

这样，课堂教什么、怎么教、练什么的三个主问题也就得到了很好的落实，所以说，人创造了课，课也完善着人。

真正优秀的课堂，总能做到动静适宜、疏密相间、张弛有度、善始善终，这正是我教学教研之路上的一座山！这座山在远方，但只要我做好登山的准备，养成登山的习惯，那么，必定会培养出登山的素质来！

《清塘荷韵》教学设计

【学习目标】

（1）整体阅读，概述荷花的变化过程；

（2）跳读细节，欣赏描摹的表现手法；

（3）品析语言，归结行文的主题情感。

【教学过程】

（一）诵读名言，导入新课

桃花笑红了春风，桂香染醉了秋雨；荷叶托举了一个民族的情操，梅花更新了一代名士的情怀。

一代国学大师季羡林，就是用一池荷花托举了民族情操的名士。

（二）整体感知，理读思路

（1）用"（ ）"标出文中的关键时间词；

（2）用"＿＿＿"标出文中描摹荷叶（花）成长变化的关键词；

（3）用"△"标出文中描摹作者感情变化的关键词或句。

（4）从荷花成长发展变化的过程中，你得到什么启示？

（三）精读课文，品析特色

1. 品析构思艺术

根据刚刚的阅读，归结整理文章的行文思路及特色。

参考：双线交织爬山坡式。

2. 品析表现艺术

作者是怎样来写清塘"荷韵"的？

（1）正面描写。

绿：几片——大片——满池塘——覆盖——绿肥——隐藏。

红：红色浓——花瓣多——红艳耀目——红肥——红花映日。

（2）侧面描写。

焦急地等待、翘盼、失望；

其他地方的浅红色的荷花；

旧诗中的荷花；

小白波斯猫的扑水；

周先生的赐名"季荷"。

（3）这两种写法合二为一，称之为"烘云托月"。

3. 品析语言艺术

语言的魅力无穷，仅以文中的关键动词为例，充满了张力。如覆盖、跃出、遮蔽、蔓延、接踵而至、隐藏等。

（四）合作探究，归结主旨

（1）根据提供的材料，探究质疑。

（2）说说你读完文章所得到的启示，并用简洁的语言归纳主旨。

（五）布置作业

（1）课外阅读季羡林的《神奇的丝瓜》。

（2）用烘云托月之法写作《荷香》片段。

《石缝间的生命》教学设计

【学习目标】

（1）了解生命的品质与价值；

（2）学会用形象的手法来展现抽象的情绪；

（3）揣摩"石缝"的象征意义。

【教学过程】

（一）说名言，导入新课

（1）有人说，生命是力量、是拼搏、是守候……

有人说，生命是流转、是变化、是无常……

（2）提问：同学们认为生命是什么？请用一两句话说说你对生命的理解。

（3）点评：同学们说得都很有道理，但是这些话很像名言，很抽象，不容易记！

（4）过渡：生命究竟是什么样子的呢？什么样子的生命形式才会震撼我们的心灵呢？让我们来阅读《石缝间的生命》！

（二）诵课文，厘清思路

1. 朗读课文，了解石缝间生命的样子

（1）先说说作者写了哪几种生命形式，请列举几种生命的名称。

参考：野草、蒲公英、松柏。

（2）再读课文，自选一段，复述它们的生命的样子。

复述要求：抓住对象、捕捉关键词、语言流畅。

（3）用最简约的词汇来展现它们是来自石缝间的特征！

细瘦的薄叶、苦味的茎叶、团簇的针叶。

2. 再读课文，了解石缝间生命的品质

（1）然而这些都是生命的表象，他们的本质是什么？

参考：倔强。

（2）请说说倔强的具体表现。

参考：不可遏制的生机、战胜环境的强者、占有一片自己的土地。

（3）这种品质很抽象，但作者用了一个很巧妙的手法：化抽象为形象。以野草、野花、松柏的形象为抓手，来展现生命的样子——生命的形象的样子。

（三）抓形象，解读生命

（1）在大自然中，你们有没有见过其他在石缝间生长的生命呢？请仿照2、3、4段的任意一段，说给同学听听！

例如，石缝间的竹子、风雪中的蜡梅、污泥中的莲花、荒漠中的仙人掌……

（2）在人世间，也有类似于在石缝间生存并发展得很好的人，请选一例加以描绘！

参考：司马迁、季羡林、贝多芬、霍金……

（3）小结：所有这些生命所揭示的道理是什么？写法上有何特色？

道理：适者生存、逆境成才、神奇辉煌。

写法特色：形象的力量大于思想的力量。

（四）探究"石缝"的内涵

（1）那么，石缝间的顽强的生命价值是什么？

（2）朗读最后一段，说说其价值。

（3）归结：生命力、意志力、审美力，它们分别是生物学的、哲学的、美学的价值。

（4）这说明，美丽的灵魂是需要历练的。

（五）总结，收束上课

"石缝"，不过是一个形象的说法而已，它是困境的象征。困境对于人们来说是一种限制，但只要能在限制中自由地表达自己，就是鬼斧神工。

石缝间的生命

林 希

石缝间倔强的生命，常使我感动得潸然泪下。

是那不定的风把那无人采撷的种子撒落到海角天涯。当它们不能再找到泥土，它们便把最后一线生的希望寄托在这一线石缝里。尽管它们也能从阳光中分享到温暖，从雨水里得到滋润，但是，那一切生命赖以生存的土壤却要自己去寻找。它们面对的现实该是多么严峻。

于是，大自然出现了惊人的奇迹，不毛的石缝间丛生出倔强的生命。

或者只就是一簇一簇无名的野草，春绿秋黄，岁岁枯荣。它们没有条件生长宽阔的叶子，因为它们寻找不到足以使草叶变得肥厚的营养，它们有的只是三两片长长的细瘦的薄叶，那细微的叶脉告知你生存该是多么艰难；更有的，它们就在一簇一簇瘦叶下又自己生长出根须，只为了少向母体吮吸一点儿乳汁，便自去寻找那不易被察觉到的石缝。这就是生命。如果这是一种本能，那么它正说明生命的本能是多么尊贵，生命有权自认为辉煌壮丽，生机竟是这样地不可遏制。

或者就是一团一团小小的山花，大多又是那苦苦的蒲公英。它们的茎叶里涌动着苦味的乳白色的浆汁，它们的根须在春天被人们挖去做野菜，而石缝间的蒲公英，却远不似田野上的同宗生长得那样茁壮。它们因山风的凶狂而不能长成高高的躯干，它们因山石的贫瘠而不能拥有众多的叶片，它们的茎显得坚韧而苍老，它们的叶因枯萎而失去光泽；只有它们的根竟似那柔韧而又强固的筋条，似那柔中有刚的藤蔓，深埋在石缝间狭隘的间隙里。它们已经不能再去为人们做佐餐的鲜嫩的野菜，却默默地为攀登山路的人准备了一个可靠的抓手。生命就是这样地被环境规定着，又被环境改变着，适者生存的规律尽管无情，但一切的适者都是战胜环境的强者，生命现象告诉你：生命就是拼搏。

如果石缝间只有这些小花小草，也许还只能引起人们的哀怜；而最为令人赞叹的，就在那石岩的缝隙间，还生长着参天的松柏，雄伟苍劲，巍峨挺拔。它们使高山有了灵气，使一切的生命在它们的面前显得苍白逊色。它们的躯干就是这样顽强地从石缝间生长出来，扭曲着、旋转着，每一寸树衣上都结着伤疤。向上、向上、向上是多么艰难，每生长一寸都要经过几度寒暑，几度春秋。然而它们终于长成了高树，伸展开了繁茂的枝干，团簇着永不凋落的针叶。它们耸立在悬崖断壁上，耸立在高山峻岭的峰巅，只有那盘结在石崖上的树根在无声地向你述说，它们的生长是一次多么艰苦的拼搏。那粗如巨蟒，细如草蛇的树根，盘根错节，从一个石缝间扎进去，又从另一个石缝间钻出来，于是沿着无情的青石，它们延伸过去，像犀利的鹰爪抓住了它栖身的岩石。有时，一株松柏，它的根须竟要爬满半壁山崖，似把累累的山石用一根粗粗的缆绳紧紧地缚住，由此，它们才能迎击狂风暴雨的侵袭，它们才终于在不属于自己的生存空间为自己占有了一片天地。

如果一切的生命都不屑于去石缝间寻求立足的天地，那么，世界上就会有一大片一大片的地方成为永远的死寂，飞鸟无处栖身，一切借花草树木赖以生存的生命就要绝迹，那里便会沦为永无开化之日的永远的黑暗。如果一切的生命都只贪恋于黑黝黝的沃土，它们又如何提高自己驾驭环境的能力，又如何使自己在一代一代的繁衍中变得愈加坚强呢？世界就是如此奇妙。试想，那石缝间的野草，一旦将它们的草籽撒落到肥沃的大地上，它们一定会比未经过风雨考验的娇嫩的草籽具有更为旺盛的生机，长得更繁茂；试想，那石缝间的蒲公英，一旦它们的种子撑着团团的絮伞，随风飘向湿润的乡野，它们一定会比其他的花卉生长得茁壮，更能经暑耐寒；至于那顽强的松柏，它本来就是生命的崇高体现，是毅力和意志最完美的象征，它给一切的生命以鼓舞，以榜样。

愿一切生命不致因飘落在石缝间而自怨自艾，愿一切生命都敢于去寻求最艰苦的环境。生命正是要在最困厄的境遇中发现自己，认识自己，才能锤炼自己，成长自己，直到最后完成自己，升华自己。

石缝间顽强的生命，它既是生物学的，又是哲学的，是生物学和哲学的统一。它又是美学的，作为一种美学现象，它展现给你的不仅是装点荒山枯岭的层层葱绿，它更向你揭示出美的、壮丽的心灵世界。

石缝间顽强的生命，它是具有如此震慑人们心灵的情感力量，它使我们赖以生存的这个星球变得神奇辉煌。

《落叶》教学设计

【学习目标】

（1）抓"奇观"，理读行文思路；

（2）品"对比"，鉴赏落叶缤纷；

（3）补"空白"，描绘落叶气氛；

（4）说"情思"，赞美落叶精魂。

【教学过程】

（一）说落叶，导入新课

很久前，我骄傲，我是一朵小花，一朵"五代同堂"里的一朵小花（简介名字"五芳"来历）！可就在昨夜，当我读了杜渐坤的散文《落叶》后，我想，我愿做一片落叶，一片南国春天的落叶——因为它是南国特有的奇观。

让我们一起走进《落叶》，看一看南国落叶缤纷的情形。

（二）赏落叶之奇观

（1）朗读课文，根据黑板上的提示（一张表格，有季节、颜色、行为、氛围、胸襟、追求等角度），用笔提取南国落叶被称为奇观的具体表现。（参考答案见后文板书设计）

（2）重点朗读课文第3、第7自然段，体验南国落叶的奇观。

（三）品落叶之缤纷

（1）再读课文，看看作者还从哪些角度来突出了南国落叶的奇观。

参考：北国落叶、南国嫩叶。

（2）找出相应的语段，读一读，指明南国落叶和北国落叶在季节、颜色、氛围等方面有何不同。

小结：北国落叶，以其金黄的色泽、悲壮的牺牲，来对比突出南国落叶的苍青浓郁、博大胸襟；南国嫩叶，则以其怒发的生机、开放的胸襟来催生落叶的让位。如果说，北国落叶是今晚的"明月"，那么，南国嫩叶就是今晚的"云彩"。文章正是运用烘云托月之法来突出南国落叶之奇观的。

（四）绘落叶之气氛

课文第8自然段说："这是一幅多么伟大的充满希望的图画！"我想，这"图画"正是对"奇观"的最好注解吧！不过这奇观的正面模样究竟是怎样的？作者有意留了一个空间给我们，让我们仿照第2段的"北国落叶"的写法，结合板书的内容，写一段"南国落叶奇观图"吧！

（1）朗读第2自然段，寻找写作规律。

参考：多角度多层次描写、比喻形象传神、点面结合等。

（2）尝试从以上三个角度中选择两个角度，提笔仿写。

（3）大班交流。

例如，南国落叶，渲染出欢乐的气氛。落叶染作苍青色，最初坠落的，像一只两只欢快的绿蜻蜓，但接着，便像纷纷扬扬的绿雪了，最后，便在树下铺出了一片苍青的地毯。而在这地毯上，亭亭站立的便是覆满新叶的花树，偶有阳光透过叶隙洒在地毯上，摇曳生辉……

（五）赞落叶之情愫

（1）一直在树下流连忘返的"我"，还有我（老师），都进入了庄严而忘我的思考。假如你就是这句话中的"我"，你会有哪些庄严而忘我的思考？

（2）同桌互相说一说（以"我骄傲，我是一片落叶，因为……"开头），然后大班交流。例如：

① 我骄傲，我是一片落叶，因为我把成长的机会让给了新叶。

② 我骄傲，我是一片落叶，因为我也曾是一片嫩叶，迷恋飘零，化作甘露，滋润另一片新叶。

③ 我骄傲，我是一片落叶，因为我虽然渺小，却发现了大自然最伟大的秘密。

④ 我骄傲，我是一片落叶，因为我虽死犹生。

⑤ 我骄傲，我是一片落叶，因为我是生命轮回中的最重要的一片落叶。

⑥ ……

（3）诵读第7、第8、第9自然段，收束授课！

【板书设计】

落叶

奇观	季节	颜色	行为	氛围	胸襟	追求
北国落叶	秋	金黄	坠入、铺出	悲壮	无私	牺牲（成就自己）
南国落叶	春	苍青	唱歌、滋润	欢乐	无畏	新生（成就他人）
南国嫩叶	春	嫩绿	歌唱、呼唤	愉悦	开放	美好（成就未来）
主题思想	大小、生死轮回——甘为人梯；新旧、物我同化——执着迷恋					

第五章

自育式作文教学

自育式作文，是指在教师给定命题或自己命题中，选择题目，依据教师的指引与帮助，自选素材，自行构思，得体表达，合理结题的作文方式与流程。

自育式作文的教学，重在选题，巧在指引，妙在点拨，落在自育。下面就以几则作文教学案例来阐明自育式作文的训练与开展。

第一节　行文饱满的因子

素材，是行文饱满的因子。积累素材、整理素材、选用素材，是我们行文的第一步。

【学习目标】

（1）学习范文，明确什么是有价值的素材；

（2）仿照范文，围绕中心选择有价值的素材，进行创作。

【教学流程】

（一）说"路"，导入新课

（1）鲁迅说："希望是本无所谓有，本无所谓无的。这正如地上的路；其实地上本没有路，走的人多了，也便成了路。"

（2）同学说：

无畏面前自有路。

莫道路遥远，路远心更远。

路遥知马力，日久见人心。

路漫漫其修远兮，吾将上下而求索。

走自己的路，一路要正直、拼搏、奉献。

（3）老师说：只要有希望在，就有路在。在这些路中，有一条路很特别，它叫"太阳路"，你们想不想去走一走？

（二）抓问句，理读情节

（1）高声朗读课文，用横线标出文中的疑问句。

①太阳住在什么地方？②去太阳上有路吗？③怎么个走法？④我们怎么走？

（2）再读课文，为这些问句寻找答案。

①在金山上。②当然有路。③苗儿走。④拼全力去走。

（3）这些问句在文中的作用是什么？

① 推动故事情节自然地向前发展。（结构上）

② 彰显我们的猎奇与探究精神及情趣。（内容上）

（4）看板书，说说本文的构思艺术。（图5-1-1）

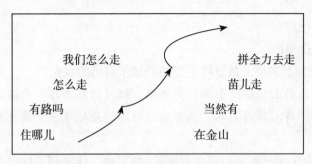

图5-1-1　构思：攀山越岭的构思艺术

（5）过渡：奶奶在文中的作用是什么？她是一个怎样的奶奶呢？

（三）读奶奶，解读文章主旨

（1）让我们借助文章内容来看看奶奶是怎样的一个人。

要求：挑读文中重点描写奶奶的语段，高声朗读，看她是一个____的奶奶。

参考：勤劳、善良、教书、智慧。

（2）这样的奶奶企图通过太阳路向我们揭示什么人生哲理？

朗读第17段和第20段，寻找答案。

参考：每个人心中都有一轮明艳的太阳，一个明确的希望，但通向那儿的路很长，需要我们用勇气与力量去攀登！

（3）这样的奶奶在文中的作用究竟是什么？

参考：

结构上：推动情节向前发展；

内容上：揭示太阳路的真谛，揭示文章主旨。

（4）过渡：然而，太阳路是一条极其抽象的路，智慧奶奶是怎样来描绘它的样子的？

（四）绘道路，训练选材能力

（1）奶奶是怎样引领我们看清太阳路的样子的？

朗读第8段和第11段，用自己的话来描述。

参考：化虚为实，化抽象为形象。

（2）在你的心中有没有这样一条路呢？请尝试用一个短语来形容它。

提示：

① 选材的基本标准——只有鲜鱼才可清蒸。

·形象具体的。

·别具特色的。

·高效有价值的。

② 对于习作者来说，最重要的是找到属于自己的眼光。

参考：苗儿的太阳路、小溪的奔腾路、红叶的飘零路、中国人的飞天路、盲妹的光明路、诗人的月亮路、画家的彩虹路、鱼翔浅底、鹰击长空、茶马古道、丝绸之路……

（3）请提起你的笔，仿照文章第8段的写法，像奶奶一样以形传神，描绘你选择的一条路。

教师示范：（配视频）雪花漫天飞舞，寻找大地的怀抱，去滋润那稚嫩的麦苗；蚂蚁小跑，正在寻觅可口的美食；蒲公英在风中梳头，飘洒着万千种子，投身温润的自然；玫瑰初绽，向路人释放满腔的生机与勃发的力量；月儿投影清亮的湖水，探寻生命的美妙与神奇……

（4）同学动笔描绘。

（5）代表交流，同学互评。

（6）小结：由此可见，对于习作者来说，最重要的是找到属于自己的眼光。从同学们刚刚的交流中，我发现好的素材对于一篇文章的重要性。在此基础上，我们还要学会"笼天地于形内，挫万物于笔端"，在广阔的范围内选取有价值的材料，因为形象的力量总是大于思想的力量。

（五）总结，收束授课

课后，请同学们以"路"为话题，选取生活中有价值的素材，用"爬坡式"的构思方法，以形传神，写一篇主题明确的记叙文。

同学们，太阳是一个诱惑，永远牵引着我们去探索。敢问路在何方？路在脚下。愿大家：一日一迹，在这条太阳路上留下攀登的印迹；一天一得，在习作路上越走越明朗，越走越智慧！下课！

【专家点评】

"路在脚下。"说得多好。苏教版初中语文的单元编排中，作文训练只提供了本单元的训练目标与作文的题目，至于作文教学的依托、手段及怎样展开操作等，均未提及。这一方面给一线教师带来很大的麻烦，但另一方面，也给大家预留了极大的空间：作文教学与训练的路也在脚下。张老师今天的作文教学示范课给这句话做了很好的注解。

通观张老师的作文课堂，教态亲切，出语优美，流程明晰，教学机智灵活，学生学习激情高涨。总体上说，这是一堂师生双赢的课，一堂科学与艺术交织的课，一堂激越着生命张力的课。具体而言，本课有以下一些亮点。

一、目标明确

这堂课的目标是"在生活中提取有价值的素材"。张老师紧扣总目标，分设了两个分目标：1.学习范文，明确什么是有价值的素材；2.仿照范文，围绕中心选择有价值的素材，进行创作。这就决定了课堂的教学流程。而在看似分析阅读的教学中，又无不体现着鲜明的目标指向：路——苗儿的太阳路、小溪的奔腾路、红叶的飘零路、中国人的飞天路、盲妹的光明路、诗人的月亮路、画家的彩虹路、鱼翔浅底、鹰击长空、茶马古道、丝绸之路……——写一段"路"。

可见，目标明确，是教学走向科学的保证。

二、选点奇巧

"在生活中提取有价值的素材"，在初二学生眼中，这是一句大而空的话，生活到处有素材，可到底从何处下手，这是我们作文训练中的一大难题。张老师的聪明正在于，巧妙地选定一个写作的切点——路；巧妙地选定一则写作的素材——《太阳路》，作为后半堂作文指导的一个依托，这就使她的作文教学有了一个丰厚的载体。张老师在课堂上要求学生在写作时争取做到"选点小，学问大"，而她自己借自己的教学设计体现了这一理念。看得出来，张老师本人就是一名写作功底深厚的教师，她能选择"路""太阳路"绝非偶然，这是她多年修炼的功夫的外显。

三、程序井然

在明确的目标指向下，张老师又机巧地设计了如下一系列主问题："有一条路很特别，它叫'太阳路'，你们想不想去走一走？""文中是谁在走这一条路？（苗儿）""奶奶是怎样引领我们看清太阳路的样子的？""在你的心中有没有这样一条路呢？请尝试用一个短语来形容它。""请提起你的笔，仿照文章第8段的写法，像奶奶一样以形传神，描绘你选择的一条路。""课后，请同学们以'路'为话题，选取生活中有价值的素材，用'爬坡式'的构思方法，以形传神，写一篇主题明确的记叙文。"这些问题的设计，由浅入深，由表及里，由形到神，巧妙地将作文课堂向纵深推进。本课的流程也像《太阳路》的构思特点：爬坡式；教师本人就像一名导游，带领学生以及观众，越爬越高，越高越险，而无限优美的风光正在那峰顶处。

四、师生双赢

我们知道，教学是一种流动的艺术。它虽然可以预设，但是又全然挡不住学生这一生命体的现场生成。课堂上，我们看到，学生在教师的牵引下，一步步向作文山的顶峰攀爬，最终获得了巅峰般的体验与满足。而教师本人，也在学生的伶牙俐齿及灵动思维中渐行渐高，在短短的45分钟内，完成了一次探索作文教学之路的尝试。师生双赢，是当前语文教学的最高追求，张老师给我们带来了很好的启迪。

总而言之，张老师那亲和的魅力、优美的用语、驾轻就熟的教学技艺，无不彰显着她个人的博学与美学，其作文指导既具有科学性，可示范，可操作，也具有艺术美，奇妙的设计、绚烂的视频、适时的点评，使整堂课灵动神奇又流光溢彩。

（江苏省语文特级教师　顾小白）

【教学反思】

"在生活中提取有价值的素材"，其实不仅是苏教版初中语文八（下）第五单元作文教学的目标，也是每一次作文训练的目标。所以，在本次教学设计中，我本着为未来作文教学增加积累与经验的原则，打算做实做细，于是从选择话题、选择材料、选择方法方面，我下了一番功夫。

"在生活中提取有价值的素材"是一个很大的目标，选点"路"也是一个抽象的话题，但我正是要让学生明白，如何把大目标切换成小目标，把抽象话题转换成具体问题。之前读了贾平凹的系列散文，深深地被其《天上的星星》《月迹》《小桃树》《太阳路》等精美散文吸引着，它们有共同的构思艺术：爬山坡式；有相同的写作手法：以形传神。《太阳路》是其中最好的一篇，可做阅读指导。我发现其中亮点较多，如果作为作文教学的一个凭借，可以有许多抓手。这样，就有了本课的选材。《太阳路》在真正意义上体现了"形象的力量总是大于思想的力量"的道理，学生通过我的分析教学也明白了，在生活中提取有价值的素材，更大层面上可转换为提取其中鲜活的、时代的、形象的、典型的素材，因为这样的素材往往更能支撑文章的观点，也更能吸引读者的眼球。

对整个教学板块的设计，前读后写、读写结合，是符合写作教学的规范的。让我稍不满意的地方，是前半部分用于解读文本的时间过长，使后半部分的动笔写作及课堂交流的时间显得有些仓促。

于是我想，如果再上有关"在生活中提取有价值的素材"的作文课，是不是还有其他更妙的教学选择，如议论文中论据的选用，散文中的景物描写，小说中的人物设置……是不是还有其他更精当的教学设计，如开头就抛出作文话题，分段呈现创作的范本等。总之，教学是一门流动的艺术，作文教学的探索之路永无止境，但我相信，只要每天保持向上的冲劲，终究可以在作文教学之路上探得丽珠。

（张五芳）

第二节　真情实感的抓手

细节，是真情实感的抓手。在记叙文中，选用细节，先写细节，是点染文章亮色的最重要一抹。

【学习目标】

（1）读范文，明确真情实感的载体因素；

（2）写片段，演习细节传情的方式与方法。

【教学流程】

（一）明：向山进发

桃花笑红了春风，桂香染醉了秋雨；荷叶托举了一个民族的情操，梅花更新了一代名士的情怀。

而人间真情或人生感悟又需要由什么来承载或托举呢？

让我们尝试以《水果都削好了》为题，来写一篇抒发真情实感的记叙文。

（明确写作目标，向山进发。）

（二）学：他山之石

首先让我们来看看，《水果都削好了》这个题好不好写。

（生：不好写，太空、太大。）

让我们先引他山之石，来学一学丁立梅老师的《花都开好了》，看她是怎样在记叙文中抒发真情实感的。

（1）阅读《花都开好了》

① 提取文中直接抒情的句子。

参考：

时光便亮丽得像花一样。

一家人最快乐的时光就要来了。

天不老，地不老，情不老，永永远远。

花，继续在开；爱，绵绵不绝。

它让我们完全有理由相信，这世界上有好人，有善心，有至纯，有至真。

②用"至纯"的语言形式压缩上述各句表达的情感。

参考：至美——至亲——至爱——至纯——至真。

（2）再读课文，看文章是用什么来承载这些人间"至情"的？

①学生自读、查阅。

②交流。

参考：

承载物——细节

细节，就是人、事、物、景的细枝末节。人物的一颦一笑、景物的一花一木，都是细节。情感起于细微。

·事物细节——物为心象

花：凤仙花——晚婆娘花——桃花——蔷薇——海棠——红梅花。

话：花都开好了。

家：家家有——厨房门口——把四方桌摆在院子里——回家——陈先生家——饭。

·人物细节——人为心系

母亲、女孩、祖母、爸爸、陈先生。

·行为细节——行为心表

笑：花笑、母亲笑、父亲笑。

等待：母亲等待女儿爱美心的成长；祖母等待晚归的儿女归来；爸爸等待丧母的女儿的健康成长；陈先生等待远游的学子。

小结：

是啊，"花都开好了，饭在等你"，原来，等待也是一种美丽。在等待中儿女成长，愿望达成，花继续开放……

文章对人间的至爱与至情，就是通过以上细节来承载的。

（3）这些厚重的人间真情与琐碎的细节，又是通过什么方式（构思艺术）组合起来的呢？

①苍鹰鸟瞰：梳理构思特点。

②合作交流：一唱三叹。

参考：采用"一唱三叹"的构思艺术首先可以隐藏作者本人的想法，其次，它带领读者反复体验心中所感，符合人们向真、向善、向美的愿望。

（三）习：拾级而上

（1）请以《水果都削好了》为题，尝试选取细节。

①选取什么水果？

例如，苹果、香蕉、阳桃、猕猴桃、火龙果等。

②选择什么行为？

例如，唤醒。

③选择哪些人物对象？唤醒什么内容？

例如，家人唤醒病人的健康；

母亲唤醒顽童的童真；

妻子唤醒丈夫的责任；

儿女唤醒老人的希望；

老师唤醒学子的激情……

（2）请自选一组人物关系及一种水果作为细节，写一段以"唤醒"为话题的记叙文段，文尾用一句抒情句作结。

①学生练笔（约8分钟）。

②大班交流、点评。

参考：

今夜风轻露白，月明星稀，妈妈趁着月辉为尚未归家的稚子准备水果——那是三只香蕉。她洗净外皮，一把如月辉般白亮的小刀，从一只香蕉的顶部往下游移，一道裂缝被悄悄拉开；又一刀下去，香蕉那白嫩嫩的肚腩便映入眼中；横过小刀，那白嫩的肚腩便变成了六个齐刷刷的小脑袋——一只香蕉船出现了。其中一个，像极了自己那久未归家的稚子，顽皮，却掩饰不了可爱……

儿子突然走进来，被母亲那娴熟的手法吸引住了，他端起果盘，左瞧右看……母亲深情地注视着孩子："儿呀，香蕉船，它会带你到童真与善良的彼岸，吃吧……"

孩子眼中有点点泪花，映着月辉，一颗童真、纯洁之心被唤醒……

（3）同学们，香蕉唤醒了顽童；阳桃唤醒了丈夫……真情来自细节，实感依托细节。请用一唱三叹的方式，选取三个典型细节，反映一个共同的主题。

参考：

三个男人削水果。

爸爸通常用水果机，压榨柳橙子汁，唤醒我沉睡的记忆；

伯伯每每用花菜刀，制作水果拼盘，唤醒我灵动的思维；

爷爷时时用木柄刀，削制阳桃花星，唤醒我宁静的心性。

（四）演：巅峰体验

同学们，桃花笑红了春风，桂香染醉了秋雨；荷叶托举了一个民族的情操，梅花更新了一代名士的情怀。

而人间真情或人生感悟可以以各种形象作为载体来承载，往往，形象的力量要远远大于思想的力量，细节的张力也远胜于理论的说教。

请以《＿＿＿＿都＿＿＿＿好了》为题，写一篇中心明确、细节突出、真情实感的记叙文，600字左右。

附范文：

花都开好了

丁立梅

记忆里，乡村多花，而夏季，简直就是花的季节，随便一抬眼，就能看到一串艳红，或一串粉白，趴在草丛中笑。

凤仙花是不消说的，家家有。那是女孩子的花。女孩子们用它来染红指甲。花都开好的时候，最是热闹，星星点点，像绿色的叶间，落满粉色的蝶，它们就要振翅飞了呀。猫在花丛中追着蝴蝶跑，母亲经过花丛旁，会不经意地笑一笑。时光便亮丽得像花一样。

最为奇怪的是这样一种花，只在傍晚太阳落山时开放。花长在厨房门口，一大蓬，特别茂密。傍晚时分，花开好了，浅粉的一朵朵，像小喇叭，欢欢喜喜的。祖母瞟一眼花说，该煮晚饭了，遂转身到厨房里。不一会儿，屋角上方，炊烟就会升起来。狗开始撒着欢往家跑，那后面，一定有荷锄的父母，披着淡淡夜色。我们早早把四方桌在院子里摆上了，地面上洒了井水（消暑热的），一家人最快乐的时光就要来了。

这样的花开好了的时候，充满合家团聚的温馨。花名更是耐人咀嚼，祖母叫它晚婆娘花，是一个喜眉喜眼守着家的女子呀，等候着晚归的家人。天不老，地不老，情不老，永永远远。

……

亦看过一个有关花的感人故事。故事讲的是，一个女孩在三岁时失去了母亲，父亲不忍心让小小的她受到伤害，就骗她说，妈妈到很远很远的地方去了，等院子里的桃花开了，妈妈就回来了。女孩于是日日跑去看桃树，整整守候了一个冬天。次年三月，满树的桃花开了。女孩很高兴，跑去告诉父亲：爸爸，桃花都开好了，妈妈就要回来了吧？父亲笑笑说：哦，等屋后的蔷薇花开了，妈妈就回来了。女孩于是又充满希望地天天跑到屋后看蔷薇。等蔷薇花都开好了，做父亲的又告诉女儿，等窗台上的海棠花开好了，妈妈就回来了。就这样，一年一年的，女孩在美丽的等待中长大，健康而活泼，身上没有一丝忧郁悲苦的影子。在女孩十八岁生日那天，女孩深情地拥抱了父亲，俯到父亲耳边说的一句话是：爸，感谢你这些年来的美丽谎言。

花，继续在开；爱，绵绵不绝。

画家黄永玉曾在一篇回忆录里提到红梅花，那是他与一陈姓先生的一段忘年交。当年，黄永玉还是潦倒的穷孩子，到处教书，到处投稿，但每年除夕都会赶到陈先生家。那时，陈先生家的红梅花开得正好。有一年，黄永玉没能如期赶去，陈先生就给他写信，在信中这样写道：花都开了，饭在等你，以为晚上那顿饭你一定赶来，可你没有赶回来。你看，花都开了。

你看，花都开好了。冰天雪地里，红艳艳的一大簇，直艳到人的心里。它让我们完全有理由相信，这世界上有好人，有善心，有至纯，有至真。

（有删节《北京日报》2007年2月）

第三节　谋篇布局的载体

波折是谋篇布局的重要载体，一波三折，伏笔照应等，都是谋篇布局的极好章法。我们一起来看一篇习作的原文、修改、成文过程。

一、升格支点

文似看山不喜平，这是读者对叙事类文本构思艺术的审美追求。作为习作者，我们也应该具备应有的读者意识，即在构架文本的思路时，来点"起承转合"，使习作"曲折有致"，这样才能吸引读者的阅读兴趣。

"起承转合"，"起"是开端，"承"是承接上文加以阐述，"转"是转折，"合"是结束全文。元代范德玑在《诗格》中说："作诗有四法，起要平直，承要春容，转要变化，合要渊永。"旧时诗文写作结构章法常用此程式。现代叙事类文本常常采用此法来结构行文思路，使之摇曳多姿，变化多端，吸人眼球。

"曲折有致"，则是在具体行文时，有悬念，有抑扬，有意外。这样，就会给文本带来曲折与波澜，可读可赏。

下面，以《两场竞赛》为题，以竞赛较量为题材来示例，例释在记叙文中，如何做到起承转合，曲折有致。

二、原文呈现

两场竞赛

常州市金坛区华罗庚实验学校　九（8）班　刘佳凌

A城里有一场盛大的象棋竞赛，胜者可以去参加全国总决赛。（起：起头过于简洁，缺少必要的交代，使下文老奇的出场来得太突然。）

老奇是B城的象棋高手，在B城总决赛中获得冠军后，便想去看一下自己未来的对手。刚进A城老奇就发现，城里挂了许多横幅，有的说："支持红棋吧！"有的说："支持黑棋吧！"老奇看得莫名其妙，便问一个路人："这'红棋''黑棋'是谁呀？"那路人说："你是新来的吧！'红棋''黑棋'都是我们这儿的象棋高手，因他们势如水火难分高下，所以叫'红棋''黑棋'。""那这势必是一场恶战吧！"老奇感叹道。老奇觉得肚子很饿，就去找饭店吃了一顿，并找旅馆住了一宿。（承：借路人的讨论，来推动情节的发展，好。）

第二天吃过午饭，老奇就往体育场跑。当老奇到体育场时，已是人山人海。比赛很快开始了，运动员分别亮相："红棋"衣着朴素，一副胸有成竹、稳稳当当的样子；"黑棋"衣着华丽，戴着一副墨镜，一副势在必得、趾高气扬的样子。两人就座，一场对决开始了。刚开始，"黑棋"占上风，他麾下一匹战马，横冲直撞，顺利越过楚河，一步步向山的最顶峰爬去。"黑棋"不知"红棋"正在顶峰等着他。正当"黑棋"的战马即将攀上顶峰时，"红棋"麾下一口大炮朝战马轰了一炮。战马跌下山去，摔得粉身碎骨。棋局也随着战马的跌落而迅速变化，原本即将到达顶点的"黑棋"霎时回到了起点。（承：两棋对决，然有看点。）

这时，裁判突然宣布中场休息十分钟。之后，比赛继续进行。老奇正在感叹"红棋"的高超棋艺与自己不相上下时，猛然发现大屏幕上的棋局发生了变化，"红棋"竟然落了下风，而其他人由于不专业或没注意都没发现。"红棋"脸上的汗像大豆似的淌了下来，棋局急转直下，不一会儿，"红棋"就输了。散场时，忽然有人愤然喊道："棋局有诈。"这时，许多观众都齐刷刷地回头大声呼喊，可惜赛委会已离开，于事无补。老奇愤愤地离开了……（转：情节变换，结局出人意料。）

简评：

文章总体叙事完整，有原因交代，经过叙述，得出结果。语言文字也较流畅，尤其是描述竞赛的场面、氛围、对决的过程，细腻、真切、自然。但是，仔细读来却发现，起因交代不明确，标题内涵不清楚，文章主旨不鲜明。

三、升格指津

文章按照故事的起因、经过、结果三部分来组材，貌似叙事完整，思路清晰，然而，总觉得少了点什么：①开头与第2段之间似乎缺了些必要的交代与过渡衔接；②结局如此出人意料，应当在主体部分增加伏笔照应或设置悬念，否则结局就变得莫名其妙；③标题是《两场竞赛》，然而文中没有明显体现，即缺少"结语"部分，感觉文章尚未结束。而如果采用"起承转合"的结构方式，在文章中设置一些波澜，也许"两场竞赛"的意义或内涵会更加深远。

四、佳作呈现

两场竞赛

常州市金坛区华罗庚实验学校 九（8）班 刘佳凌

A城里有一场盛大的象棋竞赛，胜者可以去参加全国总决赛。许多象棋高手都报名参加。经过多轮角逐，决赛即将开锣，决赛双方都在进行充分的准备。（起：交代背景，渲染氛围。）

老奇是B城的象棋高手，在B城总决赛中获得冠军后，便想去看一下自己未来的对手。刚进A城老奇就发现，城里挂了许多横幅，有的说："支持红棋吧！"有的说："支持黑棋吧！"老奇看得莫名其妙，便问一个路人："这'红棋''黑棋'是谁呀？"那路人说："你是新来的吧！'红棋''黑棋'都是我们这儿的象棋高手，因他们势如水火难分高下，所以叫'红棋''黑棋'。""那这势必是一场恶战吧！"老奇感叹道。那路人却摇了摇头："话虽如此，但听说'黑棋'怕输，要……，他……"路人的话语声渐渐低了直至消失。"不过，这话可不能乱说。"他俩又攀谈了一会儿，路人就走了。（承1：设置悬念，推动情节向前发展。）

老奇觉得肚子很饿，就去找饭店。当他路过一个巷口时，看到有几个人小心翼翼地拎着几个大包礼品去敲人家的门。老奇只因肚子饿，也没细看，找了一家离赛场最近的旅馆吃了饭，并住了一宿。（转1：故事延宕，制造波澜。）

第二天一早，老奇就被楼下的吵闹声吵醒了，他便下楼去看个究竟，原来有两个人在谈论当天下午的象棋竞赛。一个人说："一定是'红棋'胜。他为人正直，聪明，善良，从不走歪门邪道，他这么好的人怎么可能不拿冠军呢？'黑棋'这人作风不好，下棋老悔棋，这种人能拿冠军就怪了！"另外一个人显然不同意："下棋用的是脑子，和品格好坏没关系。我看'黑棋'不会比'红棋'差，平时下棋悔棋，正规比赛不悔不就行了吗？"（承2：故事延宕，继续制造波澜。）

在大家伙儿的争吵中，一上午就匆匆过去了。大家急急地吃了午饭，完了就往体育场跑，当老奇到体育场时，已是人山人海。他找来找去，才找到了自己的座位，可是他又没法走进去坐，他几乎是爬到了座位上。比赛很快开始了，运动员分别亮相："红棋"衣着朴素，一副胸有成竹、稳稳当当的样子；"黑棋"衣着华丽，戴着一副墨镜，一副趾高气扬、势在必得的模样。两人就座，一场对决开始了。（承3：气氛渲染，人物描写，推动情节开展。）

刚开始，"黑棋"占上风，他麾下一匹战马横冲直撞，顺利越过楚河，一步步向山的最顶峰爬去。"黑棋"不知"红棋"正在顶峰等着他。正当"黑棋"的战马即将攀上顶峰时，"红棋"麾下一口大炮朝战马轰了一炮。战马跌下山去，摔得粉身碎骨，棋局也随着战马的跌落而迅速下滑。原本即将到达顶点的"黑棋"霎时回到了起点。（承4：棋逢对手，竞赛角逐。）

这时，裁判突然宣布中场休息十分钟。之后，比赛继续进行。老奇正在感叹"红棋"的高超棋艺与自己不相上下时，猛然发现大屏幕上的棋局发生了变化，"红棋"竟然落了下风。"红棋"脸上的汗像大豆似的淌了下来，棋局陡转直下，不一会儿，"红棋"就输了。散场时，人群中忽然有人愤然喊了一声："棋局有诈！……"此时，大家才回过神来，齐刷刷地回头大声呼喊着，惋惜着……可惜赛委会已经迅速离开了现场，于事无补。（转2：故事跌宕，结局意外。）

老奇也十分愤怒，当天就跑回了B城，连夜向《真理报》写了篇文章。文章最后说："这实际上是两场竞赛，一场是象棋竞赛，另一场是追求真实的竞赛。前者是'黑棋'胜，后者是'红棋'胜。实际上，只有不弄虚作假的人，才有资格获得比赛的真正胜利。"（合：卒章显志，针砭时弊。）

简评：

升格文与原文相比，保留了原文自然流畅的特质，增加了起因的交代，使开头与主体部分衔接自然。铺叙了四次承接：第一次设置悬念，推动情节向前发展；第二次延宕故事，制造波澜；第三次渲染气氛，描写人物，推动情节继续开展；第四次棋逢对手，竞赛角逐，情节继续向前流淌。设置了两次转折：

第一次故事延宕，制造波澜；第二次故事跌宕，结局意外。又增加了"合"的部分，借老奇的文章，经济地整合上文的四承二转，自然地卒章显志，巧妙地点出"两场竞赛"的内涵："一场是象棋竞赛，另一场是追求真实的竞赛。前者是'黑棋'胜，后者是'红棋'胜。实际上，只有不弄虚作假的人，才有资格获得胜利。"这样，起承转合，有悬念、有抑扬、有意外，可谓左右逢源、曲折有致。

五、小试牛刀

作文题《遇见》。请你思考：谁遇见？遇见谁？遇见的曲折过程是什么？遇见的具体场景怎样？相信你一定能在"起承转合"间，带来"曲折有致"的好文章。

第四节　文章情思的彰显

立意是文章情思的彰显。不管是议论作结，情景作结，卒章显志，还是画龙点睛，我们总要设法展现自己的情愫与要义。

【学习目标】

（1）尝试从文言文中选取作文题目，明确记叙文选材的基本标准；

（2）以文言文的基本构思为例子，现场构思并交流。

【教学过程】

（一）读题目，明确审题步骤

首先，让我们来看一道作文题。

苏轼漫步："何夜无月？何处无竹柏？但少闲人如吾两人者耳。"

舟子喃喃："莫说相公痴，更有痴似相公者！"

郑燮感慨："由外望内，是一种境地；由中望外，又是一种境地。予以为，学者诚能八面玲珑，千古文章之道，不出于是，岂独画乎？"——题干

请以《换个角度看_____》为标题，写一篇文章。——题目

要求：①自选文体；②体现真情实感；③不少于600字。——要求

一道完整的作文题，往往有三个组成部分：题干、题目、要求。请标注出这三个部分。（见上）

审题的时候，我们首先要梳理题干给我们提供的信息，仔细阅读题干，提取其中的重要信息。

我们发现，这里呈现的三则材料都是在提醒我们，要学着转换角度看物、看人、看事，这些信息就是半命题《换个角度看_____》的来源。作文要求很明确。

（二）读文言，判断选材内容

通常情况下，一篇完整的记叙文，由四个部分组成：设置情境，讲述故事，描摹景致（渲染氛围），诉说衷情。朗读下列三则文言文，逐一判断并提

取这四个部分的内容。

记承天寺夜游

（宋）苏轼

元丰六年十月十二日夜，解衣欲睡，月色入户，欣然起行。——设置情境

念无与为乐者，遂至承天寺寻张怀民。怀民亦未寝，相与步于中庭。——讲述故事

庭下如积水空明，水中藻、荇交横，盖竹柏影也。——描摹景致（渲染氛围）

何夜无月？何处无竹柏？但少闲人如吾两人者耳。——诉说衷情

湖心亭看雪

（明）张岱

崇祯五年十二月，余住西湖。大雪三日，湖中人鸟声俱绝。——设置情境

是日更定矣，余挐一小舟，拥毳衣炉火，独往湖心亭看雪。雾凇沆砀，天与云与山与水，上下一白。湖上影子，惟长堤一痕，湖心亭一点，与余舟一芥，舟中人两三粒而已。——描摹景致（渲染氛围）

到亭上，有两人铺毡对坐，一童子烧酒，炉正沸。见余大惊喜，曰："湖中焉得更有此人！"拉余同饮。余强饮三大白而别。问其姓氏，是金陵人，客此。——讲述故事

及下船，舟子喃喃曰："莫说相公痴，更有痴似相公者！"——诉说衷情

游 江

（清）郑燮

昨游江上，见修竹数千株，其中有茅屋，有棋声，有茶烟飘扬而出，心窃乐之。——设置情境

次日，过访其家，见琴书几席净好无尘，作一片豆绿色，盖竹光相射故也。——描摹景致（渲染氛围）

静坐许久，从竹缝中向外而窥，见青山大江，风帆渔艇，又有苇洲，有耕犁，有饁妇，有二小儿戏于沙上，犬立岸旁，如相守者，直是小李将军画意，

205

悬挂于竹枝竹叶间也。——**讲述故事**

由外望内，是一种境地；由中望外，又是一种境地。予以为，学者诚能八面玲珑，千古文章之道，不出于是，岂独画乎？——**诉说衷情**

看了三篇文章的材料安排，我们大致上可以捕捉到记叙文选材的基本规律：境一层，事一些，景点染，情作结。

有了素材，我们还得考量这些材料的妥善编排，即行文构思。构思清晰明了，读者才会思绪清晰，读之有味。

（三）读文言，梳理行文思路

让我们再读这三篇短文，梳理它们各自的行文思路。

记承天寺夜游

（宋）苏轼

元丰六年十月十二日夜，解衣欲睡，月色入户，欣然起行。——**预期目标**

念无与为乐者，——**设置障碍**

遂至承天寺寻张怀民。怀民亦未寝，相与步于中庭。——**讲述故事**

庭下如积水空明，水中藻、荇交横，盖竹柏影也。——**翻出新意**

何夜无月？何处无竹柏？但少闲人如吾两人者耳。——**达成目标**

湖心亭看雪

（明）张岱

崇祯五年十二月，余住西湖。——**预期目标**

大雪三日，湖中人鸟声俱绝。——**设置障碍**

是日更定矣，余挐一小舟，拥毳衣炉火，独往湖心亭看雪。雾凇沆砀，天与云与山与水，上下一白。湖上影子，惟长堤一痕，湖心亭一点，与余舟一芥，舟中人两三粒而已。——**讲述故事**

到亭上，有两人铺毡对坐，一童子烧酒，炉正沸。见余大惊喜，曰："湖中焉得更有此人！"拉余同饮。余强饮三大白而别。问其姓氏，是金陵人，客此。——**翻出新意**

及下船，舟子喃喃曰："莫说相公痴，更有痴似相公者！"——**达成目标**

游 江

（清）郑 燮

昨游江上，见修竹数千株，其中有茅屋，有棋声，有茶烟飘扬而出，心窃乐之。——**预期目标**

次日，过访其家，见琴书几席净好无尘，作一片豆绿色，盖竹光相射故也。——**讲述故事**

静坐许久，从竹缝中向外而窥，见青山大江，风帆渔艇，又有苇洲，有耕犁，有饁妇，有二小儿戏于沙上，犬立岸旁，如相守者，直是小李将军画意，悬挂于竹枝竹叶间也。——**翻出新意**

由外望内，是一种境地；由中望外，又是一种境地。予以为，学者诚能八面玲珑，千古文章之道，不出于是，岂独画乎？——**达成目标**

从以上梳理来看，普通记叙文的基本思路为预期目标——设置障碍——讲述故事——翻出新意——达成目标。

现在，让我们再来看这道作文题。

苏轼漫步："何夜无月？何处无竹柏？但少闲人如吾两人者耳。"

舟子喃喃："莫说相公痴，更有痴似相公者！"

郑燮感慨："由外望内，是一种境地；由中望外，又是一种境地。予以为，学者诚能八面玲珑，千古文章之道，不出于是，岂独画乎？"

请以《换个角度看_____》为标题，写一篇文章。

要求：①自选文体；②体现真情实感；③不少于600字。

材料中，苏轼提醒大家换个角度看明月，舟子从自己的角度看主人（张岱），郑燮从作画的角度引导大家，学着做事，也当八面玲珑，多换角度思考问题。从这个角度来看，作文题可填写为《换个角度看明月》《换个角度看"痴"》《换个角度看作文》。

其实，不仅是叙事类文言文，现代散文也不乏这样的构思形式。

请同学们再来读一读丰子恺先生的《渐》，梳理其中的行文思路，并用《换个角度看_____》为它改写标题。

渐

丰子恺

某农夫每天早晨抱一犊跳过一小沟，到田里去工作，夕暮又抱了它跳过小沟回家。每日如此，未尝间断。

过了一年，犊已渐大，渐重，差不多变成大牛，但农夫全然不觉得，仍是抱了它跳沟。

有一天他因事停止工作，次日再就不能抱了这牛而跳沟了。

造物的骗人，使人流连于其每日每时的生的欢喜而不觉其变迁与辛苦，就是用这个方法的。人们每日在抱了日重一日的牛而跳沟，不准停止，自己误以为是不变的，其实每日在增加其苦劳！

我们可以明显地看出，《渐》的基本思路为预期目标——设置障碍——讲述故事——翻出新意——达成目标。标题可以改为《换个角度看时间》。

现在，让我们也来填写这个标题，并尝试为这个标题选材、构思。特别注意考虑以下几个指标：

（1）选材：只有鲜鱼才可以清蒸；

（2）构思：文似看山不喜平；

（3）细节：文章起于细微；

（4）意境：一切景语皆情语；

（5）立意：形象的力量远远大于思想的力量。

下面是笔者和一位同学呈现的当场习作。

换个角度看岁月

常州市金坛区华罗庚实验学校　张五芳

母亲在当地种韭菜、卖韭菜是出了名的。

在我们小的时候，母亲曾经养兔子、剪兔毛，以此来缴付我们姐弟仨的小学学费。我升入初中后，据说兔毛不再盛行，人们改穿羊毛衫了，于是，妈妈就改行，在后院搭起了鸡棚，养起了数千只鸡，用这些鸡赚来的钱换取我们上中学的资格。同一时间，母亲还跟着爷爷学捏面人，到东家西家去为他们的各类喜事捏面人，业务忙时，我也帮着去过几家，手捏的面人当然要比母亲的差去几分。

我读高中时，母亲在家中开起了小小的缝纫作坊，作坊大约有五台缝纫机，招收了四位徒弟，接了一些外贸服装厂的活，母亲在家没日没夜地干起来。

就这样，我读到了大学，开始在学校住宿。从此便不太关注母亲在干些什么。

工作后，一次偶然回家，见铁将军挂门，心生诧异：妈妈去哪儿了？邻居向远方一指：你妈在韭菜地里呢！抬眼望去，一片油油的绿意在阳光下闪烁，一个黑色的身影在其间慢慢移动。我飞奔前去，高声喊着："妈！妈！……"妈妈似乎太专注了，没有听到我的叫喊声，等我终于走到她的背后，她才察觉，回转身，笑着说："丫头回来啦！"满脸的慈祥，而鬓边正有一朵素色韭菜花儿绽放。

母亲割了一把韭菜，直往我的手上揣：你闻闻，韭菜多香啊！而我，却丝毫闻不出其香来。

晚上，我们就着韭菜下饭。看着母亲那蜷曲而膨大的手指，我心疼地说：妈，以后别种韭菜啦，活儿累，味儿重。多休息休息，我养你。

母亲却不搭理我，自顾自吃着那油油的韭菜：香着呢！

后来，每每带女儿回娘家，总是看到母亲坐在阳台上，就着一片阳光，眯着眼，在一大撮一大撮的韭菜的包围下，翻、拣、择、扎着韭菜。阳光下，那原本裂口的手指，仿佛一下子得到了神力，在韭菜间上下翻飞，左右逢源，不一会儿，一小扎就择好了。它们被整齐地立在墙边，像安静的小学生。而远看，母亲戴着韭花在那拣择韭菜的姿态，仿佛一轴宁静的画卷，安详、宁谧、恬美，时有徐徐韭香飘来，那么好闻。

又一次，我带着女儿驱车到家，家中依然铁将军挂门。邻居说：你妈在菜市场卖韭菜呢！便驱车去市场。老远就望见母亲的菜摊，清一色的韭菜，码得齐齐整整，露出的白茎，就像一个个小孩的光头，调皮可爱，引人驻足。我们从大门走向摊位的过程中，菜摊就有三位顾客光顾，母亲利索地为他们挑选、过称、找零，不厌其烦，满脸喜悦。母亲猛抬眼，看见我们，急急地擦干手，帮外孙女拎东西，那朵素色韭花依然开在鬓边。她忙着给我俩拿板凳，一边跟邻居摊位的大婶唠叨着：这是我大女儿，做老师；这是我外孙女，在上海读大学……大婶说：你这么好的条件，还来卖韭菜啊？母亲说：就是因为我条件好，三个儿女工作顺利，家庭和美，又懂孝顺，我心里直乐，所以，就来卖韭菜啦。不管卖多少钱，我心里开心……

那一刻。我似乎又闻到了韭香，那样清新，那样迷人。

看着母亲一边择着韭菜，一边被韭菜包围的姿态，我也不由得动起手来，加入择韭菜的行列。女儿也动起她那白嫩的手，学着外婆的模样，挑拣，翻择，扎捆，有模有样，与外婆一起享受着韭香，享受着安谧，享受着欢畅。

常听人说：你妈真年轻啊！现在终于知道母亲年轻的原因了。安享韭香，心存宁谧，心怀美好，岁月自然丰饶！

换个角度看成长
常州市金坛区华罗庚实验学校　九（3）班　潘聿桐

生活中充满未知的挑战，也许是挑战一次测试，也许是挑战走一趟夜路，也许是挑战一种信任或危机……在挑战中，我们渐渐长大。

暑假，我们一家去了普陀山，这座海上的岛屿，像碧染蓝布中的一星点翠。我们站在棕褐色的礁石上，迎面吹来咸腥味的海风。峭壁小心地围着岛中央的花草树木，像一处盆景，精致却又大气磅礴。普陀山，远观是一块浑然天成的璞玉，置身其中，才知道它深藏不露。

既然是山，那便有山峰。第二天一早，我们就开始了"游山行"。一路缆车上山，低头是满眼葱茏，峭石突兀，素花如星点缀小径；放眼是海天一色，碧海蓝天，飞鸟如云翱翔天空。

踏上山顶的石阶，游览了山顶的寺庙，才发觉已是正午。我们由曲折的石径往山下走。八月的艳阳毫不留情，即使有树木绿荫，闲蝉噪鸣也让人觉得心烦意乱。陡峭的山，狭窄的石阶呈"之"字形蜿蜒排列，一眼望不到头。"上山容易，下山难"，我的双腿双脚已满是疲惫，开始还能坚持，越走越难，双腿发抖，额上有豆大的汗珠，手紧紧扶着一旁的栏杆，仿佛稍有松懈就会跌坐下去。腿有千斤重，惯性让我整个人机械地向山下走，古木巨石已无心欣赏。一转又一转，石阶仿佛永远也走不完。

好容易看到了平地，我心中一喜，没想到只是一个小小的寺庙。我失望至极，一屁股坐在石凳上，一点儿也不想起来，心想：这可是个不小的挑战，就不走了吧……

这时，一个身着僧侣服的老者走过去，他的衣服已全然湿透，他的举动更让我动容：不急不躁，走三个石阶，俯下身来，双手摊开，磕一个头。他是那么虔诚又宁静，好似任何事情都无法打扰他心中的坚定，他三步一拜，每一次跪拜，我仿佛能听到他心中最真诚的诵念。上山的路还很长，他难道就没有想过放弃吗？我不禁疑惑，又被他的毅力所折服。我只是下山就想要放弃，与老者相比，真是难为情。

我们重新踏上下山的路，一路上又遇见许多跪拜的人，他们眉目凝重，庄严而虔诚。那是他们心中的信仰，也是生活中不小的挑战，他们用强大的意志在与之同行。

我一下子懂得了许多，脚步也轻快了许多。我愿意继续挑战。山脚的铜钟已在眼前，我也决定用意志完成这最后的挑战。晚风吹来，回看来时石路，俯瞰脚下景致，顿时，我觉得自己长大了许多。

第六章

自育式读写教学成果

　　对于自育式读写教学，我在近十年的研究与行走中，自然产生了许多想法、做法和章法。想法上，从教学管理层面，制定全新的教学标准；做法上，从阅读与写作的范例或样式中，探寻阅读的规律与写作的真谛，真正撩拨学生的阅读与写作激情，也为一线语文教师呈现可操作的范本；章法上，设法把研究、实践的成果，用得体、连贯、优美的语言表达出来，以彰显研究的过程与行走的痕迹。

第一节　自育式读写教学的管理

教育部在"2017年全国教育工作会议工作报告"中，提出了"稳中求进""内涵发展"的工作原则。具体落实到学校自育式教学管理层面，我认为应该遵循五个"日常"。

一、真——教学态度的真实性

教育的起点与终点，都是自我教育，教学更当如此。作为一名一线教师，管理自己的教学，要做好以下两点：

（一）态度真诚

教师要用虔诚的心态备好每一节课，包括新授课与复习课、日常课与活动课（实验课）。教师的每一份虔诚都能在课堂上被学生感知，都能感染学生，使学生跟着你的脉络与思路进行学习。

（二）情境真实

教师设计的教学情境或活动情境务必真实自然，要让学生观其实、信其真，使学生在实实在在的情境中，心甘情愿地完成方法演练、思维挑战、能力升格的任务。

二、善——教学手段的艺术性

真正吸引学生的教师，是擅长内容选择、语言运用、练习设计的教师。

（一）方法熟稔

方法熟稔，是指教师在教学中熟练驾驭所教学科的知识体系，充分运用信息技术协助课堂教学，成熟运用手头的资源把控课堂节奏与调节气氛，使自己的教学语言成为语文书、数学书、物理书等，使自己的学生在课堂上都满涨着求知的欲望。

（二）方式友善

当然，教师放低教学姿态也是至关重要的。友善的态度、温善的语言、良善的示范、善意的修正等，均会带来和善的课堂氛围，使学生在课堂上的思维活跃，学习如鱼得水。

三、美——教学内容的形象化

最好的教学管理，一定是多角度、多层面采用形象化的手段，使自己的教学内容具体、真切、生动。例如，语文课，可以为每篇文章配上思路图；历史课，可以为每章知识体系勾画知识树；英语课，可以为每个单元绘制语法图等。总之，尽一切可能，把抽象的知识与方法变得形象，因为形象的力量往往大于思想的力量。

四、群——教学方式的合作化

新的时代，各学科的大量信息扑面而来，学生不可能亲历每一种信息、知识、方法的生产和提炼过程，因此，课堂内外的合作学习、抱团协作，就应当成为我们教学管理的日常。这种合作学习，必须在备课时就作为重点来处理，给出的合作任务必须具有挑战性，必须提供真实情境，必须使小组内的每一名成员都有事可做，使每一名学生都能在团队协作中提炼信息、凝练方法、形成经验。

五、佳——教学成果的可视化

许多教学行为都是比较内隐的，当前的教学管理必须想着法子让其看得见、摸得着，即，使教学成果可视化。可视化的成果可以是数学小报、文学社团、英语连廊、实验物理、生命化学、模拟联合国、政治看天下等；可以让高年级的学生把一个月的学习成果制作成展板到低年级去宣讲；可以邀请家长在学校开放日来检阅教学成果；可以将一个阶段的学习成果拍成微视频在家长群中共享等。

"真、善、美、群、佳"，五个字，依据最初的造字原则，分别为大表、口表、大表、君表、人表，而"表"，是一切美好事物所要达到的基本标准。在一线的教学管理中，如果真正把这五个"表"深藏于心，并使其"日常"化，那么，我们就真正做到了"稳中求进""内涵发展"。

第二节　自育式阅读教学的范例

自育式阅读教学，起始于语文教师本人的自育式阅读，包括阅读专业类书籍、语文教材、教材分析；积累于教材解读、资料收集、教学设计、课件设计、学案设计；终结于说课、模拟课堂、完整课堂。不管是在线下，还是在线上，自育式阅读教学的引领者、操控者一定是语文教师本人，经历者、体验者一定是学生自己。学生，在我们的自育式阅读教学课堂上，将学会借用自我监控策略来调控自己的阅读方向、速度、内容、节奏，慢慢掌握自育式阅读的全部本质。

这里，主要以部编初中语文教材中的新课文为抓手，阐述自育式阅读教学的研究、开展与实践。

《梦回繁华》文本解读与建构

《梦回繁华》属于说明文，对于说明文的解读，必须透彻，其建构才会明了。我们可以尝试从教学内容、教学方法、学习方法、资源选用四个方面，来展开解读与建构。

一、教学内容的确定

（一）文字有亮度，表达很明确——特征鲜明，繁而不杂

《梦回繁华》不同于一般说明文的地方，在于它的文化内涵与语言表达。我们可以从语言文字表达的角度，另辟蹊径，解读这篇说明文。

（1）默读课文，找出《清明上河图》的背景、画面内容、艺术特征。

背景：繁荣局面、商业繁盛；

画面：城内街市的繁华景象、汴河两岸的繁华情景、一片繁忙景象；

艺术：繁而不乱，长而不冗。

（2）判断文章所选用的素材及选材的特点。

素材——广阔性：汴京城市的繁荣奢华；多样性：市民生活的细枝末节。

选材——生活化、时尚化、陌生感……

（二）文辞有温度，表达很得体——方法适当，繁而不绕

找出文中运用说明方法的句子，比较各种方法的异同及其效果。

列数字：纵24.8厘米，横528.7厘米。

打比方：整个长卷犹如一部乐章，有慢板、柔板，逐渐进入快板、紧板，转而进入尾声，留下无尽的回味。

作描摹：画面开卷处描绘的是汴京近郊的风光。疏林薄雾，农舍田畴，春寒料峭，赶集的乡人驱赶着往城内送炭的毛驴驮队。

作比较：《东京梦华录》中所记述的街巷、酒楼、饮食果子，以及"天晓诸人入市""诸色杂卖"等都能在这画面中找到生动的图释。画中的"孙羊店""脚店"等，与《东京梦华录》中所记的"曹婆婆肉饼""正店七十二户……其余皆谓之脚店"等，无有不符。

这些说明方法，就潜藏在字里行间，细细读来，感觉方法适当，繁而不绕。

（三）文句有梯度，表达很连贯——语言顺畅，繁而不乱

从说明语言的角度，品析本文语言的特点。

·北宋时期，商业手工业迅速发展，城市布局打破了坊与市的严格界限，出现空前的繁荣局面。……由此，绘画的题材范围在反映现实生活方面得到了极大的拓展，……张择端的《清明上河图》便是北宋风俗画作品中最具代表性的一幅。

·画面开卷处描绘的是汴京近郊的风光……画面中段是汴河两岸的繁华情景……后段描写汴梁市区的街道……

我们发现，文句之间梯度连贯，语言读来顺畅贯通，同样显示出繁而不乱的气质。

（四）文意有深度，表达很蕴藉——主题深刻，繁而不俗

反复阅读文中的内容，结合以下四种观点，说说全文要表达的主题是什么。

（1）张择端的《清明上河图》便是北宋风俗画作品中最具代表性的一幅。

（2）在他们眼中，这幅图卷必有其特殊的意义，正是他们回首故土、梦回繁华的写照。透过此一观念来审视这幅千古名作，我们会发觉那隐藏于繁华背

后的心情。

（3）全图内容庞大，却繁而不乱，长而不冗，段落清晰，结构严谨。

（4）它不是一般热闹场面的记录，而是通过对各阶层人物活动的生动描绘，深刻地揭示出这一特定历史时期的社会生活状况。

仔细分析可知，（2）为我们的首选。繁华后的隐忧，沧桑后的担心，可能正是作者要表达的主题。

二、教学方法的确定

阅读教学没有固定的模式，自育式阅读教学亦如此。针对文本的体裁、内容、风格等，我们可以随文选择适合的教学方法。

（一）抓切点，理读课文

我们可以紧紧抓住五个"繁"字，来展开"牵一发而动全身"的阅读教学。

特征：繁而不杂；

方法：繁而不绕；

顺序：繁而不乱；

语言：繁而不俗；

主题：繁而不艳。

（二）赏细节，品读语言

从说明语言准确与生动的层面，品咂其中得体、连贯、典雅、优美的品质。

表达准确：得体（专业性、普适性）、连贯（梯级性、有序性）；

表达生动：典雅（四字词语）、优美（作描摹）。

（三）解标题，归结主题

紧紧扣住标题，结合文本内容，用对联的形式归结全文的主题。

回故土，汴梁河畔人来人往满目苍凉；

梦繁华，城郊内外车行船去一片忧伤。

三、学习方法的确定

要将说明文解读出滋味来，必须借助"课堂功能五'I'构想"，即——

信息（Information）：围绕对象，提取内容与特征；

兴趣（Interest）：抓住繁华，品读方法与细节；

质疑（Inquiry）：探寻文章标题意蕴与作用；

直觉（Intuition）：凭借语言，鉴赏得体与连贯；

智慧（Intelligence）：跳读、议论，归结主题与意蕴。

这样，我们就可以帮助学生构建全息性的阅读网络，天长日久，学生的整体思维、系统思维及聚焦思维都将变得更加敏锐。

四、教学资源的确定

自育式阅读课堂，免不了教学资源的渗入。然而，资源绝对不是越多越好，"少而精"一定是我们运用资源的最佳原则。这一课，我们可以渗入以下资源：

（1）《谜一样的清明上河图》［（日本）野岛刚］——用于导入部分；

（2）《解读<清明上河图>》（陈诏）——用于主题解读部分；

（3）《清明上河图》（词曲：高进　演唱：李玉刚）——用于结尾部分。

这样，一篇看似精短的说明文，读来却有丰盈、饱满、精妙之感。

《溜索》文本解读与说课

一、说教材

这是部编语文九年级下册的一篇小说，它选自当代作家阿城的短篇小说集《遍地风流》。阿城在《遍地风流》自序中交代了自己的写作缘由：

"在乡下时无事所写。那时在云南插队，一待就是十年。当时正年轻……年轻自然气盛，元气足。"

写作成为阿城宣泄"元气"的方式。

九年级的学生，对于阿城、对于"元气"、对于"溜索"等都是陌生的，我就借用这种陌生感，带领学生靠近阿城，了解"溜索"及"溜索"故事。

二、说目标

（1）读小说，概述故事情节；

（2）读人物，品析性格特征；

（3）读作者，提炼小说主题。

三、说流程

（一）课堂导入

"阿城，我的天，这可不是一般人。史铁生拿我和他并列，真是高抬我了。北京这地方每几十年就要有一个人成精，这几十年成精的就是阿城。我极其仰慕其人。若是下令，全国每人都必须追星，我就追阿城。"

——王朔

（二）情节梳理

（1）这是一篇小说。阅读全文，请以"溜索"为抓手，按小说结构特点概括主要情节。

开端：马帮抵达怒江边，等待溜索过江。

发展：马帮汉子们决定溜索，将牛以及驮子熟练、沉着地运到对岸。

高潮："我"在首领的指导下胆战心惊地溜索。

结局：全队顺利到达对岸，再次上路。

（2）请围绕"溜索"，用一句话概括小说的主要内容。

首领带马帮汉子们溜索过怒江。

（三）感受人物之"元气"

《溜索》选自当代作家阿城的短篇小说集《遍地风流》，阿城在《遍地风流》自序中交代了自己的写作缘由：

"在乡下时无事所写。那时在云南插队，一待就是十年。当时正年轻……年轻自然气盛，元气足。"

写作成为阿城宣泄"元气"的方式。

这种"元气"首先体现在小说人物的身上，尤以马帮首领为代表。

用"＿＿＿＿"画出重点描写首领的语句：

（1）首领也只懒懒说是怒江，要过溜索了。

（2）首领稳稳坐在马上，笑一笑。

（3）首领眼睛细成一条缝，先望望天，满脸冷光一闪，又俯身看峡，腮上绷出筋来。

（4）首领缓缓移下马，拐着腿走到索前，举手敲一敲那索，索一动不动。

首领瞄一眼汉子们。

（5）战战兢兢跨上角框，首领吼一声："往下看不得，命在天上！"

（6）猛听得空中一声呼哨，尖得直入脑髓，腰背颤一下。回身却见首领早已飞到索头，抽身跃下，拐着腿弹一弹，走到汉子们跟前。

示范讲解"懒懒说"的妙处，然后让学生抓住首领的动作、神态、语言，赏析其人物性格。

参考：

稳稳、缓缓、望望、笑一笑、瞄、吼、抽身。

（这里要有预设，把学生可能的答案写出来）

小结：

马帮首领的形象特点：从容不迫、指挥若定、粗犷豪放。这就是元气淋漓的马帮首领！

请仿照刚才的示例，继续赏析马帮中其他人的形象——

☆瘦小汉子：……

☆马帮汉子的群像：……

☆"我"：……

（这里要紧紧抓住人物的动作、心理，也要预设精彩赏析的细节与过程）

小结：

与一般小说塑造人物形象不同的是，《溜索》除了塑造典型人物，还塑造了人物群像，也隐含着一个不着面却时时出现的人物。

（此处，还要点一下"元气"：元气，就在那不经意的"小""长""抖""扯""移"等动作描写中渐渐释放出来。）

（四）感受自然之"元气"

阿城在其短篇小说集《遍地风流》自序中说：

"在乡下时无事所写。那时在云南插队，一待就是十年。当时正年轻……年轻自然气盛，元气足。"

（1）本文是阿城在云南插队时所写，他塑造的这些人物来自云南的少数民族，马帮溜索飞越的正是云南的怒江。

出示背景资料：

怒江因江水深黑，我国最早的地理著作《禹贡》把它称为"黑水河"。

怒江大峡谷位于云南省怒江傈僳族自治州，两岸山岭海拔均在3000米以上，落差大、水急滩高，十分壮观。两岸多危崖，有"水无不怒石，山有欲飞峰"之称。

（2）请你用"＿＿＿＿＿"画出文中描写怒江的语句，赏析它们的不同特点，了解它们在行文中所起的不同作用。先分组讨论，再全班交流。

☆怒江：……（可抓住怒江之闷雷声进行细致欣赏）

☆鹰：……

☆牛：……

☆马：……

（这四个方面，每一点都有"嚼头"。学生分组展示赏析成果后，为节约时间，可让学生用一张表格小结描写这几点的例句、作用。）

总结：怒江之怒、雄鹰之猛、牛儿之憨、马儿之恐，均是从不同角度渲染环境之险恶，人心之坚强。

四、说方法

援引资料，充实背景，使学生加深理解，是本堂课的一大手法；不断引导学生品析、诵读文中的关键细节与关键词语，是解读小说的第二手法；激发学生启动想象与联想，是该课堂的第三手法。这三种手法的运用，自然推进教学的开展，也有利于学生尽快熟悉陌生素材，并进入深度阅读与思考的状态。

第三节 自育式写作教学的样式

一、自育式写作核心素养历练

谈论初中生写作核心素养，首先得从初中生语文核心素养说起。大致说来，初中生语文核心素养主要有以下四类：符号运用与沟通表达、语汇信息与媒体素养、语言功底与审美修养、人文修养与人文素质。围绕这四类素养，延伸出初中生写作的四大核心素养。

（一）敏锐的阅读品质与主动的积累意识

任何一次写作的开始，都来自学生的原初阅读（广义的）：读无字书，包括自然、人文、地理、科普、亲情等，这些都有机构成了学生的前经验，成为写作的必然源头之一；读有字书，学生会更深入地接触到丰富的社会百态、人生众相等，这些又形成学生的间接经验，成为写作的又一源头。当然，如果学生缺乏基本的积累意识，那么这些充其量只能算"死经验"，把这些"死经验"转变成"活经验"的唯一路径，就是培养学生敏锐的阅读品质。阅读品质，可以借助读（朗读演读）、批（圈点勾画）、注（提炼概述）、写（赏析品评）等来培养，关键是日积月累，一日一迹，这样，学生的积累意识渐强，体验水平渐高，而体验水平的高低决定创作源泉的荣枯，渐渐地，学生的阅读品质便自然敏锐起来。

（二）深厚的语言功底与科学的筛选能力

敏锐的阅读品质带来的是深厚的语言功底，它表现为：能用完整的语句表述；能遵循基本的语法规范；时常能运用优美的句式（对句、俳句、扩展句、浓缩句等）来表达连贯的思想；能凭借自己的阅读经验，结合给定的作文题目，做合理而科学的筛选素材的工作。这个筛选的过程，是学生决断能力形成的过程。

（三）清晰的思维能力与奇妙的构思技巧

初中生写作，往往只顾叙事描写，不顾头尾衔接。借助构思技巧的训练，可以使他们的作文思维能力清晰、流畅。以记叙文为例，常用的构思技巧有板块连缀、一波三折、双线交织、双规运行、爬山坡、烟花火、环湖状……每一种构思技巧的训练都能锤炼学生的一种行文思路，训练与实践多了，自然思维清晰、重点突出，构思也会奇妙起来。

（四）唯美的审美素养与创新的文化传承

初中生写作，往往会流于贫乏、简单，实际上，唯美、时尚、现代的审美观念及鉴赏能力也是初中生必备的写作素养之一。这种审美素养来自对传统文化的创造性吸纳，对古典文学的精细化研磨，对现代文明的鉴别性运用——而这些都依赖于积累素材时的高水平体验，筛选素材时的果断性拣择，构架思路时的艺术性营构，表情达意时的智慧性展示，文字表述时的优美化表达。

初中生写作核心素养的培育，是对学生写作前经验的唤起，是对间接经验的活化，是对经验素材的精细加工，也是借助于优美的语言文字、奇妙的构思技巧来柳暗花明、循序渐进、曲径通幽或明白晓畅地表达情思的历练。从经验到表达，是一条漫长的路，然而路的尽头，会有鲜花盛开。

二、在自育式写作中展开深度学习

自育式写作，是指在教师的引导及策略（计划策略、监控策略和调节策略）的指引下，根据给定的题目展开审题、选材、构思、立意等多方面的自我监控式的写作的过程及方法。自育式写作本身就是深度学习及深刻写作的一种方式，因为在写作的过程中需要进行反省认知、自我监控，那么必然就伴随着不断学习、不断调整，在这个过程中，深度学习就悄然进行着。

（一）自育式写作的基本原则

不管是什么文体的写作，都必须遵循基本的写作原则。以记叙文的写作为例，首先必须符合记叙文的基本特征。记叙文最本质的特征是叙事性，即通过讲述故事来完成叙事。除此之外，还必须考量以下五个原则。

1. 选材：陌生化

记叙文总是特别关注"我与自然""我与社会""我与人生"这三个母题，为了避免选材流于平凡，我们必须结合提示语，勉力选用"我"与自然、社会、人生相融的经验中，对于读者来说较为陌生的故事，以吸引读者兴趣。这一点，林语堂先生也有自己的见解，他说过，只有鲜鱼才可以清蒸。这鲜鱼，代表的就是对于读者来说相对陌生的素材或故事。

当然，陌生化不是一味地寻求陌生与新奇，过头了反而会显得呆板或生硬。真正的陌生化应该是"熟悉的陌生人"，那样更容易唤起读者的阅读经验，使他们获得审美快感。

2. 构思：波折化

文似看山不喜平。选好素材（故事）以后，我们可以根据行文的需要，选用爬山坡式、一波三折式、双线交织式等不同形式的构思技巧，使所写文章尺水兴波，增加看点。这一点，学生是最难驾驭的。因而我们需要为学生提供自我监控的策略（见后文），使学生在行文过程中有章有法，思绪清晰，从而有条不紊地推进文本的展开。

3. 表达：细节化

从表达方式的运用来看，最能吸引人眼球的，当然还是文本的细节描写，细节，可以说是记叙文的生命线。很多学生的素材有着完备的叙事体系，有着完整的故事情节，可是一落到纸上，就成为白开水一杯，毫无波澜。而如果增加细节描写，如借助人物的外貌、动作、语言、心理细节来彰显人物个性，借助事物的形态、颜色等来展示它的特征，借助景物的动静、角度、虚实来展现它的功能，那么，原本平淡无奇的文本就会因为这些细节而生动饱满。对于细节的处理，可静可动，可正可侧，更应当借助五官的感受来丰富文本，增加内涵。

4. 意境：情境化

文本中，不管是人物的出场还是事物的出现，都离不开情境，那是人物或事物活动的舞台。对于情境的设置，可以通过描摹自然情景，也可通过设置社会氛围，一切以服务中心人物及主要故事为要。情境可以设置在开头，点染在中间，点化在结尾，但务必以自然为准，切不可因为要设置情境而生硬植入。

5. 立意：深刻化

在具体描述人或事物的过程中，我们往往要生发出不同的情、思、趣。例如，以《享受》为题，这一情，必须真实感人，如"山光悦鸟性，潭影空人心"；这一思，必须引人深思，如"享受也像劳动一样，需要休息"；这一趣，必须趣在理中，如"醉翁之意不在酒，在乎山水之间也"。深刻的立意，不是名句的堆叠，而是能让读者从故事中品咂出深邃的哲理，可以是认识论的，也可以是生存论的，一切当以超越文本故事本身为高明。

对五项原则的遵循，是教师借助写作教学打开学生深度学习大门的必要之举。

（二）自育式写作的主要策略

为遵循以上写作原则，我们提炼出了相应的自育式写作的策略，以保证学生自我写作、深度学习的有序、有效展开。

1. 时间管理

现在的学生，不是没有时间写作，而是没有巧用写作时间的意识。通常情况下，我会在周五早上第一节课上作文课。45分钟的课堂时间我会这样安排：3分钟用于呈现题目；10分钟给学生审题（包括判断题目的三大组成：提示语、题目、要求，明确题眉、题眼、题魂）；25分钟给学生用于选材、构思、立意、交流；7分钟用于对学生进行适当的引领以及让学生调整自己的选材、构思与立意。作文的完成放在当天晚上，一般时长不得超过45分钟。用最长的时间构思、用最短的时间表达，是我在自育式作文教学中教给学生的第一策略。

2. 兴趣保持

保持自育式写作的兴趣与热情的最好策略就是讲故事。讲故事必须遵循基本规范，如预期目标、添加情景、设置障碍、达成愿望。以下是学生张博文在《享受狗尾草》（节选）中所做的尝试。

对于童年在乡村度过的我，狗尾草给我带来了无限的欢乐。（预期目标）

小时候陪婆婆去地里，一路上长满了狗尾草。婆婆到了地里就开始劳作，而坐在一张小板凳上无聊的我，便一头扎进了狗尾草的怀抱。我用手轻轻摘下一株，将它的"狗尾巴"放在脸上，用脸蹭，好生柔软；再放到手上，用另一只手捏住它的"尾巴"抚摸，就像妈妈的手牵住了我的小手，我从狗尾草中获得了温暖。（添加情景）

稍稍大了一点，……我将狗尾草插在自行车的后椅上，……那株狗尾草掉了，卡在了轮轴里，自行车被迫停下来。但由于强大的惯性，我飞了出去，扑倒在一大片狗尾草上，腿上的皮破了，半边腿也被摔得生疼。（设置障碍）

但我没有哭，那柔软的狗尾草给我提供了强大的"安全防备系统"。由此，我从狗尾草中获得了安全。（达成愿望）

这样，学生在每次写作的过程中，满涨着好奇心理，收获着成功的愉悦，为后续学习攒足了力量。

3. 理解监控

理解监控是自育式写作中最紧要的一环。在审题、选材、构思完备的基础上，我们逐一引导学生借助详略调控行文的节奏、凭借虚实控制人物的主次、通过点染设置恰当的情景。这样，学生在真正行文时才不会偏离之前构思的方向，文本语言及情感脉络的展开才会科学有序。

理解监控还包括修改调整环节，如顾定邦同学写《千手观音》的高潮部分，先后经过了三次写、改。

原文： 随后，乐声又趋于平缓。队伍慢慢靠拢，排成三列。21名演员用42只手组成了一个震撼人心的观音本体。最后一个音阶响起，所有的手都颤动了起来，金光从她们的指缝中透过，照向台下。

改文1： 随后，乐声又趋于平缓。队伍慢慢靠拢，排成三列。21名演员用42只手组成了一个震撼人心的观音本体。最后一个音阶响起，所有的手都颤动了起来，金光从她们的指缝中透过，有缕缕金丝投影到地毯上，洒下一地金黄。

改文2： 悠扬的乐声再次响起，那一双双手竟然由上至下、从下至上，一层层地转动起来，而且越转越快，越转越密，令人眼花缭乱。眼看着那一只只手转出了一地残影，与舞台照射的不同光束似乎形成了一个太阳，转动不息，由金黄到金红，再到紫色，再到深蓝……这个动作似乎成了黑夜中最闪耀的一颗明星，熠熠生辉。

在一次又一次自我监控的修改中，学生也加深了他的认知、观察、想象与表达能力。

（三）在自育式写作中展开深度学习

在自育式写作中展开深度学习的方式有很多，以下仅举几例加以说明。

1. 对比巧用

九年级上学期，我决定对学生开展"对比论证在议论文中的运用"的系列作文训练。一开始，我就交给他们一项任务：

·对比有四种，平行对比、交织对比、设喻对比、假设对比。请翻阅语文教材或课外读物，分别找出与之对应的文章、片段或名句。

·查阅相关资料，整理并总结对比在议论文中的具体作用。

·根据你所整理的资料，画出以《大与小》为题的议论文的构架图。

以下是学生经过两个星期的阅读、梳理、归类而完成的任务。

（1）四种对比

①平行对比

第一个问题：希望是什么？

悲观者说：是地平线，就算看得到，也永远走不到。

乐观者说：是启明星，能告诉人们曙光就在前头。

第二个问题：风是什么？

悲观者说：是浪的帮凶，能把你埋葬在大海深处。

乐观者说：是帆的伙伴，能把你送到胜利的彼岸。

第三个问题：生命是不是花？

悲观者说：是又怎样，开败了也就没了！

乐观者说：不，它能留下甘甜的果。

——张玉庭《你是哪一个人》

②交织对比

一则故事：

奥运会时，有个帖子说：西班牙队很不爱国，证据是，奏国歌时，西班牙队的"混小子"没一个开口的，连装模作样假唱都懒得干。以此推论，乔丹领军的"梦一"应该是最爱国的，因为巴塞罗那奥运会上，"梦一"登上冠军领奖台时，大部分队员都身披美国国旗。

然而真相是，西班牙国歌压根儿没歌词。现在的西班牙国歌叫《皇家进行曲》，弗朗哥统治时期曾经填入歌词，1975年弗朗哥去世，歌词随即废止，至今，西班牙国歌也没有歌词。

而乔丹等人身披国旗也不是爱国，而是爱"耐克"。乔丹在自传里写道：美国国家队的赞助商是"锐步"，而乔丹等人的个人赞助商是"耐克"，由于曾发誓效忠"耐克"，乔丹等人决定，领奖时用国旗遮住"锐步"的商标。

（王小枪《讹传与真相》）

一组名句：

有的谎言往往富有真情，有的真话往往带有假意。小小的胸膛能容纳万物，宽阔的大海却溶解不了顽石。乐观者在沙漠中找到绿洲，悲观者在绿洲里望见沙漠。贵妇说：我内心困顿；穷人说：我心怀阳光。

（《名言集录》）

③设喻对比

老年人常思既往，少年人常思将来；

老年人如夕照，少年人如朝阳；

老年人如瘠牛，少年人如乳虎；

老年人如字典，少年人如戏文；

老年人如秋后之柳，少年人如春前之草；

老年人如死海之潴为泽，少年人如长江之初发源。

（梁启超《少年中国说》）

④假设对比

安得广厦千万间，大庇天下寒士俱欢颜。

（杜甫《茅屋为秋风所破歌》）

（2）对比功用

①拓展内容：《"扫一室"与"扫天下"》

②分清层次：《有的人》（臧克家）

③展开议论：《乐观与悲观》

④提炼观点：《短中的长》

⑤美化语言：《倾听花开的声音》

这些素材，是学生为了达成自育式作文中的对比论证而展开深度学习的结果。事实上，由于深度学习的展开，学生自动化习作的能力也提高了不少。

2. 成语演绎

成语作文是我们展开深度学习的又一条门径。为了让学生熟练运用成语开展写作，我们也用成语来对不同文体进行规范要求。例如，对于记叙文，我们的要求是：

七年级平实记叙文：开门见山、平铺直叙、夹叙夹议、井然有序、详略得当、前后呼应、画龙点睛、栩栩如生、言为心声、如见其人、如闻其声、精雕细琢。

八年级复杂记叙文：意在笔先、浮想联翩、虚实相生、各不相同、一波三折、欲扬先抑、随物赋形、移步换景、卒章显志、余音绕梁、直抒胸臆、咬文

229

嚼字。

九年级精彩记叙文：烘云托月、不落窠臼、独辟蹊径、春秋笔法、托物言志、以小见大、力透纸背、惜墨如金。

在这样的要求下，请看成语作文《愚公移山》的结尾：

树又换了一茬新叶，花又开过了一个春天。

就在这个早晨，

在这个百花盛开的春天的早晨，

智叟惊呆了。

就在他的篱笆外，停着太行山的最后一担黄土，而远处，依旧是那个身影，和他背后那串并不笔直的脚印。（仇定荣老师辅导）

在成语的识记、运用、化用中，学生所习得的，不仅是作文水平的见长，更是深度学习品质的提升。

3. 想象妙义

想象是自育式作文的题中之义。在具体文本中，我们对想象的开展有具体的要求：

A级：想象必须合乎情理。音、诗、画等都是较为抽象的，要写得形象生动，必须借助想象。

B级：想象必须结合联想，单一的想象毫无意义。

C级：想象不是天马行空，想象必须富有层次。

D级：想象必须围绕主题，使主题鲜明突出。

以下是学生张紫柠在观看了《千手观音》高潮部分后的想象之作：

继而又归于平静，唯有一尊佛像而已，此刻，粉色光披身。蓝色光下，所有的舞者排成一列，一样高矮，一样胖瘦，在裙裾微微抖动的浪潮中，光影渐变成绿色，最后又回归金色。左右手渐次缓缓开放，二、四、六、八、终变成一轮大大的太阳——那是能普照人间的太阳，那是能释放能量的太阳，那是能照耀前方的太阳。太阳在抖动，在翻卷，在延展，最终又幻化成一把大大的金扇子，左扇一下，右扇一下，不断流转，不断变动。划动的42只手，此刻就像划动那只金色大船的42支船桨，整齐划一，诗意无限。

音乐突然变了，节奏陡然快起来。舞者随着身后的条条金光，舞动着整个身体，提臀、收腹、抖腕，踮起脚尖，肩膀上下晃动，又分成三个纵队，远看像白色莲花中的三排金色花蕊，在微风轻拂下有丝丝颤动。而不管身体如何变动，舞者的眼神总是极其专注，表情永远恬静唯美。她们略微对视，于悄无声息间又合成一对，千手在此绽放，忽而低头，整支队伍仿佛一支大大的金笋，最后又回到一个大大的太阳。

想象调动的是学生的生活积累，累积的是深度学习的经验。

4. 对句妙用

七年级，我们带孩子学习《声律启蒙》，他们读起来朗朗上口，兴趣盎然，我们就顺势布置了以"春"或"晚"为话题的对句训练。他们启动了小组运作机制，找来《幼学琼林》等分章分韵诵读、解读、阐释，边写边读，边读边改，在写作、修改的过程中，加深了对《幼学琼林》的理解。我们原本只要求他们写三四个对句，结果他们写下了一首首韵味无穷的小诗。

秋 晚

七 (6) 班 吴昊哲

落霞映天红，大雁翔成行。

红叶衬余晖，余晖照落红。

宽阔操场上，小童戏球放高歌；

青葱草地旁，路人驻足喝好彩。

老叟颔首微微笑，青年鼓掌声声"妙"。

风中忽闻唤归声，桌面悠腾水蒸气。

孩儿泥手抓食狼吞虎咽，

慈母柔声嗔怪嘘寒问暖。

夏 晚

七 (6) 班 李晶雯

绿树遍野，寸草丛生。

杨柳绿荫浓，乔松青似染。

溪匆匆西去，日渐渐西坠。

山影将沉，柳荫渐没。

山翠如故，残阳如血。

日射霞光千万丈，空罩霞云万穷烟；

断霞映水散红光，日暮转收生碧雾。

雀立枝头，鸦落树梢。

蝶双飞，翩翩成群；蜂独舞，点点成行。

朝听情意日西坠，薄暮微醺燕南归。

自育式写作，培养的是学生对写作的再认知能力，提升的是学生自我监控能力，锤炼的是学生自我教育、自我调整的能力。它对学生的搜索信息能力、谋篇布局能力、语言表达能力、反省调控能力等都提出了巨大的挑战，而这些也正是深度学习必须具备的优秀品质，值得师生不断去研究，去践行。

第四节　专业论文的实践与表达

好的读写创意、优秀的读写教学设计，教者除了在课堂内外呈现，还可以通过撰写论文的方式，来将实践转换成文字进行呈现。

一、论文何为

相传，白龙马从西天取经回来，回到了它原来的马厩。马兄弟们团团围住它："兄弟，你可真厉害，走了那么多路，趟了那么多水……"白龙马笑着说："兄弟，其实我每天走的路跟你们差不多，所不同的是，你们每天走的是原地打转的路，而我走的是险山恶水的路。"马兄弟们若有所思……

有诗云："掬水月在手，弄花香满衣。"

以上传说与诗词都道出了一个真谛：经历过，才会闻到花儿的芬芳；实践过，才会有语言的表达。

许多时候，语言就是实践与思维的外衣。

因而，论文，简单点说，就是把听懂的做出来，把做过的说出来，把说过的写下来。

《上海教育科研》杂志副主编张肇丰先生认为：

写作是反思的重要载体。实践反思的作用，就是从纷繁复杂的教育现象和教育行为中——澄清问题、阐明思路、理解意义、提炼价值。

写作是为了探明研究边界。写作，是帮助人们把随意的想法和散乱的思绪条理化、系统化的一种研究方式。

加拿大教育学家马克斯·范梅南先生则认为，写作是为交流与评价。研究不只是涉及写作，研究就是写作。

写作本身就是我们展开教学的一种研究方法。人文学科的研究本身就是一种写作的形式，研究或写作就是为了交流与评价。

张肇丰先生还提醒我们：一个教师做研究、写文章，是需要有一点探究教育真谛的诚意的。

在我看来，专业论文，就是描述现象与解释意义、形象思维与抽象思维、实践理念与思想观念、感性认识与理性认识的结合体。

二、论文选题

语文专业论文的选题，来自多个层面。

（一）从教学的难点处选题

课外阅读是部编语文教材关注的重要内容，然而课外阅读评价的展开却是一线教师的难点。我仔细研读了《教育性评价》《有效的学生评价》两本书，结合课外阅读做了如下实践与研究，并形成了论文：

（1）《教育性评价：作为课外阅读评价策略的一个维度》。

（2）《有效性评价：作为课外阅读评价策略的一个维度》。

（二）从教学的创新处选题

（1）《微型教案：板书设计研究与运用》。

（2）《别样的名著阅读课——中国百岁老人的专题解读》。

（三）从听评课的感悟中选题

（1）《语文课：从"教懂"走向"教会"》。

（2）《语文知识：从"知道"到"理解"》。

（3）《议论文写作：打开学生的思维之花》。

（四）从理论学习的启示中选题

（1）《阅读教学：读法训练》。

（2）《阅读教学：解题训练》。

（3）《阅读教学：思维训练》。

（4）《阅读教学：语感训练》。

——读马笑霞《阅读教学心理学》系列论文

（五）从课题研究的提炼中选题

在研究江苏省"十二五"重点课题《中学语文自育式课外阅读策略研究》的基础上，我撰写了如下专业论文：

（1）《中学生课外阅读时间管理策略》。

（2）《中学生课外阅读实践操作策略》。

（3）《教育性评价：作为课外阅读评价策略的一个维度》。

（4）《有效性评价：作为课外阅读评价策略的一个维度》。

（5）《自育式课外阅读策略的教学实践研究》。

三、论文要素

（一）时尚的素材

1. 精彩场面

包括激情开场、即兴演讲、小组讨论、公开辩论、师生对决、现场对决等。

2. 课中讲座

可以涉及文化背景、公式演变、人物故事、知识迁移等。

3. 典型案例

其特征包括图文并茂、言意相合、数形交织、动静结合、音画融合、形神兼备等。

4. 临场机智

包括媒体资源、学生智慧、现场提问、矛盾焦点等。

5. 精美板书

具有科学性、艺术性、可视化、哲理味。

时尚的素材告诉我们：只有鲜鱼才可以清蒸。读者的需求告诉我们：形象的力量往往大于思想的力量。

（二）巧妙的构架

1. 二段论

用一两段文字开门见山，干脆简洁地直呈主题，然后在文章的主体部分分别从几个层面加以论述阐明，不做总结。

2. 三段论

第一部分提出论题或论点，第二部分分别从几个层面，兼顾理论、实践、案例等，进行详细阐述，第三部分用简洁的语言回答开头论题或得出结论。

3. 四段论

分起、承、转、合四个部分，包括描述现象、分述观点、举例剖析、据理总结。

（三）鲜明的思想

思想是经验的果实。专业论文的核心思想绝对不会凭空产生，它的来源只有一个渠道，那就是教学实践；它的总结提炼，只有靠反复实践才能完成。下面这一段话，就来自我长期的课外阅读教学的摸索与提炼。

课外阅读，作为一个拓展中学生知识视野与素养视野的窗口，已成为越来越多的语文教师教育教学关注的焦点。当我们对学生提出课外阅读要求的同时，必须思考一个严峻的问题：如何对学生的阅读过程及阅读结果做出恰当的评价？笔者于2004年9月启动《中学语文自育式课外阅读教学策略研究》，准备在动机策略、时间策略、控制策略及评价策略的研究上下一番功夫，为当代中学生及一线语文教师打开一个课外阅读的视窗。

下面，从课外阅读评价策略的教育性评价这个角度来阐述本人及所有参与者的研究实践与成果。

课外阅读教育性评价有两个基本特征：

（1）评价应该是为了阅读（不只是为了考查）而精心设计出来的，是用来向学生揭示什么是有价值的主动阅读。它包括：①评价是公开的；②展示可作为榜样的阅读范例；③使用清晰、稳定、有效的评分等级；④促进学生不断改进阅读表现并可以测评出改进程度。

（2）评价体系必须能向学生、教师、管理者提供有用的反馈，一个有用的阅读反馈机制有如下特征：

①提供有意义的、清晰的、直接的资料和意见，使学生和教师能对自己的表现做出准确的自我评价和自我调整，而不是仅以表扬和批评为中心。

②提供各种机会以使学生和教师获得及时的、连续的反馈，应构建一种纵向性或反复性的评价体系，以在几个学年中重复出现同样的任务、准则和标准，从而时常提醒学生和教师将当前的表现与结业标准进行纵向比较对照，及时做出调整。

对教育性评价加以定位，对其特征展开阐释，都是对平时积累的阅读教学经验的提炼。

（四）优美的表达

鸟美在羽毛，文美在表达。专业论文的语言表达的优美性，不同于学生习作或作家作品，它的优美性主要体现为简约、精准、雅致。例如，下面这段文字的表述，就做到了简约、精准、雅致。

在当前的语文教学中，普遍存在两种教学实践，一是教师努力通过语言及多媒体剖析一篇文章或带着学生模仿作文；二是教师完全放手让学生自由读写。这两种教学实践带来了两种学习方式：外显学习与内隐学习。

我们知道，外显学习与内隐学习是人类完成复杂学习任务、获得知识的两种最基本的方式。外显学习是受意识控制，需要意识参与并需要采取一定策略的学习方式；内隐学习则是学习者获得了某种学习规则，但没有明确意识到或不能陈述出这种规则是什么，即无意识地获得了学习复杂知识的方法。

由此可见，外显学习与内隐学习都具有各自的特异性，又都具有注意的需求性（注意需求性是指，学习过程需要一定的注意资源和注意选择），而这两种学习还会相互促进。

既然两种学习方式都有注意需求性的要求，又具备相互促进的功能，那么，在这两者之间可不可以打开一条通道，让学习者在其间来回穿梭呢？以注意的需求性为基点，我们系统学习了元认知理论，借助阅读课和写作课，对学生展开监控注意的教学研究。我们把这种在阅读与写作过程中不断监控自己的认知行为、反思并调整自己的认知方向的学习称为"自育式学习"。

这样，我们在两种基本的学习方式之间找到了第三种学习方式：自育式学习。它是介于外显学习与内隐学习之间，凭借自我监控、自我反思、自我评价、自我调整、自我激励等手段展开自我教育的一种学习方式。

以上表述，简约地阐述了自育式学习的概念、来源与特征，精准地阐明了它与内隐学习、外显学习的联系与区别，雅致地描述了自身的内涵与内容。

四、论文撰写

（一）有点意识

撰写论文，要明确几点意识。

写作是阅读下的"蛋"（高万祥）。动笔之前，一定得有大量阅读与教学相交替的劳作，在劳作中，我们开始慢慢养成写下一点文字的习惯。写着写着，就慢慢学会思考了。

从某种意义上说，写作就是思考，就是将平时的阅读、实践、实验等片段综合起来，放到一个主题下，加以组合、剪辑，并按逻辑整理成篇的过程。

坚持"一日不多，十日许多"的意识。每次从逼迫自己开始写第一行字开始，一日不多，十日许多，日积月累，案例多了，语言美了，思维灵了。

还要坚信一点：自信，就是最好的才华。从内心深处相信自己能写出好文章，能用自己的语言表达自己的实践与做法，不断给自己积极的暗示：每天读一点，每天想一点，每天写一点。

坚持，是区分平庸与优秀的分界线，久而久之，写作便成为我们生命的习惯。

（二）有点技巧

（1）选点小，学问深。（忌大、空、假）

（2）三个"三分之一"。（理论、实践、过渡性文字各三分之一）

（3）写好大标题与小标题。（大总小分，精彩纷呈）

（4）参考其他学科的论文。（他山之石，可以攻玉）

（5）练好文字表达的功夫。（文从字顺，思绪流畅）

（三）有点内涵

专业论文，最要紧的是能展现自己的教学内涵。内涵的积淀非一日之功，必须同时拥有以下六个"有点"，方能成事。

有点时间，有点目标，有点实践，有点自我，有点思考，有点精神。

其中，时间是保障，目标是引领，实践是内容，自我是个性，思考是亮点，精神是关键。

（四）有点精神

为了保证教师阅读、实践、思考、写作的常态发展，特别值得一提的是以下一些精神——

"冬者岁之余，夜者日之余，阴雨者时之余也。"人与人的差距，就在于这闲暇时间的利用。

学习，除了带来灵感和激情，还带来专注力。把学习当成生命的习惯，就会轻松前行。

每天都保持向上的动力与激情，让动力与激情牵引我们抬头看天，埋头积累。

每一次发奋努力，都要相信必有回报。要相信自己的付出必定能转换成果实。

迷恋，是向上的动力。如果你对阅读、教学、研究充满虔诚与迷恋，那么这些虔诚和迷恋必定会转换成你事业的生产力。

（五）有点态度

在专业论文的创作路上，需要经历四种态度或灵魂的历练。

"苔花如米小，也学牡丹开。"——定位近些，目标远些。

"方春不种兰，终岁无自佩。"——定位早些，理想大些。

"一花独放不是春，百花齐放春满园。"——胸怀宽些，辐射广些。

"赤橙黄绿青蓝紫，谁持彩练当空舞？"——胸怀厚些，收益丰些。

这样，就不会把论文写作只是当成一种功利式的写作，而会当成一种体验式、过程式、提炼式的写作，真正践行写作就是思考、写作就是研究的真谛。

参考文献

［1］郭秀艳.内隐学习［M］.上海：华东师范大学出版社，2003.

［2］杨龙.以学习为中心的课程实施［M］.上海：华东师范大学出版社，2019.

［3］帕克·帕尔默.教学勇气：漫步教师心灵［M］.沈桂芳，金洪芹，译.上海：华东师范大学出版社，2005.

［4］段立群.语文学科课程群［M］.上海：华东师范大学出版社，2019.

［5］格兰特·威金斯，杰伊·麦克泰格.追求理解的教学设计［M］.闫寒冰，宋雪莲，赖平，译.上海：华东师范大学出版社，2017.

［6］段立群.核心素养与课程设计［M］.上海：华东师范大学出版社，2019.

［7］袁爱国.袁爱国的创意作文课［M］.太原：山西教育出版社，2019.

［8］唐莹.元教育学［M］.北京：人民教育出版社，2002.

［9］瓦·亚·苏霍姆林斯基.苏霍姆林斯基选集（1—5卷）［M］.北京：教育科学出版社，2001.

［10］张五芳.阅读树：中学语文自育式课外阅读策略研究［M］.北京：现代教育出版社，2009.

那些匀速奔跑的人，你永远追不上

今年，是我的本命年。今天，是我的农历生日（二月初二，龙抬头之时）。本命年，总想为自己写下些什么；龙抬头，总想给读者留下些什么。距离我上一本专著《阅读树：中学语文自育式课外阅读策略研究》的出版，已是整整十年，其间也编著、参与编写过五六本专业类或管理类的书籍，但是始终觉得那不是自己的意志，有些是应出版社的邀请，有些是接专业机构的任务，分门别类而写的，终究感受不到观点的连缀与体系的完善。

撰写这本专著，我一直是小心并虔诚的，就像酝酿第二个孩子，不躁不急。在参考第一本书撰写经验的基础上，我专研文本，解读教材，研究学生，深入一线，在九年三届初中生的阅读、写作教学中，摸爬滚打，实地研究，采集资源，累积经验，吸取教训，调整方向，边研究边教学，边教学边实验，终于有了今天的这本专著。

成书的过程，并不简单。

一、角色多样，专注坚守

2010年，我通过组织部的公推公选，走上副校长的岗位，教学、科研、信息技术管理等工作纷至沓来。这才发现，管理工作时常耗时长，然而收效甚微；分管七至九年级的教育教学工作，也是千头万绪，并不是想象中的那么简单。

心绪波动，头脑昏昏，我需要借助另一种方式来排解内心的焦躁与芜杂。时间久了，我发现唯一能让我心潮澎湃、满血复活的，就只有课堂，与学生打交道、上课、探讨，永远让我、让我们充满向上的激情与动力。我们总是享受着徜徉阅读课、流连作文课的快感，并乐此不疲。

而一天疲倦过后，留一些时间，在青灯电脑下，留下每一天教学的实录、反思、随笔或读书笔记，也成为我慰藉心灵、放松身体、抚平心绪的最佳方式。

就这样，我拿来女儿用剩的笔记本，标注上《清雅A：学术研究》《清雅B：教学设计》《清雅C：教学实录》《清雅D：题型研究》《清雅F：教学管理》《清雅G：专业论文》《清雅H：名师工作室》等，一本一本地写下去，一本一本地记录着当天的思考、行动与研究。一日不多，十日许多，如今，这样的笔记本已经堆满我的小小书柜，我视若珍宝，时时翻看，总能会心一笑，因为那一页，正好有我撰写本部专著所需要的案例、场景或剪影。

二、一日一迹，专业行走

2016年，我走上学校党总支书记岗位，当时还兼任学校副校长，分管九年级组，担任江苏省"立体阅读"课程基地负责人，研究的领域从初中扩大到小学六个年级。我一边带领八十多名语文教师共同进行一至九年级的学生阅读序列研究，一边奋战在九年级的语文课堂上。我和九年级的学生共同探讨名著阅读的抓手、非延续性文本的阅读、文言文的复习新法、现代文阅读理解的题型与技法、考场作文的审题与构思等，埋头其间，不亦乐乎。在全年级十个班中，我甚至到过其中的八个班级，给他们上过不同样的课型与内容。学生也陶醉在或阅读或习作的氛围中，不能自拔，甚至戏称"张老师的课是治愈系的，听张老师的课，疲劳感顿失，幸福感提升"。

就是在这样的忙碌、疲劳、充实中，我追逐着语文教学迷离的神光，陶醉在一篇又一篇文章的新解之中，迷恋着推送一个又一个让学生欣赏的作文题，深陷在学生那温暖、流畅、富有才情的文字之中，不能自拔。

于是，每晚八点半后，我会不由自主地打开电脑（电脑其实是一直处于待机状态的），用双手敲击白天课堂上出现的一幕幕精彩的场景，那是我们的舌战、雄论、演讲、点评、板书。一切的一切，让我的文字也跟着灵动起来，温馨起来。

其实，每天能用来书写的时间真的很少。大多数晚上八点半后的时光，要被各种公务挤占，于是，我只能在洗菜时分构思好今晚的内容；煲汤时间搜索切合的素材与主题；喝茶的工夫想到一星两星的点子……总之，一日一记、一日一迹，成了我这些年思维行走的方式与习惯。待讲课文、待写作文、待写论文、待做课题……我永远有做不完的事儿，永远有新鲜的想法冒出头脑，不吐不快。

就这样，我与学生在课堂上读写着、欢愉着；我与文字在键盘间低语着、徘徊着，甚是开怀。

三、感念你们，专项支持

回首来路，要感念的人太多，要感谢的话无数。

一是要感谢我的学生，是你们，尤其是你们满涨着的求知欲，成为我不断学习、探索的动力。这种动力，让我有使不完的劲儿，每天下午都想着要为明天的你们准备最精心与精彩的"佳肴"，供你们挑战、品尝。

二是要感谢我的同事，是你们，尤其是时常来到我课堂听课的老师，成为我继续深究、开挖的阶梯。我知道，我没有你们想象中那么优秀；我知道，明天的课堂，也许又有新的面孔出现；我知道，作文课你们一定会坐满后排……所以，我马虎不得，麻痹不得，再累，我也会在熄灯前构思好第二天的文本解读、作文讲析或试卷讲评。这样的鞭策，也许并不是每一名一线教师都体验过。有人说，体验水平的高低决定创作源泉的荣枯，这话我相信，正是有了这种种全新的体验，让我有勇气呈现更饱满的课堂，写出更轻灵的文字。

三要感谢我的团队，常州市张五芳名师工作室、江苏省乡村初中语文骨干教师培育站的成员们。你们大多是年轻而又充满活力与才情的女教师，是你们，让我感受到青春的气息，美丽的能量，奋进的劲头。于是在一次次的懈怠时分，我决然掐灭了懒散的习气，为了做好你们的领头羊，又重新投入寻找新鲜原料的教学原野中去。

四要感谢我的家人，尤其是少言寡语的丈夫和语言机敏的女儿，你们是我坚持把教育发展成为事业的靠山。丈夫李俊总是跟我说："任何时刻都别把自己的专业丢掉！"我知道，那是对忙于行政事务中的我的提醒。女儿雯雯时常会给我推荐如《怦然心动整理法》《气质》等含金量极高的书籍，偶尔会追问我："妈妈啥时候能做个教育家呀！"我知道，她并不真正明白什么是教育家，但就是这份期待，促使我还不能歇着。当然，在家人中，最打动我的，一定是我的父亲母亲。老父亲今年已经73岁了，但他一直坚持在劳作之余，用水笔书写他的长篇小说《花轿——常州婚嫁习俗的世纪风影》。每每写好一个章节，父亲就会把他的文字拍照传给我，让我帮他打印好，校对，再回发给他过目。写到如今，已经写了16万多字了，那是他在2019年一年内的成果。相比之下，我的写作时间跨度太长了，有时常常心生惭愧，一边帮父亲校对文字，一边在心中催促自己赶紧完成自己的书稿。老母亲一辈子守着她的菜园，甚至把她的菜种出花儿的样子来。这些年，她坚持去菜场卖菜，菜美价廉，关键是人好说话，得到了前所未有的肯定与尊重，于是她把侍弄蔬菜当成一生的艺术，乐此不疲。这些，都成为我动笔的驱动力。有你们陪我行走，不累。

五要感谢张艳青编辑，是你，尤其是你的时时鞭策与鼓励，才使我又拿起慵懒的笔触，开启又一本专著的撰写。这些年，读屏的时间太长，用脑的时间过多，不免伤目伤神，尤其是眼睛，干涩疼痛，已经经年累月，它时常败坏我的写作兴致，甚至啃噬我的激情。然而，张艳青老师时时不经意的提醒与巧妙的激励，总是让我眼前豁然一亮，感觉又有了一股子力量，让我振动双翅，转动脑子，飞速敲下那些或温暖或婉转或犀利的文字，于是才有了今天这本专著的出版。

一路走来，一直有一句话在耳畔响起："那些匀速奔跑的人，你永远都追不上。"在语文教学与研究的路上，我愿做一个坚持匀速奔跑的人，一路奔跑，一路芬芳。

（2020年2月24日，农历二月初二，清雅轩）